CONVERSANDO COM OS ESPÍRITOS

Um toque de humanismo

JÁDER DOS REIS SAMPAIO

© 2018 Jáder dos Reis Sampaio

Instituto Lachâtre
Rua Dom Bosco, 44, Mooca – CEP 03105-020
São Paulo – SP
Telefone: 11 2277-1747
Site: www.lachatre.org.br
E-mail: editora@lachatre.org.br

Programação visual da capa:
Fernando Campos

2ª edição – Setembro de 2019
Do 1.501º ao 2.500º exemplar

A reprodução parcial ou total desta obra, por qualquer meio, somente será permitida com a autorização por escrito da editora.
(Lei n° 9.610 de 19.02.1998)

Impresso no Brasil
Presita en Brazilo

CIP-Brasil. Catalogação na fonte

Sampaio, Jáder dos Reis, 1965 –
Conversando com os espíritos, um toque de humanismo / Jáder dos Reis Sampaio – 2ª ed. – São Paulo, SP : Lachâtre, 2019.

232 p.

1.Espiritismo. 2.Reuniões mediúnicas. 3.Biografias. I.Título. II.Subtítulo. III.Referências bibliográficas. IV.Anexo.

CDD 133.9   CDU 133.7

Dedicatória

Três pessoas me ajudaram, mesmo sem o saber: Tatiana, Carolina e Júlia.

Três pessoas me instruíram e me inspiraram: José Mário, Telma e Ada Eda.

A todos os personagens deste livro, os que tiveram o nome mencionado e os que não mencionamos, porque talvez nem tivéssemos tido tempo de ser devidamente apresentados. Um agradecimento especial aos que conhecemos, mas que hoje não podemos mais abraçar.

Em todos os livros eu quis agradecer à Lachâtre, mas o editor entendeu que não ficava bem. Neste, eu agradeço então aos trabalhadores da Lachâtre. Os que conheço e os que sei que participarão da aventura da publicação deste livro.

SUMÁRIO

Introdução, 11

Doutrinar ou atender espíritos?, 17
    Doutrinação e atentimento, 19
    Obsessão e demonismo, 21

Como comecei a atender espíritos?, 23
    O Grupo Emmanuel, 28
    A Associação Espírita Célia Xavier, 34
    O funcionamento do grupo mediúnico, 37
    A finalidade do nosso grupo mediúnico, 54

Sobre os espíritos, 55
    Perispírito ou diversos corpos?, 56
    As sensações orgânicas, 59
    As emoções e sentimentos, 60
    A plasticidade e os significados, 62
    A memória e a personalidade, 64

Mediunidade, obsessão e desobsessão em Allan Kardec, 67
    Obsessão, 67
    Obsessão e mediunidade, 70

Experiência espiritual e transtorno mental, 74
Obsessão e transtorno mental, 79
Desobsessão em Allan Kardec, 81
Rosa M.: entre os transtornos mentais e a obsessão, 81
A jovem obsediada de Marmande, 85
A obsediada de Cazères, 88
O espírito de Castelnaudary: oração e desobsessão, 89
Passe e Obsessão: o caso da srta. Julie, 92
Os possessos de Morzine: obsessões coletivas, 94
Quem são os obsessores?, 99

A atuação do médium na comunicação, 101
Como as reações emocionais do médium afetam o espírito comunicante, 102
Confiança no atendente, 103
Os pensamentos do grupo durante o atendimento, 103

Carl Rogers, outros conceitos psicológicos e o atendimento espiritual, 105
Carl Rogers ante a morte, 105
O atendimento rogeriano e o atendimento aos espíritos, 107
Congruência, 107
Compreensão empática, 108
Aceitação positiva incondicional, 111
Projeto de vida, 113

Como tratar as pessoas desencarnadas?, 115
Ouvir mais e falar menos, 116
Atender ao espírito comunicante, 118
Prece, 122
Pensar nas consequências futuras dos atos, 125
Voltar ao passado em busca de sentido, 128
Conversar com palavras que fazem sentido ao espírito desencarnado, 138
Conversando com crianças do mundo espiritual, 140
Conversando com jovens, 142

Licantropia e deformações, 144
Partejar a consciência da desencarnação, 146
Um pouco de informação... sem pressão, 149
Compreender a situação espiritual, 153
Obter a confiança do comunicante, 156
O contato com a experiência pessoal do espírito, 158
Recusa ao diálogo, 163

Em síntese, 165

Referências, 169

Anexo – Pequenas biografias de espíritas e espíritos que participaram deste livro, 171
    Ada Eda e Rubens Magalhães, 173
    Célia Xavier, 177
    Eli Penido Chagas e Caetana Chagas, 181
    Evaristo Alípio Silva, 185
    José Mário Sampaio, 189
    José Raul Teixeira, 203
    Telma Núbia Tavares, 209
    Virgílio Pedro de Almeida, 217
    Ysnard Machado Ennes, 221
    O Grupo Emmanuel e os ciclos de estudo sobre mediunidade, 223

INTRODUÇÃO

Há pouco mais de três décadas tenho estudado, participado e dirigido reuniões mediúnicas. Ao mesmo tempo, desenvolvi uma frutuosa carreira acadêmica, na qual me foi ensinado como realizar pesquisas e construir conhecimentos. Passados tantos anos, tantos livros e tantos espíritos, fiquei pensando se não poderia ser útil a outros espíritas que trabalham com a mediunidade, narrar e refletir sobre a experiência acumulada e as questões enfrentadas nesse período.

Quando era jovem, publicou-se um calhamaço intitulado *Memórias de um presidente de trabalhos*, que falava da experiência mediúnica do Lar de Frei Luiz, no Rio de Janeiro. Quando falei na casa que frequentava, um dirigente com perfil rígido me disse:

– Não são necessários mais livros sobre mediunidade. Só Kardec e as obras de Chico Xavier já dão muito que estudar!

Ele era um trabalhador dedicado, mas sua opinião não abalou meu desejo de conhecer outros autores e livros de temática espírita porque eu era voluntário na biblioteca da casa, que era um lugar cheio de livros antigos e interessantes.

Décadas depois, esbarrei com a mesma filosofia, na pessoa de uma senhorinha que frequentava reuniões e dizia:

– Eu já li o livro do Jacob Melo sobre passes. Não é necessário ler mais nada, não acha?

Isso não se pergunta a um professor universitário. Para nós, o conhecimento está sempre em construção, há sempre o que descobrir e o que aprender. Nós estamos sempre lendo o que surge sobre os nossos interesses de estudo, porque sabemos que a aventura do conhecimento é algo eternamente em movimento, incompleto, mas em crescimento.

A atitude acadêmica se opõe também à atitude religiosa diante do conhecimento. Durante milênios, alguns cristãos resolveram traçar um cercadinho ao redor da experiência de base cristã para que seu rebanho de ovelhas fosse igualzinho. Este cercadinho foi chamado de vulgata latina, e os livros que a compunham, escolhidos por Jerônimo de Estridão a pedido do bispo de Roma, Dâmaso. O conjunto de textos considerados originais e corretos foi chamado de canônicos (inspirados por Deus) e os outros, de heresias (falsos, errados, influenciados por sistemas filosóficos externos ao cristianismo). Pelo que posso depreender, ao traduzir para a língua latina, os pais da igreja desejavam que a Bíblia fosse lida e entendida por todos porque o latim era a língua do império romano e a língua internacional daquela época. Com o fim do império romano e o abandono do uso do latim, este idioma transformou-se em uma língua iniciática, conhecida apenas por quem a estudasse. O acesso aos textos da Bíblia se tornou tão restrito que, no tempo de Lutero, até padres, que rezavam as missas em latim, preferiam ler apenas os textos litúrgicos[1] e desconheciam ou apenas conheciam do texto bíblico o que haviam estudado em sua formação.

Essa história se repete no espiritismo, a menos que façamos dele algo diferente. Alguns expositores e dirigentes desejam fazer um 'cercadinho' do tipo 'Kardec e Chico', como já ouvi de viva voz. Nada tenho contra um estudo rigoroso desses autores. Estou seguro de que o próprio Kardec era contra cercadinhos. A maior evidência que temos disso é o seu *Catálogo real das obras para se fundar uma biblioteca espírita*, que tinha uma exuberância de livros e autores, até mesmo de opositores do espiritismo.

Outra coisa diferente é conhecer o pensamento espírita com segurança. O que diz Kardec sobre as evocações? Que propriedades do perispírito encontramos na obra de Kardec? E na de Gabriel Delanne? Houve modificações no sentido das palavras usadas pelo codificador? Este tipo de questão, aprendemos a fazer nos cursos de filosofia. Aprendemos a distinguir conceitos de sinônimos e a entender sistemas filosóficos a partir da apreensão inicial dos seus conceitos principais e do raciocínio do seu autor. Acho que pessoas como Raul Teixeira, Deolindo

---
[1] FOX, John. *O livro dos mártires*. São Paulo: Mundo Cristão, 2003 (Publicação original da obra em latim, 1559).

Amorim e, mais recentemente, os colegas da Liga de Pesquisadores do Espiritismo (LIHPE), Cosme Massi e Sílvio Chibeni, me influenciaram nessa aventura.

A verdade absoluta está fora do nosso alcance. Por isso mesmo, estamos sempre tentando aumentar nossa fatia de verdade e propõem os espíritos que passamos encarnações e encarnações aumentando nossa "bagagem de conhecimento". Kardec previa o crescimento do conhecimento espírita em sua obra.

Essa atitude franca de busca de conhecimentos novos, de forma crítica, sem perder a capacidade analítica, foi a diretriz de trabalho de muitos autores espíritas. Léon Denis, Gabriel Delanne, Deolindo Amorim, Carlos Imbassahy, Herculano Pires, Hermínio Miranda, Lamartine Palhano Jr. e muitos outros buscaram conhecimentos espirituais em outras fontes, racionais e empíricas (em outras palavras, não místicas), e sempre estiveram dispostos a discutir e propor sem perder a 'base kardequiana'. Dentro da herança do pensamento de Allan Kardec, eles leram, traduziram, discutiram, analisaram logicamente a doutrina face aos avanços das ciências e às vezes tiraram conclusões indevidas ou incorretas, mas o conjunto de suas obras justifica os pequenos tropeços (se é que o são).

Uma vez, minha muito querida Ada Eda, dirigente do nosso grupo mediúnico na Associação Espírita Célia Xavier, me perguntou:

— Meu filho, me indique um livro em cujo autor eu possa descansar, entende?

Ela usava o português de uma forma muito particular e pessoal, mas eu entendia bem. Ela queria um livro ou autor que não exigisse de nós análise crítica, que se pudesse ler aceitando que tudo o que ele escreve fosse verdadeiro e que não tivesse contradições com o pensamento espírita, que ela amava.

— Eda, me perdoe! Respondi. Esse livro não existe.

Se é verdade que os iniciantes espíritas devem começar pelo começo, da mesma forma que os estudiosos da psicanálise começam por ler Freud, espero que nossos centros espíritas não estejam repletos de iniciantes, de pessoas que nunca passaram do bê-a-bá do espiritismo, mas que estejam repletos de pessoas, nas mais diversas posições, que, com suas trajetórias particulares e subjetivas, se dispuseram a conhecer a rica contribuição dos mais de cento e sessenta anos de espiritismo.

Uma vez, me perguntei o que fazer diante da aluvião de livros novos, cheios de ideias místicas e incoerentes. Fantasias bem ao gosto das pessoas fantasiosas, que gostam de ficar no limite entre a realidade e a imaginação e que não se satisfazem apenas com os livros de ficção e as séries de televisão. Creio que se deve ensinar o espiritismo para os espíritas e divulgar os livros sérios, racionais e bem fundamentados. Os livros de conteúdo místico não convencem às pessoas de mentalidade racional e empírica.

Concluindo: este livro foi escrito para os espíritas estudiosos, instigados pelas questões doutrinárias, envolvidos na prática da mediunidade ou em seu estudo. Não é um livro escrito para céticos. Também não é um livro no qual as pessoas possam descansar.

Na primeira parte, ele trata não exclusivamente da minha trajetória pessoal, mas principalmente de dois grupos espíritas influentes em Belo Horizonte e como se praticava a mediunidade neles. A seguir, mergulhamos em Allan Kardec, temperado por outros autores, às vezes chamados de subsidiários, e analisamos sua noção de mundo dos espíritos, de obsessão e as experiências de desobsessão que ele narrou. Aproveito para entrar em uma questão delicada: o limite entre a mediunidade, a psicopatologia (estudo dos transtornos mentais) e a obsessão. Como sabemos pouco sobre este campo!

A quem interessa o funcionamento dos grupos espíritas em Belo Horizonte, a perdida capital "inca" no meio das montanhas de Minas Gerais? Aos espíritas das casas citadas, talvez. E talvez a todos. Minha insistência em descrever a experiência, buscando encontrar as razões do porquê trabalhamos e como trabalhamos, existe em função do desejo de se escreverem manuais e normas rígidas de conduta no meio espírita. Se for verdade que há práticas universais com relação à mediunidade, também será verdade que pequenas variações não deveriam ser motivo de crítica e divisão entre os espíritas. Aprendi, no meu curso de psicologia social, que uma escola no meio rural não deveria ser igual a uma escola no meio urbano. Que não deveria haver aulas no período das colheitas, enquanto no meio urbano essa questão é indiferente. Que as histórias estudadas deveriam incluir e valorizar a cultura local e não apenas a cultura urbana ou europeia. Então, no meio espírita, talvez um centro espírita no meio de uma comunidade precise funcionar de forma pouco diferente dos que estão em cidades universitárias, que se esvaziam durante as férias, ou em cidades pequenas, nas quais os jovens saem para estudar fora na adolescência. O mesmo se aplica aos bairros ricos das grandes capitais brasileiras. Que diferenças legítimas são essas? Não tenho a pretensão de responder, apenas de mostrar o que fizemos, para que cada grupo possa entender suas próprias necessidades. Acho que aprendi isso com o professor Mário Barbosa.

A segunda parte é voltada à mediunidade. Começa com um capítulo breve sobre a atuação do médium na comunicação, seguido dos princípios gerais de um autor da psicologia conhecido apenas por poucos profissionais no Brasil: Carl Rogers. Nosso grupo observou que os princípios da clínica deste autor surtem efeito no atendimento espiritual. Então, este livro tenta mostrar, em alguns casos de atendimento que transcrevemos, como foi empregado. As narrativas, casos e análises do atendimento espiritual em comunicações de espíritos muito diferentes entre si compõem o final do grupo. Talvez essa parte devesse ter ficado no início do livro para instigar a curiosidade do leitor. Cedi, contudo, ao meu lado didático, que exige ensinar primeiro os conceitos para, apenas depois, aplicá-los.

O leitor curioso, que me acompanhou até o momento, ainda deve se perguntar: será que esse livro é bom? Será que vale a pena? Minha resposta mais honesta é: não sei. Se ele vender mais que dez exemplares e seus leitores considerarem útil seu conteúdo para refletirem sobre seu trabalho de atendimento aos espíritos, ainda que não mudem nada do que fazem, ele terá atingido seu objetivo. Cabe a quem ler fazer esta avaliação.

DOUTRINAR OU ATENDER ESPÍRITOS?

Hermínio Miranda, no livro *Diálogo com as sombras* (FEB), afirma que doutrinar é "instruir em doutrina ou, simplesmente, ensinar". Na página 67, ele discorre sobre os problemas que o termo doutrinador traz:

> [...] o espírito que comparece para debater conosco os seus problemas e aflições, não está em condições, logo aos primeiros contatos, de receber instruções doutrinárias, ou seja, acerca da doutrina espírita, que professamos, e com a qual pretendemos ajudá-lo. Ele não vem disposto a ouvir uma pregação, nem predisposto ao aprendizado, como ouvinte paciente ante um guru evoluído. Muitas vezes ele está perfeitamente familiarizado com inúmeros pontos importantes da doutrina espírita. Sabe que é um espírito sobrevivente, conhece suas responsabilidades perante as leis universais, admite, ante evidências que lhe são mais do que óbvias, os mecanismos da reencarnação, reconhece até mesmo a existência de Deus. [...] Portanto, o companheiro encarnado, com quem estabelece o diálogo, não tem muito a ensinar-lhe, em termos gerais de doutrina.

Ele continua o capítulo tratando das qualidades e perfil do doutrinador. Apesar de criticar o termo, não o substitui. Em nosso grupo, insatisfeitos com o termo doutrinador, utilizamos as palavras 'atendente' e 'atendimento', que são mais próximas da ideia de atendimento psicológico e que têm suporte nas obras de André Luiz. O autor dos livros que formam a coleção "A vida no mundo espiritual" faz uso do termo atendente para a assistência espiritual, um pouco diferente do que empregamos neste livro.

17

Entendemos que o papel da pessoa que conversa com os espíritos é o de atendê-los, como faz um psicólogo em sua clínica. Devemos às vezes esclarecer, raramente instruir em doutrina, evitando a posição professoral ou do sacerdote exorcista.

Quanto à etimologia da palavra doutrinar, ela pode assumir o sentido de ensinar compulsoriamente e até mesmo punir, como nos mostra o mestre Houaiss:

> v. (1344 cf. IVPM) 1 t.d.int. formular, transmitir, pregar doutrina ou nela instruir alguém; ensinar 2 t.d. incutir em (alguém) opinião, ponto de vista ou princípio sectário; inculcar em alguém uma crença ou atitude particular, com o objetivo de que não aceite qualquer outra 3 t.d.int. ant. educar, corrigir com castigo 4 t.d. ant. fazer adestramento de; amansar, amestrar¤ etim doutrina + -ar; ver doc(t)– ¤ sin/var adoutrinar; ver tb. sinonímia de instruir ¤ ant desdoutrinar ¤ par doutrinaria(1ª3ªp.s.)/ doutrinária (f.doutrinário[adj.s.m.])

Tenho certeza de que, com todo esse cuidado linguístico, não adianta nada dizermos que atendemos se continuamos a impor pontos de vista ou a ensinar doutoralmente, e não há problema em se dizer que se doutrinam espíritos, desde que o sentido esteja associado ao exercício do ágape paulino.

*
* *

O objetivo deste livro é compartilhar com os espíritas e com o movimento espírita a experiência do nosso grupo mediúnico nessa difícil atividade.

Há alguns anos, apresentamos essa experiência sob a forma de palestra em um grande centro espírita da capital mineira. Surpreendi-me ao perceber que nosso trabalho não era visto como usual. Um dos participantes, talvez incomodado com alguma coisa que dizíamos, perguntou:

– Há quanto tempo vocês fazem isso? – minha resposta surpreendeu-me, acho que mais que a ele:

– Há mais de vinte e cinco anos!

Enquanto escrevo este livro, já passamos dos trinta anos de atividades, ao final das tardes de sábado, durante pouco mais de uma hora e meia, bem utilizada para o estudo, a prece, a prática da mediunidade e a autoavaliação do próprio grupo.

DOUTRINAÇÃO E ATENDIMENTO

A doutrina espírita ou espiritismo "é a ciência que estuda a natureza, origem e destino dos espíritos, bem como sua relação com o mundo corporal", como afirmou Allan Kardec em *O que é o espiritismo*. Hermínio Miranda, em seu *Diálogo com as sombras*, afirmou que doutrinar é "instruir em doutrina"; em outras palavras, ensinar uma doutrina (p. 67). Ele prefere não empregar a palavra doutrinar ou doutrinador porque, em sua experiência, ele percebe que há espíritos sem condições emocionais de estudo e entendimento e a palavra pode induzir o atendente a explicar e instruir, o que pode ser entendido como um ato de pedantismo e afastá-lo de ações mais importantes e efetivas.

Fui encontrar uma possível origem do emprego do termo nos livros *O céu e o inferno* e *A obsessão*, de Allan Kardec. *A obsessão* é uma coletânea de textos do fundador do espiritismo. Trata de espíritos obsessores e perturbadores e das formas como a Sociedade Parisiense de Estudos Espíritas e outras sociedades espíritas da época (anos 1850 e 1860) se organizaram para tentar resolver esses problemas. Como costuma acontecer no movimento espírita, esse livro ficou injustamente em uma espécie de limbo porque o organizador da Federação Espírita Belga resolveu publicar, junto à obra, uma comunicação atribuída ao próprio Kardec, referendando o livro. Em vez de os críticos se aterem ao conteúdo do livro, destacaram essa comunicação e levantaram questionamentos sobre sua autenticidade. O que poucos parecem ter observado é que o livro não é mediúnico, mas um documento histórico e doutrinário, uma vez que é composto por textos da *Revista espírita* e de outras publicações de Allan Kardec.

Um caso importante para a origem da doutrinação é *O espírito de Castelnaudary*, publicado na *Revista espírita* e em *O céu e o inferno*. Neste caso específico, vê-se um espírito com imensa dificuldade de entender sua condição de desencarnado e o que se passa ao seu redor. Continua acreditando que está encarnado e que reside no mesmo lugar em que desencarnou há muitos anos. Guarda ainda o ódio da esposa e do irmão que o traíram. Entende que as pessoas que agora residem em sua casa e todos os que foram chamados para exorcizá-lo são invasores. Ele se apresenta ainda ligado à arma com a que assassinou seus familiares e sua roupa perispiritual ainda apresenta manchas de sangue, o que sugere que a memória e os sentimentos conturbados do assassinato continuam presentes e influentes.

Kardec reproduz os atendimentos que, à época, se davam intermediados pela psicografia, e não pela psicofonia, como geralmente se faz hoje.

Uma das primeiras descobertas de Allan Kardec com relação aos espíritos comunicantes é que muitos espíritos inferiores não compreendiam a situação em que se encontravam. Alguns não entendiam que haviam desencarnado, outros desconfiavam das pessoas que percebiam por serem considerados assombrações ou demônios.

Ante essa situação, Kardec foi orientado a instruir esses espíritos sobre o mundo espiritual, obtendo bons resultados.

Posteriormente, Kardec iria entrar em contato com espíritos obsessores, definidos como aqueles que exercem uma influência maléfica sobre as pessoas. Sua motivação é variada. Pode ir da simples perversão (prazer com o sofrimento alheio), passando pela identificação com o obsediado (similitude de gostos e prazeres) até os laços de ódio, que podem ser pessoais ou por razões genéricas (como o ódio racial, o ódio religioso, o ódio político etc.).

Quando dizemos que os obsessores exercem uma influência maléfica sobre as pessoas, necessitamos fazer algumas ressalvas. A influência direta se dá mente a mente. Para que isso ocorra, é necessária alguma ressonância entre obsessor e obsediado. Uma pessoa que não gosta de determinado tipo de assunto tende a encerrar o diálogo rapidamente por se sentir incomodada. Com a influência mental não é muito diferente: um obsessor precisa que sua contraparte acolha seus pensamentos, sensações e emoções, e que não consiga desligar-se delas para que sua influência se consolide.

Os obsessores, se não gostam de uma determinada pessoa, podem influenciar seus familiares, colegas de trabalho, amigos e quem quer que seja que, do seu meio de relação, aceite sua influência com o objetivo de perturbar sua vítima.

Nas obsessões coletivas, uma casa espírita, uma família inteira, um grupo ou equipe de pessoas, em função do que fazem, podem ser objeto dos desafetos do mundo espiritual.

Como se pode ver, um fenômeno complexo como a obsessão não pode ser abordado apenas de forma intelectual. Há mágoas, emoções, perturbações emocionais, não raro dos dois lados. Além do mais, não é muito normal que uma pessoa, encarnada ou desencarnada, abandone sua família e seus afetos para dedicar-se a uma vingança ou perseguição. Não deixa de ser um comportamento que tem, por base, um transtorno mental.

Uma vez apresentados esses fenômenos espirituais, pergunta-se: será que os espíritas não estariam apenas mudando os nomes da crença cristã-católica ou cristã-evangélica dos endemoniados?

Obsessão e demonismo

A ideia do exorcismo, apesar de atávica e muito presente na nossa cultura, é muito diferenciada da prática espírita da desobsessão.

Inicialmente, o demônio, como visto pelos cristãos católicos e evangélicos, é um ser sobrenatural, devotado ao mal. Os espíritos obsessores, não. Eles são pessoas, alguns frios, outros cheios de ódio, outros frágeis. São humanos, ou seja, trazem em seu interior a luta entre os impulsos, desejos, crenças e hábitos contra os imperativos éticos da consciência.

Não sou expert em exorcismos, mas o que se lê e vê nos filmes é a tentativa de afastar o demônio de suas vítimas. Na obsessão, tem-se uma relação interpessoal. Como o demônio é visto como "todo mal", é algo a se evitar ou se confrontar com o apoio de Deus ou de seus enviados. O mito do demonismo tem, por base, um confronto entre bem e mal.

A desobsessão não é assim. Como pessoa, o obsessor tem suas razões para fazer o que faz. Normalmente, as razões são racionalismos, ou seja, explicações falsas, construídas para que ele não se sinta desconfortável com o que está fazendo. Contudo, como são construções intelectuais, no fundo ele sente que há algo errado. E se ele der voz às suas inseguranças, entra em conflito íntimo.

De ordinário, os espíritos que nos visitam vivenciam esse conflito interior.

COMO COMECEI A ATENDER ESPÍRITOS?

Nosso grupo era recém-formado em 1986. Apesar da juventude, havia alguns anos estudava e fazia palestras sobre espiritismo e mediunidade nas casas espíritas. Meu pai era responsável por um ciclo de estudos sobre mediunidade que durava cerca de oito meses na União Espírita Mineira. Além disso, fazia palestras sobre o tema em sociedades e eventos espíritas de diversas cidades.

Desde os quatorze anos, eu frequentava um grupo e estudava o espiritismo. Uma das tarefas que consegui na casa foi trabalhar voluntariamente na biblioteca, que hoje se chama Aurélio Valente. Eram dois pequenos armários cheios de livros e dezenas de leitores que semanalmente procuravam novos títulos para entretenimento ou estudo. Além de registrar os leitores e acompanhar os empréstimos de livros, logo aprendi que seria demandado a indicar o que muitos deles desejavam ler. Para tal, teria que seguir o conselho do diretor da pequena biblioteca: era necessário ler os livros.

Apesar dos compromissos próprios de um jovem adolescente e de uma escola muito exigente, nunca foi difícil ler. Adquiri o hábito desde a infância, minha casa era cheia de livros, revistas e jornais, e meus amigos também gostavam de ler. Um professor do Centro Federal de Educação Tecnológica aqui de MG (CEFET) nos desafiou a desenvolver esse hábito. Então, um grupo de colegas passou a ler bastante e eu cheguei a ler mais de dez livros em um mês. Os romances espíritas eram uma demanda constante para um jovem voluntário de biblioteca e não eram tão numerosos nos anos 1980. Emmanuel, Victor Hugo, Padre Germano, Bezerra de Menezes, Charles, Alfredo, Tolstoi, Balzac,

Rochester eram alguns dos autores espirituais que escreviam através de Chico Xavier, Zilda Gama, Yvonne Pereira, Divaldo Franco, Waldo Vieira, Dolores Bacelar e Vera Krijanowsky. Além deste grupo de primeira, tínhamos títulos de autores encarnados como Celestina Arruda Lanza, Codro Palissy, Fernando do Ó, Antônio Lima, F. Colavida, Areolino Gurjão, José Suriñach, Camille Flammarion... Depois, a editora O Clarim começou a publicar romances espiritualistas traduzidos por Wallace Leal V. Rodrigues e conheci também o inusitado *A esquina de pedra*.

Ler literatura espírita (e não espírita!) nunca impediu a análise cuidadosa das chamadas 'obras de estudo', muito menos o estudo sistemático de Allan Kardec. Nesta época, havia algo intermediário entre literatura e estudo: a maioria dos livros da série André Luiz (por meio de Chico Xavier), bem como as obras de Manoel Philomeno de Miranda (por meio de Divaldo Franco).

Nosso grupo de mocidade espírita tinha uma programação de estudos influenciada pela escola fluminense. Recordo-me vagamente de alguns de nossos programas de estudos para jovens de 13 a 18 anos, divididos em ciclos. Eles continham, além de Allan Kardec, os clássicos espíritas. Discutíamos os conteúdos dos pesquisadores do século XIX, como Crookes, Aksakof, Delanne, Flammarion e muitos outros. Tenho a vaga impressão de que, nesses programas antigos, tínhamos a mão erudita de Carlos Imbassahy.

A terceira grande influência veio do Grupo Emmanuel, que tinha por carro-chefe o estudo do Evangelho. Embora frequentasse o Célia Xavier, havia a influência de papai que, além da União Espírita Mineira, era da equipe de frente do Emmanuel, onde falava de mediunidade e Evangelho, além de dirigir reuniões mediúnicas.

Minha juventude, portanto, foi muito engajada no movimento espírita. Estudávamos; participávamos de eventos; envolvíamo-nos em atividades sociais voluntárias; viajávamos por Minas Gerais acompanhando expositores conhecidos internacionalmente, como Divaldo Franco e Raul Teixeira; participávamos, como confraternistas e às vezes como expositores, de encontros, confraternizações e outros eventos. Sempre em meio aos espíritas e aos espíritos. Não era incomum assistir a uma comunicação pública e espontânea de médiuns com faculdades já reconhecidas, assim como de pessoas com perturbações talvez espirituais.

Lembro-me de trabalhar no auxílio ao serviço de passes da reunião das terças-feiras no Célia (é assim que chamamos a Associação Espírita Célia Xavier, antes Centro Espírita Célia Xavier). Certa vez, uma pessoa, ao receber o passe, começou a falar em voz alterada, no que foi imediatamente impedida. Ali não era o lugar. E não era mesmo. Junto aos copinhos de vidro de água fluidificada vi uma senhora sair, entre esbaforida e assustada, e pedir uma água para se acalmar. Quando lhe disse que era raro acontecer comunicações mediúnicas em um serviço de passes, ela me respondeu com um sinal da cruz e um "Deus-me-livre", bem à moda mineira. Nem mais um "boa noite meu irmão", como se costumava ouvir dos que retornavam à casa.

Vi também uma criança de cinco anos com alterações graves de comportamento e personalidade. Não era apenas traquina, nem seria diagnosticada com transtorno do déficit de atenção com hiperatividade (TDAH) por um psicólogo do século XXI, mas não ficava quieta na sala e tinha uma atração pelas ruas do bairro do Prado, para as quais fugia quando seus evangelizadores diminuíam a vigilância. Agredia os colegas, não estabelecia contato visual com os adultos, a não ser com a mãe. Seria autista ou esquizofrênica? Não tenho como afirmar, mas me recordo bem de uma das fugas que frustrei antes que chegasse à porta da rua Chopin, retendo-a pelo braço, sem violência, e reconduzindo-a à sala com aquela conversa de evangelizador, do tipo, "onde você vai, fique conosco", quando ouvi em português castiço: "O senhor tem ideia de com quem está falando?" E continuou com mais uma frase ou duas, empregando palavras próprias do mundo dos adultos. Seria um obsessor?

Os espíritos também mandavam recados anônimos ou privados pelos médiuns que participavam de eventos ou reuniões. Em Governador Valadares, papai recebeu um aviso de desencarnação precoce através de uma imagem nada agradável de um caixão com o seu nome e uma data próxima. Nas suas reuniões no Grupo Emmanuel, sobre as quais era muito reservado, ouviu um espírito feminino admoestá-lo sobre a saúde do coração, que ele supunha saudável, pouco tempo antes da primeira parada cardíaca. Ele também me contou um episódio de diálogo aberto com um obsessor, na zona rural de Corinto, em que o médium estava seguro por quatro trabalhadores rurais. Apesar da violência já demonstrada antes e do medo que todos tinham, após uma conversa franca com o espírito, ele deixou o recém-liberto em prantos e tranquilo. Seria um doente mental aplacado, assim, na conversa, em meio à crise? Um esquizofrênico ou um obsediado?

Espíritos superiores, familiares e ex-trabalhadores da casa espírita também fizeram parte de minha experiência fora das paredes de uma reunião mediúnica. Divaldo Franco sempre mostrou essa capacidade mais fora que durante suas concorridas conferências. Já devo ter escrito sobre uma das muitas conversas em pequenos grupos, após os trabalhos da noite, no qual ele começou a descrever pioneiros do movimento espírita belorizontino com detalhes de roupas, cabelo, aparência, informações sobre o funcionamento e articulação das casas espíritas na época e o nome de uma sociedade espírita (com uma leve incorreção) que havia sido um foco intelectual na capital, mas que, com o passar do tempo, ficou restrita aos seus muros. O mesmo médium, em público, no auditório do Colégio Tiradentes, deu detalhes de um jovem desencarnado que foi identificado por sua mãe, em meio ao público.

Um colega de mocidade, Elimar Chagas, hoje médico, tem faculdades mediúnicas desde a infância. Um dos episódios que ele próprio nos contou foi em uma das primeiras reuniões mediúnicas que frequentou. Era uma reunião familiar,[2] que acontecia na casa da família do sr. Virgílio Almeida,[3] já desencarnado. Virgílio foi responsável pela fundação e apoio de centros espíritas e instituições de caridade em toda Minas Gerais.

Elimar era um garoto de pouco mais de quatorze anos. Foi convidado a sentar-se à mesa e entrou em transe mediúnico, naquela noite. O espírito comunicante falou de muitas coisas que não conhecia, especialmente sobre o Grupo Ergue-te e Caminha e a evangelização do Centro Espírita Divino Amigo. Deu orientações aos presentes, que ficaram surpresos com o conteúdo da comunicação. Alguém perguntou, após a sessão, quem era o espírito que havia se comunicado. Ele disse que não o conhecia, descreveu-o brevemente. Depois, viu uma foto em uma moldura na parede e disse:

– Foi aquele ali!

Era o sr. Virgílio, desencarnado há alguns anos.

---

[2] Presentes à reunião estavam Cotinha, Gilca, Zulnária, Célia Carvalho, Margarida Patrocínio, Roberto Bronfer, Zica, Edson Toledo, Hilda e seu esposo.
[3] Ver biografia de Virgílio Pedro de Almeida, no anexo I deste livro.

Morei por mais de uma década no tradicional e boêmio bairro de Santa Tereza, em Belo Horizonte, cheio de bares e restaurantes. Bairro ainda horizontal, mercê de uma lei que tombou a região do entorno da praça Duque de Caxias, ele tem três ou quatro casas espíritas. Uma delas, no entanto, chama a atenção: o Grupo Irmã Ló, na rua Paraisópolis. Trata-se de uma casa simples e antiga doada por seus donos para ser centro espírita. Ló, esposa de seu Jair, em 1948, estava triste com o diagnóstico de câncer no pulmão que lhe fizeram. Eles receberam em 10 de fevereiro de 1949, um estranho visitante que havia perdido o trem para Pedro Leopoldo e pedia pouso. Acolhido, ele, que era médium, ouviu Irmã Scheilla lhe dizer:

– Esta é a minha irmã muito querida, precisando de urgente tratamento. Jesus veio permitir a sua cura. Peço-lhe não ir hoje a Pedro Leopoldo, pois há necessidade de se realizarem reuniões em benefício da enferma.

Foram quatro reuniões, sendo a última em Pedro Leopoldo. Espíritos materializados, iluminados, com um aparelho estranho nas mãos, trataram a irmã Ló. O médium era o famoso Peixotinho (Francisco Peixoto Lins) e Ló viveria mais duas décadas, desencarnando de infarto, e não do câncer. Erro de diagnóstico? Fraude? Ou seria materialização de espíritos para tratamento? A casa espírita ainda guarda, em uma cristaleira antiga de madeira, uma série de artefatos, fruto de reuniões de efeitos físicos que lá aconteceriam no passar dos anos.

Falo de todas essas vivências, que são apenas algumas, para que o leitor entenda como permaneci espírita mesmo após muitos anos de estudos especializados em universidades onde reina o ceticismo sistemático e o materialismo histórico.

Quando abandonei o curso de engenharia e ingressei na graduação em psicologia, adquiri um hábito um pouco diferenciado dos confrades do meio espírita. Comecei a comprar e ler livros de pesquisadores dos fenômenos espirituais de forma geral. Assim, devo ter hoje uma pequena biblioteca com centenas, talvez milhares de títulos. Havia professores que consideravam ingênua a crença nos fenômenos psicológicos espíritas, mesmo não tendo estudado ou pesquisado o assunto. Este debate não deixou de ser frutífero, porque incentivou o estudo especializado.

Ao mesmo tempo, ingressei como membro em reuniões mediúnicas. Primeiro no Grupo Emmanuel, em um grupo que funcionava às sextas-feiras e foi dirigido por algumas pessoas muito importantes para mim, dentre elas, meu pai e a advogada Telma Núbia, ambos desencarnados. Depois, "fui ingressado" na reunião mediúnica que frequento até os dias de hoje, no Célia Xavier.

O Grupo Emmanuel

Eram dois estilos muito diferentes de condução dos trabalhos. No Emmanuel, àquela época, não havia comunicações simultâneas. O dirigente dos trabalhos dialogava com os espíritos que se comunicavam e os médiuns aguardavam "a vez" de manifestarem-se os espíritos. A reunião ocorria ao redor de uma mesa, apesar de não me recordar de fenômenos de psicografia ou pintura mediúnica.

Nesse sistema, os médiuns com faculdades mais ostensivas, que têm facilidade de concentrarem-se e de dar comunicações, têm melhor atuação. Recordo-me de uma médium que chamarei de dona Carla,[4] que tinha a faculdade de psicofonia, que Kardec classificaria como médium falante ou, talvez, médium intuitivo. Ela sempre se comunicava uma ou duas vezes em cada sessão, que, se não me falha a memória, tinha cerca de uma hora de atividades mediúnicas. Algumas comunicações eram extensas e os diálogos se estendiam por de dez a vinte minutos. Imagino que se houvesse pessoas com uma faculdade mediúnica intuitiva ou ainda menos expressiva, como os médiuns sensitivos ou impressionáveis, elas teriam mais dificuldade para expor suas percepções e intuições, somando-se ao sistema de comunicações em série e a presença de médiuns mais desenvoltos, seguros e perceptivos.

Recordo-me especialmente de uma comunicação que aconteceu após a desencarnação de Toninho, um jovem colega de Confraternização das Mocidades Espíritas de Belo Horizonte (COMEBH). Ele era músico e compositor, muito bem-humorado, e falava uma enormidade de gírias. Toninho gostava muito de papai e me chamava de 'maninho'. Sua desencarnação foi inesperada, fruto de um tumor no intestino, e sensibilizou a todos nós. Um tempo depois do sepultamento, lembro-me da comunicação dele através de dona Carla. Não me recordo do conteúdo do que ele disse, mas me lembro bem da médium tropeçando nas palavras que eram típicas dele. Ela não usava gíria e tentava, com

---
[4] Nome fictício.

alguma dificuldade, acompanhar o que Toninho pedia para ser transmitido. Foi algo memorável: era clara a sua personalidade e também o esforço da médium para ser o mais próxima possível ao que ele desejava transmitir.

Nessa época ainda não era possível observar a personalidade e características psicológicas dos médiuns, porque nosso relacionamento se limitava às leituras e comentários preparatórios das reuniões, às comunicações e aos diálogos rápidos antes e após as sessões. De qualquer forma, a experiência fez com que se percebesse que as comunicações de alguns dos médiuns são uma mistura de conteúdos sugeridos pelos espíritos e conteúdos internos seus. A obtenção de informações do mundo espiritual assemelha-se ao garimpo de ouro ou pedras preciosas, que exige critério para distinguir o real fruto do trabalho do cascalho que, às vezes, vem em grande quantidade.

Dessa experiência, passei a pensar que era fundamental ao médium uma atitude de autoconhecimento e que esta poderia ser favorecida pela interação com os demais membros. Um mesmo espírito ou imagem espiritual percebida por dois ou mais médiuns, simultaneamente, sem que haja comunicação entre eles através dos órgãos dos sentidos, é um indício de alguma sensibilidade mediúnica. O médium inseguro ou impressionável pode observar que muitas das sensações e ideias que lhe ocorreram não foram apenas fruto de sua imaginação e emoções, quando verifica as semelhanças com as percepções independentes de outros médiuns. Este movimento em direção a um melhor conhecimento do funcionamento de seu mundo interior, acompanhado de um acolhimento por parte do grupo, vai lhe dando confiança suficiente para participar da dinâmica da reunião, evitando as inibições naturais.

Esse fenômeno da confiança foi descrito pelo espírito André Luiz, através da mediunidade de Francisco Cândido Xavier e Waldo Vieira, no livro *Mecanismos da mediunidade*. Via de regra, são necessárias muitas sessões para que um médium construa a confiança necessária nos espíritos desencarnados e nos colegas encarnados. Desta forma, embora as sugestões do grupo possam ser valiosas, a confiança depende de um movimento interior do médium, o que faz com que o autoconhecimento seja tão importante quanto a crítica de terceiros.

A crítica gera algum tipo de sofrimento ao médium e é natural que ele queira evitá-la ou desfigurá-la, usando os mecanismos de defesa psíquicos já descritos na literatura psicanalítica por Anna Freud e outros autores. O médium não age de má-fé, mas dentro de certo automatismo que visa evitar o desconforto de alguma realidade vista como ameaçadora. O comentário de pessoas de confiança, todavia, pode ser menos desfigurado. Para tal, os laços entre as pessoas devem ser mais sólidos e a disposição para o autoconhecimento, um objetivo a ser procurado por todos.

Nessa época, cheguei a sugerir em uma conferência que este autoconhecimento do médium se tornasse um objetivo das reuniões mediúnicas. Na ocasião, utilizei o termo 'terapêutico' ou 'psicoterapêutico' para descrever o que pretendia. Mas foi uma escolha infeliz porque gerou confusão em quem ouvia. Dei a entender que as reuniões mediúnicas fossem sessões psicológicas, o que não é coerente. A observação pessoal do médium deve ter o sentido de apropriar-se e confrontar as imagens mentais e ideias que acontecem durante as sessões com as percepções de outros médiuns, de observar mais atentamente e relatar seus sentimentos antes, durante e depois das sessões, de cotejar, com espírito isento, o que é oriundo de sua experiência pessoal e o que pode ter sido influenciado por espíritos comunicantes.

Outro ponto que meu pai sugeria aos médiuns e que pode ser inserido nestas sugestões de autoconhecimento são as repetições de conteúdos. A mediunidade é uma faculdade de comunicação. Portanto, há possibilidade de contato com espíritos muito diferentes. Uma repetição contínua de comunicações com mesma estrutura e conteúdos, com as mesmas emoções, os mesmos sentimentos e mudanças apenas superficiais de conteúdo, pode ser um sinal ou sintoma anímico, ou seja, da manifestação de um desconforto emocional do médium, e não uma comunicação mediúnica.

Não dá para transformar essa observação em regra. As características internas dos médiuns facilitam o intercâmbio com espíritos que lhe são afins. Um médium tem um recurso interpretativo maior da experiência interior de outra pessoa se já passou por algo semelhante. Um exemplo disso são as comunicações de suicidas através de Yvonne Pereira, que posteriormente nos relataria, em seus romances, ter passado, em pelo menos duas oportunidades, pela vivência infeliz da morte voluntária. Lendo seus ricos relatos autobiográficos, penso que Yvonne não apenas tinha a recordação mediúnica do suicídio, mas possivelmente trazia ainda os traços depressivos, que a deixavam sem capacidade de realizar suas atividades comuns, às vezes por semanas. Apesar de todo o sofrimento que ela relata na prática mediúnica, creio que ela possibilitou que a médium pudesse viver com uma doença tão grave por toda a sua longa vida, sem passar ao 'ato', como dizem meus colegas. Creio também que as atividades na casa espírita e os relacionamentos interpessoais que sobrevieram a eles tiveram uma função imensamente terapêutica para ela. Afinal, seus sofrimentos e frustrações, ao longo de sua história de vida, foram intensos, até mesmo para pessoas mentalmente saudáveis.

Na nossa experiência no Célia Xavier, acompanhamos, ao longo de décadas, alguns médiuns. Vimos que alguns deles davam comunicações de um determinado tipo de espírito por algum tempo e depois paravam de fazê-lo. Vimos, também, que a reunião, às vezes, tomava por característica o predomínio de comunicações de um perfil de espíritos e que isso mudava com o tempo. No livro O *observador e outras histórias*, um espírito sintetizou algumas das fases que passamos.

Antes de ter acesso a uma reunião no Grupo Emmanuel, os interessados passavam por um sistema de formação, que foi desenvolvido pela direção e que contou com a contribuição do meu pai e de Osvaldo Abreu. A marca central do Emmanuel são os estudos sobre o evangelho, e ele já foi chamado Grupo Emmanuel de Estudos Evangélicos antes de se tornar Grupo Espírita Emmanuel. A estrutura de formação antecedeu a ideia do Estudo Sistematizado da Doutrina Espírita (Esde) proposto pela Federação Espírita Brasileira (FEB) e foi implementado igualmente na União Espírita Mineira (UEM), órgão federativo do nosso Estado.

Essencialmente, eram três cursos: o de doutrina, que durava cerca de três meses, em reuniões semanais e era estruturado em torno do que ficou conhecido como princípios básicos do espiritismo (15 tópicos). O de mediunidade durava cerca de oito meses e ia desde a classificação dos fenômenos e seu mecanismo até questões práticas do dia a dia da reunião. O de evangelho usava uma metodologia que ficou denominada como 'estudo minucioso' porque se discutia um versículo por reunião, aos moldes do que o personagem Alcíone propõe para os Davenport no romance *Renúncia*, psicografado por Chico Xavier, mas principalmente aos moldes dos livros de Emmanuel. Na introdução do livro *Caminho, verdade e vida* encontram-se alguns parágrafos onde o espírito explica um pouco do seu método.

Esse sistema foi desenvolvido a partir da experiência do grupo. Há anos, eles recebiam pessoas que procuravam as sociedades espíritas alegando "problemas de mediunidade". Inicialmente, elas eram levadas à reunião mediúnica, o que se mostrou ser uma ideia não muito boa. Penso com o dr. Roberto Lúcio.[5] Ele diz que há duas coisas distintas que às vezes se encontram: a mediunidade e os transtornos mentais. Há, portanto, médiuns sem transtornos mentais e médiuns com transtornos mentais. Ao contrário do que pode parecer, não é tão fácil a uma pessoa leiga identificar transtornos mentais a partir de uma conversa. E alguns dos sintomas costumam ser interpretados como sinais da mediunidade, equivocadamente. Um portador de transtornos mentais irá, contudo, manifestar seus sintomas em um relacionamento continuado. Mesmo medicado, ele emprega o que Freud denominou 'mecanismos de defesa' e muito comumente irá apresentar problemas de relacionamento.

Eles observaram que uma pessoa com faculdades mediúnicas muito ostensivas quase nunca melhorava com a prática. As pessoas imaginam que os medos, as ansiedades e os problemas decorrentes de uma faculdade como a vidência mediúnica só se resolvem com a prática da mediunidade, o que se mostrou um erro.

Um médium que não tem conhecimento de sua faculdade, dos espíritos e do plano espiritual e que os percebe vai se perguntar se não é esquizofrênico, se não está apresentando alucinações. A percepção de espíritos em estado de perturbação ou sofrimento continua sendo uma experiência desagradável, e um médium ostensivo costuma ter dificuldade em controlar sua faculdade.

Em um grupo já estabelecido, um médium que não entende o que são espíritos e como lidar com eles, vai criar uma série de problemas, como comunicações muito extensas (e imagine como isso se complica em um sistema de comunicações seriadas), manifestações emocionais quase descontroladas (gritos, agressividade, choro convulsivo, entre outros), dificuldade de entender e aceitar as orientações do atendente,

---

[5] Roberto Lúcio Vieira de Souza, psiquiatra, ex-diretor clínico do Hospital Espírita André Luiz, um dos fundadores da Associação Médico Espírita de Minas Gerais, ex-vice-presidente da Associação Médico Espírita do Brasil.

pouco entendimento do funcionamento do mundo espiritual e percepção incontrolável dos espíritos fora dos momentos das reuniões mediúnicas, entre outras características. Sua vivência da mediunidade passa a exigir do grupo uma atenção que pode ser atenuada por um momento sistemático de formação.

Se o novo participante da reunião mediúnica se mostra portador de transtorno mental, sem o devido acompanhamento psicológico ou psiquiátrico, as dificuldades em uma reunião se potencializam. Perseguições fantasiosas, por exemplo, podem começar com os espíritos e ser atribuídas aos colegas de reunião. O ambiente de amizade e colaboração fica comprometido e o novo membro torna-se um problema.

O ato de participar das reuniões de estudo, que duravam meses, já possibilita aos interessados avaliar se têm sintonia com a proposta espírita para a prática da mediunidade e se realmente se interessam em preparar-se para esta tarefa. Os simplesmente curiosos, os ávidos por novidades e outras pessoas que não compartilham com o objetivo de uma reunião mediúnica vão se evadindo aos poucos, ao longo dos meses de estudo.

Lembro-me de papai[6] conduzindo as reuniões de estudos de mediunidade na União Espírita Mineira. Em uma prece de abertura, um médium começou a falar em voz alta. Ele se dirigiu racional e diretamente para o suposto espírito que se manifestava:

– Aqui não é o lugar de se comunicar.

E dirigia-se ao médium:

– Fulano, por favor, abra os olhos e respire fundo.

A esse treino das faculdades mediúnicas ele denominava 'educação mediúnica'. Saber controlar os impulsos era mais importante que dar-lhes vazão em qualquer lugar.

É certo que a mediunidade não vem com um interruptor, que se liga e desliga quando o médium deseja. Mas se a faculdade perturba a vida de relação do médium, ela é mais fonte de sofrimento que uma possibilidade de ação. Educá-la é como aprender a conversar na vida social: saber ouvir e saber o momento de falar.

O estudo do espiritismo, por tudo isso, mostrou-se útil. Ele contribui com a socialização do médium no novo grupo, com o entendimento de sua faculdade e dá mostras realmente se se trata de um desejo

[6] José Mário Sampaio, cirurgião-dentista e espírita, que atuava no Grupo Emmanuel e na União Espírita Mineira.

temporário ou um interesse real na participação de um grupo de prática da mediunidade.

A Associação Espírita Célia Xavier

Sede da Associação Espírita Célia Xavier, no bairro Prado, em Belo Horizonte (MG)

No Célia Xavier, eram aceitas duas ou três comunicações simultâneas. O grupo assentava-se em um círculo de cadeiras, o que facilitava o deslocamento da pessoa que iria atender aos espíritos. Geralmente, eram reuniões sem mesas. O dirigente ficava atento e consciente de tudo o que acontecia na sala, designando pessoas para realizar as atividades durante a "parte mediúnica" da reunião. Os médiuns eram orientados a falar em voz baixa e intercalavam-se médiuns e outros participantes nas cadeiras para que o atendente pudesse assentar-se ao lado do médium.

No Célia Xavier e no Grupo Emmanuel, estudava-se a mediunidade antes das comunicações. Havia uma parte de estudos mais dialogados e informativos seguida de uma leitura preparatória.

Na casa de Célia, como era um grupo recém-formado, apesar do conhecimento do espiritismo de todos os participantes, egressos de um grupo de mocidades espíritas, passamos por meses de estudos antes das primeiras experiências com a mediunidade. *O livro dos médiuns* (Allan Kardec) e *Desobsessão* (André Luiz) foram alguns dos primeiros livros estudados, de capa a capa, se não me falha a memória. Havia um regulamento extenso aprovado na casa para as reuniões mediúnicas que também foi estudado, item a item. Apesar de oriundos de um grupo de jovens, havia muitas pessoas com experiência em reuniões mediúnicas e diversos médiuns com faculdades diferenciadas. Evitarei citar nomes reais, mas vez por outra relatarei minha percepção pessoal das comunicações e atendimentos que aconteceram nesse grupo.

Passados alguns meses, vi que não conseguia conciliar a frequência em dois grupos por semana. Não pelas diferenças, mas porque era muito cansativo conciliar dois grupos com as demais atividades e obrigações que havia assumido, e optei pelo Célia Xavier.

As reuniões eram feitas em uma casa anexa ao prédio principal, que havia sido adquirida para ampliar a sede, mas ainda não tinha sido reformada. Com uma espécie de porão, na verdade um espaço abaixo do piso, não era raro o surgimento de insetos e ratos, apesar da higiene diária e cuidadosa. Nos primeiros anos, essa salinha, adaptada talvez de uma copa da antiga casa, foi o lugar dos estudos e primeiras comunicações.

As direções do Emmanuel e do Célia Xavier eram muito diferentes entre si. O Emmanuel primava pela organização, pela previsibilidade dos trabalhos e pelo controle. No Célia Xavier, Ada Eda era uma dirigente extremamente afetuosa, capaz de aproximar e apoiar os membros, que facilmente eram tratados como se fossem da família. Ela não se apegava com rigor às regras e procedimentos, rompendo-os vez por outra. Era comum ela trazer uma leitura que a empolgara ao longo da semana para ser estudada, em vez do livro que seguíamos. Tinha tolerância com os pequenos atrasos e com as irregularidades na frequência, e se notava que alguém passava por dificuldades fora do grupo, levava-o à sua casa para 'comer pizza' e, na verdade, conversar com intimidade e tempo livre.

A dinâmica de um grupo formado artificialmente, no qual as pessoas se conhecem, mas não escolheram ser um grupo, é cheia de altos e baixos. Muitos dos membros da primeira hora não se adaptaram ao formato que o grupo foi tomando nem ao horário dos sábados. Ou então, tiveram pequenos conflitos com os participantes que foram ficando. Apesar da tolerância, alguns colegas traziam práticas estranhas à literatura espírita e não aceitaram quando lhes foi pedido que as abandonassem. Lembro-me de uma jovem que, na parte mediúnica, punha-se a aplicar passes em si mesma. Ela estendia as mãos por sobre sua própria cabeça e as movimentava ao longo do corpo. Seria mais fácil ela pedir que alguém lhe aplicasse um passe, mas parece que era muito difícil para ela explicar o que desejava. Ela não aceitou o pedido de mudança e em breve parou de frequentar o grupo.

Nem todos agiam assim. Recordo-me de um médium que falava alto, praticamente perdia o controle sobre suas comunicações, tremendo, agitado. Ele aceitou de boa vontade o exercício que lhe foi proposto, de controle sobre a comunicação. Ficou meses acompanhado por um atendente, que lhe interrompia a comunicação quando ele chegava no limite da perda de controle. Passado este período, ele aprendeu o exercício da psicofonia sem mais alterações comportamentais, que entre outras coisas, dificultavam o atendimento do espírito e ainda perturbavam as outras comunicações e a concentração dos membros.

Outra experiência rica neste grupo foi acompanhar o desenvolvimento da mediunidade de pessoas que nunca haviam frequentado reuniões mediúnicas. Pudemos observar, por exemplo, a mescla entre fenômenos anímicos e mediúnicos. Entre as pessoas que se dispunham ao intercâmbio espiritual, algumas davam sinais de realizarem verdadeiras catarses durante as comunicações, juntamente com a influência espiritual, que era percebida por outros médiuns. A catarse tem um acentuado conteúdo afetivo, está relacionada com vivências pessoais e é de difícil abordagem pelo atendente, que pode confundi-la com uma comunicação espiritual conturbada. Como Freud já havia percebido, a catarse não tem um efeito terapêutico duradouro porque lidar com conflitos pessoais é um trabalho que o sujeito tem de empreender, mudando sua consciência e reações desenvolvidas ao longo da vida. É um processo de conscientização e educação, não é uma mudança mágica.

O amadurecimento também ajuda. Na medida em que os jovens iam se tornando adultos, passando por experiências na vida conjugal e social, enfrentando situações difíceis, iam crescendo também no grupo mediúnico. Aos conhecimentos adquiridos pela leitura se acrescentavam os oriundos da experiência. Sair do meio acadêmico, consolidar-se na vida profissional, tornar-se pai ou mãe, todas estas situações vão modificando a forma de ver os espíritos, o grupo e o trabalho a que nos propomos. Creio que o ideal é que os grupos mediúnicos mesclem pessoas experientes e jovens adultos.

As pessoas também foram se acertando às funções necessárias para a realização de uma reunião mediúnica. A dirigente escolheu-me para atender os espíritos. Lembro-me do meu primeiro atendimento, vagamente. Eu tinha conhecimentos adquiridos pela leitura de como atender, mas uma coisa é ler, outra coisa é fazer. Acho que eu tremia como 'vara verde'. Foi apenas com a prática e o diálogo com os outros membros da reunião que fui adquirindo confiança e traquejo nessa função.

Acho que foram alguns anos até o grupo construir um núcleo de trabalhadores que se tornou a base dos trabalhos. Talvez hoje tenhamos um núcleo central de trabalhadores, formado pelos trabalhadores das primeiras horas e dos que chegaram para ficar.

A influência de *Diálogo com as sombras*, de Hermínio Miranda, foi muito grande em nosso grupo. O livro foi publicado pela FEB nos anos 1980 e seu autor defende uma forma de atendimento efetivamente dialógica, contrária às ideias de 'doutrinação', de instrução em doutrina, que podem ser úteis em doses homeopáticas para espíritos que não entendem o que estão passando, mas que não atingem o nível das emoções em perturbação, que geralmente estão no núcleo do atendimento de espíritos em sofrimento.

Algumas vezes utilizamos a técnica, tão cara a ele, de induzir o espírito comunicante a recordar de eventos de vidas passadas. Ela se mostrou útil em casos de espíritos vingativos e endurecidos nos seus propósitos, que se consideravam vítimas de algo feito por quem perseguiam no passado. Impermeáveis ao diálogo, frios, presos em sua argumentação circular contínua, alguns deles se surpreendiam com recordações anteriores ao momento que obsessivamente insistiam em recordar, repetindo-o para justificar atos cruéis.

O FUNCIONAMENTO DO GRUPO MEDIÚNICO

Antes de falar sobre os espíritos e seu atendimento, uma questão talvez seja importante para o leitor: como funciona o grupo? O objetivo deste capítulo não é criar modelos a serem seguidos, mas comunicar nossa experiência para que se possa entender o que acontece, porque se optou por determinada prática, quais as consequências e permitir ao leitor distinguir do que se faz em seu próprio grupo.

No Emmanuel, as reuniões tinham duas partes. Após uma prece inicial, era feito um estudo sobre um tema; em seguida, leitura preparatória. Mais uma prece e iniciavam-se as comunicações, que se encerravam com uma prece final.

No Célia Xavier, essa sequência é mantida. Após as comunicações, no entanto, são reservados 15 minutos para que cada par (médium e atendente) relate sucintamente como foi a comunicação e o atendimento. Neste momento, que chamamos de 'terceira parte da reunião', além dos relatos, podem ser feitas perguntas e comentários sobre o que aconteceu. Há também o relato de percepções que os médiuns tiveram e que não falaram. Podem ser imagens mentais, sentimentos incomuns, emoções inesperadas, percepções de espíritos ou do plano espiritual. Muitas vezes, percebeu-se que houve uma mesma percepção por dois ou mais médiuns, que passariam despercebidas se não houvessem relatado. A terceira parte foi responsável por melhoras no atendimento a partir de críticas, um conhecimento mais profundo do que pensava e sentia o espírito comunicante durante o processo mediúnico e um aumento da confiança entre os membros. Recordo-me apenas de uma suposta médium que começou a trabalhar conosco e que se sentiu desconfortável com os comentários, afastando-se do grupo. Iremos falar disso mais à frente.

Essa 'terceira parte' é importante para o médium por outra razão: ele próprio vai explorando o que, em suas comunicações, pode ser fruto de sua própria imaginação. Diz-se em Minas Gerais que Chico Xavier teria afirmado que não existe comunicação 100% mediúnica, que quando a maioria do conteúdo é oriundo do espírito comunicante, trata-se de uma boa comunicação. Parodiando Jung, podemos dizer que a mediunidade é uma corda estendida entre a fantasia e a realidade transcendental. Cabe ao médium, ao grupo e a uma mistura entre confiança e crítica ir possibilitando a distinção entre um e outro. Ysnard Ennes[7] dizia que, embora seja natural o conteúdo anímico, cabe ao grupo mediúnico ir se aprimorando na arte de obter conteúdos mediúnicos, ou seja, de dar voz aos espíritos no lugar das impertinentes fantasias do médium.

---
[7] Confira alguns dados biográficos de Ysnard no anexo do livro.

Ao descrever o funcionamento das reuniões, tenho por objetivo mostrar que há variações que podem perfeitamente existir entre os grupos, sem prejuízo para a consecução de sua finalidade, nem acusações de "erro doutrinário" ou "incorreção". Considero muito inadequado que os autores definam, com base na sua experiência pessoal, de forma rígida, como devem ser as atividades dos grupos mediúnicos. O mais importante é que se discutam nas casas espíritas e entre os membros dos grupos quais são as razões para se adotarem as práticas e que se busque verificar se elas procedem, adotando a melhor solução.

Não estou defendendo, com isso, os sincretismos. Algumas pessoas vêm de outras experiências religiosas e desejam 'sentir-se em casa', sugerindo práticas que lhes são conhecidas, mas que não têm senão uma base mística. Isso tem acontecido com a cromoterapia, o reiki, a apometria, a prescrição de fitoterapia em reuniões mediúnicas, alguns rituais oriundos das religiões de matriz africana ou dos magnetizadores do século XIX (dar as mãos para formar uma 'corrente' magnética' no grupo), fluidificação de flores etc. São práticas místicas ou sem fundamentação clara, mesmo quando usam (incorretamente) palavras oriundas das ciências, que dão um tom místico às reuniões, sem implicações claras para espíritos ou médiuns. Há outra dimensão do sincretismo: a pessoa que implanta a prática ganha destaque dentro do grupo. Então, torna-se uma espécie de 'lugar de poder', a partir de um conhecimento que não é dominado pelos demais. Quem implanta ganha um *status* de mestre, de professor, sem base na literatura espírita nem nas ciências. Isso tem sido objeto de vaidades e orgulho, situação perigosa para a pessoa, o grupo e o centro espírita que o abriga.

Há muitos outros livros que tratam da dinâmica de uma reunião mediúnica, como *O livro dos médiuns* (Allan Kardec), *No Invisível* (Léon Denis), *Desobsessão* (André Luiz), *A mediunidade sem lágrimas* (Eliseu Rigonatti), *Mediunidade: reuniões mediúnicas* (União Espírita Mineira), *Diversidade dos carismas*, *Histórias que os espíritos contaram* e *Diálogo com as sombras* (Hermínio Miranda), *Correnteza de Luz* (Camilo), *Reuniões mediúnicas* (Projeto Manoel Philomeno de Miranda), *Transe e mediunidade* (L. Palhano Jr.) e *Mediunidade: estudo e prática* (Federação Espírita Brasileira).

Quem é membro?

Além dos membros do grupo original, deseja-se que os novos membros sejam pessoas que possam se beneficiar da prática mediúnica e que detenham o conhecimento mínimo para inclusão no grupo.

Pessoas em crise psicótica ou com quadros psiquiátricos que possam vir a confundir alucinações, delírios e outros sintomas graves com percepção espiritual não devem participar de atividades mediúnicas. Nem sempre conseguimos identificá-los em uma entrevista ou conversa prévia. Então, os novos membros ficam um tempo em 'período experimental', no qual se observa se há ou não adaptação ao grupo.

No grupo Emmanuel se usava esse período experimental nas reuniões dirigidas pelo meu pai. Ele consultava o grupo sobre a permanência de um novo membro. Se um dos participantes se opusesse, ele não permitia sua continuidade. Esse membro nem precisava justificar o porquê. Eles valorizavam acima de tudo a confiança e o bom relacionamento entre os membros do grupo.

Pessoas que não aceitam a forma de funcionamento da reunião e que desejam mudá-la a golpes verbais também não são aceitas. Há espaços de avaliação e diálogo ao longo do ano com o objetivo de identificar as mudanças necessárias ao seu funcionamento. É preciso, todavia, que os membros se sintam bem com as pessoas que lá estão e com as regras de funcionamento atual. Ou então, que não se incomodem demais com a forma de atuação. Quem não aceita ou se incomoda, geralmente se afasta.

As regras normalmente não são inflexíveis. Se um membro não se sente à vontade em apresentar o conteúdo de uma leitura na primeira parte, não será obrigado a isso. Se ainda não sente confiança para comunicar o que sentiu, pensou ou percebeu na parte mediúnica, não será coagido a falar na terceira parte. Se não se permite ainda falar o que lhe vem à mente e que lhe parece de origem espiritual na parte mediúnica, igualmente não precisa fazê-lo, assim como não se impõe que pessoas que não se sentem à vontade dialoguem com os espíritos. Mas se um membro iniciante não se sente à vontade para nada, sente antipatia incontrolável pelos demais, não aceita as decisões geralmente coletivas do grupo, fica desafiando mentalmente tudo o que se faz e se é orientado a fazer pelos coordenadores e acha que tudo o que vem à sua mente é dele próprio, não se dispondo a realizar qualquer outra atividade além da mediunidade, seu lugar certamente não é o nosso grupo mediúnico. Na maioria dos casos, eles próprios percebem que não se sentem bem no grupo.

Espera-se de um membro do grupo uma frequência regular, o que não significa que ele não possa faltar por razões de trabalho, viagem, saúde, trabalho doutrinário (palestra ou curso, por exemplo) ou por algum compromisso social que exija sua presença. Não adotamos critérios rígidos como 'desligamento' do membro após três faltas injustificadas e aceitamos situações especiais, como uma frequência irregular durante um período temporário de estudos. Muita gente, por exemplo, resolveu fazer uma segunda graduação ou pós-graduação ou mesmo cursos livres após alguns anos de formada. Também se encaixam nesse quesito as visitas de ex-membros que se mudaram de cidade ou país, mas estão temporariamente em Belo Horizonte ou que vieram visitar o grupo por sentirem saudades.

Em tempos de *internet*, fizemos um grupo no WhatsApp, que é usado para tomar decisões, comunicar ausências, entrar em contato ou enviar qualquer material em formato de arquivo a todos. No início de uma reunião, sabemos quem irá faltar e o porquê.

Infelizmente tivemos pessoas que se indispuseram contra o grupo ou membros do grupo e que resolveram se afastar, ao longo destas décadas de funcionamento. Passaram pessoas que não achavam que o funcionamento do nosso grupo estivesse correto e queriam, por exemplo, que ficássemos em silêncio e oração antes do início da reunião. Tivemos membros atuantes que não aceitaram críticas, as consideraram inadequadas ou, talvez, descaridosas. Médiuns que não gostavam das sugestões que lhes eram feitas sobre como lidar com sua faculdade. Talvez tenhamos 'errado a mão' em algumas situações, mas o relacionamento que conseguimos construir entre os membros que lá estão nos mostra que, de alguma forma, mesmo com erros de trajetória, criamos a familiaridade entre os membros que Kardec observa na obra *Viagem espírita de 1862*.

Há uma diferença entre membros e visitantes. Aceitamos a presença temporária de visitantes espíritas que sabem se comportar em uma reunião mediúnica, que frequentam outros grupos ou vêm de outras cidades e até países e que desejam conhecer nosso trabalho. Já recebemos gente da Suíça, de Portugal e de diversos estados do país. Tais visitas são sempre autorizadas pelos coordenadores após consulta, e ficam sob a responsabilidade de quem as indica. Nunca recebemos curiosos sem conhecimento doutrinário, interessados apenas em ver fenômenos mediúnicos. Mesmo porque, não acontece regularmente em nossas reuniões o que estas pessoas fantasiam ou desejam profundamente ver: demonstrações de conhecimentos extraordinários, afirmações de conhecimento de fatos que acontecem a distância, fenômenos de efeitos físicos... Um cético querendo ver fenômenos 'sobrenaturais' ou 'fraudes' ficaria bastante decepcionado em nossas reuniões, ou feliz, dependendo de como encara o ceticismo.

Temos membros originários, presentes no grupo há mais de trinta anos; temos membros antigos, de mais de uma década, e membros novos, que estão há menos de uma década no grupo. Temos casais, filhos de membros originários e membros novos que não tinham contato anterior com o grupo, mas se sentiram à vontade.

Hoje, no Célia Xavier, espera-se que um novo membro de reunião mediúnica ou tenha experiência e conhecimento espírita e de mediunidade adquirido em outras casas, ou que faça um ciclo de estudos preparatório, que no momento utiliza-se do material desenvolvido pela FEB no contexto das ações do Estudo Sistematizado da Doutrina Espírita.

Como não temos senão um grupo desses na casa, infelizmente, nossa reunião tem indicado outras casas que mantêm iniciativa semelhante em Belo Horizonte, como o Grupo Scheilla ou a União Espírita Mineira. Pessoalmente, acho muito bom que as pessoas não se tornem intolerantes ou hipercríticas com outras casas espíritas e que haja trânsito e mesmo amizade entre membros de casas diferentes. Isso significa que mesmo que haja diferenças, elas não impedem o respeito e a consideração pelo trabalho de todos.

Esperamos que os membros da reunião tenham outras atividades em nossa casa. Não temos um trabalho assistencial do grupo, por exemplo, embora alguns de nossos colegas mantenham há duas gerações um trabalho com enxovalzinho em sua própria casa. Praticamente todos os membros estão ligados a outras atividades da casa: administração, estudo, atendimento espiritual, passes, evangelização, divulgação doutrinária ou produção de conhecimento. Alguns de nossos colegas participam de uma segunda reunião mediúnica na semana.

Uma vez membro, há diferentes espaços de atuação em nosso grupo mediúnico, que é o que passamos a explicar. Essencialmente, as funções são de dirigentes (no plural), acompanhamento de médiuns iniciantes no grupo, médiuns, atendentes e passistas.

Dirigentes ou coordenadores

Os dirigentes têm por atribuição a coordenação da reunião, seja na parte de estudos, na mediúnica ou na terceira parte, na qual cada médium apresenta suas percepções e relata sucintamente a comunicação. Eles agendam os livros de leitura, designam quem fará as preces de abertura e de fechamento da reunião, decidem em conjunto com o grupo que livro se estudará, distribuem os capítulos ou partes dos livros pelos membros, que se responsabilizarão pela leitura em casa e apresentação do conteúdo na reunião.

Na parte mediúnica, o dirigente da noite fica atento ao que acontece aos demais membros. Ele designa qual dos atendentes conversará com um espírito que está se comunicando por um médium. Após uma comunicação ou atendendo a um pedido do atendente, o dirigente da noite pode designar uma pessoa para aplicar passes em um médium que se sinta mal após uma comunicação mediúnica. Cabe ao dirigente, portanto, ficar atento ao que se passa na reunião. Olhos abertos e observação constante dos membros possibilitam que ele possa tomar decisões na hora certa.

Outro cuidado do dirigente na reunião acontece quando um espírito inferior, mas inteligente, tenta chamar a atenção de todos, provocando desconcentração. Este tipo de espírito pode fazer desde ameaças até comentários hilariantes. O dirigente da noite costuma, então, fazer uma prece em voz alta, conduzir uma irradiação em favor dos espíritos em atendimento ou mesmo orientar o grupo a voltar seus pensamentos para outro foco. Como dirigente no Grupo Emmanuel, meu pai costumava dizer apenas "Pai nosso que estais nos céus...", que era um sinal já conhecido dos membros para continuar mentalmente com a oração dominical ou, de certa forma, evitar a influência do comunicante ou a dispersão durante a reunião.

Cabe ao dirigente acompanhar o tempo da reunião e avisar quando faltam alguns minutos para o fim desta parte, uma vez que muitos médiuns perdem a noção do tempo, mesmo tendo um grande relógio em uma das paredes. Sob seu critério, ele pode sugerir, geralmente nos minutos finais das comunicações, a comunicação de algum espírito responsável pela reunião com a finalidade de orientar a todos.

O dirigente da noite se incumbe de fazer irradiações. Recordo-me de um de nossos coordenadores, que foi lembrando nominalmente pelos participantes que já não mais estavam na reunião, em um desses momentos, ao final. Todos no grupo se emocionaram. Geralmente os médiuns descrevem algumas percepções de atuação dos espíritos responsáveis pela reunião, que se valem de imagens como flores, luzes, cores e outras, que imagino orientarem os participantes para um momento de refazimento físico e emocional.

São os dirigentes que fazem a triagem e a orientação dos novos membros. Conversam com os interessados antes de poderem participar da reunião, explicam com algum detalhamento como ela funciona e o que é esperado deles. A continuidade ou não de um novo membro depende da anuência de todos os participantes. Geralmente eles ficam por um período experimental, no qual tanto o grupo quanto o novo membro avaliam se desejam ou não a continuidade. Comumente, o próprio membro é quem declina da participação, quando não se sente confortável e integrado à reunião.

É papel do dirigente acompanhar o desenvolvimento e a educação mediúnica de cada membro. Na conversa inicial, um membro já trata da sua história, se tem percepções que podem ser consideradas mediúnicas, se está apto a aplicar passes, se deseja atender aos espíritos etc. Conhecendo com profundidade a história dos membros, ele tem como auxiliá-lo a atingir seus objetivos.

O dirigente também representa o grupo diante da administração da casa espírita, participando de reuniões administrativas, atendendo às demandas da administração, como a participação em campanhas (inverno, Natal e outras), posicionando o grupo ante diretrizes de mudanças, informando a todos sobre questões financeiras da casa e levando ao grupo as demandas da direção.

Ao contrário do que se pode pensar, é uma atividade que exige a observação e o conhecimento dos membros da reunião, alguma intuição das sugestões que os espíritos fazem ao longo da sessão, além de muito tato com todos os participantes. Afinal, ainda que sejamos espíritas, sentimos constrangimentos, tristezas, euforia, raiva, entre outras emoções, e podemos entender mal o que os colegas dizem. Considerar-se espírita não faz com que ninguém se transforme, num passe de mágica, em um cristão ideal.

Acompanhamento dos membros iniciantes e dos visitantes

Espera-se que um membro que inicia na reunião mediúnica venha com uma formação mínima. O conhecimento geral do espiritismo e da mediunidade, noções de funcionamento de uma reunião mediúnica, conhecimento sobre passes, entre outros assuntos que fazem parte do dia a dia de um grupo são pré-requisitos para iniciar atividades de comunicação com os espíritos.

Tanto o Grupo Emmanuel quanto o Célia Xavier têm estudos preparatórios para os interessados em participar de reuniões mediúnicas. Contudo, mesmo participando dela, um iniciante chega sem conhecer como especificamente o grupo trabalha, quem faz que funções no grupo e qual é, especificamente, o seu papel. Uma das atividades que fazemos com os novatos é acompanhá-los durante a parte mediúnica.

Um membro experiente assenta-se ao lado do novo membro e vai explicando, em voz baixa, o que acontece durante a parte mediúnica. Essa experiência mostrou-se útil porque estabelece vínculo com o novato e possibilita que ele expresse suas dúvidas, incertezas e estranhamentos.

Se o novo membro também tiver faculdade mediúnica, a atividade de acompanhamento possibilita o conhecimento de suas percepções e possibilidades, o que tornará mais fácil para os atendentes fazerem seu trabalho no futuro.

Fazemos isso por duas ou três reuniões, não mais. Parece-nos suficiente.

Médiuns

O principal papel de um médium em uma reunião mediúnica é o exercício de suas faculdades. Como os médiuns estão em diferentes níveis de desenvolvimento e de educação mediúnicos, é necessário que dirigentes, atendentes e outros participantes se organizem para auxiliá-los.

Há médiuns que chegam ao grupo com sua faculdade já ostensiva, necessitando até aprender a controlá-la e educá-la. E há outros que têm sua faculdade ainda restrita aos pensamentos e que necessitam obter confiança no grupo para inicialmente relatar o que percebem, pensam e sentem. Assim, aos poucos, irão desenvolver suas habilidades mediúnicas ou verificar quais de suas impressões têm origem espiritual e quais seriam mais bem explicadas pelo animismo, ou seja, são impressões da própria mente do médium.

Ao longo dos anos, observamos o desenvolvimento e a prática dos seguintes tipos de mediunidade na mediúnica de sábado da Associação Espírita Célia Xavier:

Médiuns sonâmbulos (Allan Kardec),[8] também conhecidos por médiuns de desdobramento (André Luiz). Necessitam de alguém preparado para acompanhá-los ao longo da reunião. Cabe ao dirigente designar um atendente para este fim.

Os médiuns escreventes ou psicógrafos (Allan Kardec)[9] precisam de tranquilidade para a escrita. Nas reuniões de Chico Xavier, víamos pessoas sentadas ao lado dele, recolhendo as páginas. Isso é um conforto. Recolher, numerar, datar, auxiliar com papéis, quando eles acabam ou com lápis, são atividades que auxiliam a tarefa. Como já disse antes, na minha experiência a psicografia é um fio de pensamento que se desenvolve em minha mente, que se rompe ante qualquer desatenção. Permanecer concentrado no texto que vai surgindo é uma das principais necessidades que tenho. Com o tempo, aprendi a não deixar que os diálogos dos médiuns psicofônicos me distraíssem, embora ache ainda bem mais confortável psicografar no silêncio. A única sessão com Chico Xavier que presenciei era pública. As pessoas não faziam silêncio. Do lado de fora do pequeno salão, fumavam e falavam alto. Honestamente, não sei como ele conseguia psicografar páginas seguidas com conteúdos distintos de espíritos diversos.

Não tive muita experiência com a psicografia que Kardec qualificava como mecânica. Em todos esses anos de trabalho, poucos médiuns apresentavam sinais deste tipo de faculdade (movimento involuntário dos braços, total falta de consciência do que escreve, enquanto o faz, consciência de outros eventos que acontecem simultaneamente), mas parece que os mesmos cuidados lhes seriam úteis.

Não tivemos experiência com médiuns curadores[10] em nosso grupo, embora no pouco tempo em que estive no Grupo Emmanuel, havia uma reunião no mês dedicada ao tratamento de pessoas que apresentavam queixas. Nunca presenciei fenômenos de efeitos físicos nestas

---
[8] KARDEC, Allan. *O livro dos médiuns.* Capítulos XIV e XVI.
[9] KARDEC, Allan. *O livro dos médiuns.* Capítulos XIV e XVI.
[10] KARDEC, Allan. *O livro dos médiuns.* Capítulos XIV e XVI.

reuniões, como descreveu Kardec em sua obra, ou como se lê em trabalhos mediúnicos como o de Zé Arigó. Nunca permitimos atividades como o uso de instrumentos cirúrgicos ou perfuro-cortantes, como vimos acontecer na televisão, através da mediunidade de Edson Queiroz, desencarnado tragicamente.

Kardec distingue os médiuns curadores dos magnetizadores em sua obra. Na *Revista espírita,* ele diz:

> O médium curador recebe o influxo fluídico do espírito, ao passo que o magnetizador tudo tira de si mesmo. Mas os médiuns curadores, na estrita acepção da palavra, isto é, *aqueles cuja personalidade se apaga completamente ante a ação espiritual,* são extremamente raros, porque essa faculdade, elevada ao mais alto grau, requer um conjunto de qualidades morais raramente encontradas na Terra; só esses podem obter, pela imposição das mãos, essas curas instantâneas que nos parecem prodigiosas.[11]

Vi pessoalmente três pessoas que se apresentavam como médiuns pintores (Allan Kardec)[12] e tivemos nos grupos do Célia Xavier uma colega de mocidade que começou este tipo de trabalho, mas penso que o interrompeu.

Luis Antônio Gasparetto apresentou-se em um grande auditório da capital mineira. Ele gostava de música alta enquanto pintava os quadros. A equipe se desdobrava para lhe fornecer os quadros e deixar disponíveis as tintas e pastéis. Em vídeo assisti à filmagem de suas atividades mediúnicas, às vezes produzindo dois quadros simultaneamente com as mãos ou os pés. Infelizmente este médium foi influenciado pelo espiritualismo moderno 'norte americano' e passou a comercializar seus seminários para obtenção pessoal de recursos financeiros, o que levou a pesquisadora Jaqueline Stoll,[13] após estudá-lo, a considerar que ele defendia uma ética da prosperidade (leia-se enriquecimento), que ela contrapõe à obra de Chico Xavier, que propunha uma ética da santidade (leia-se ética cristã).

Levei minha tia, que era desenhista profissional, pintora e escultora para ver os trabalhos de Hércules, um médium mineiro que expunha

---
[11] KARDEC, Allan. "Da mediunidade curadora". *Revista Espírita,* setembro de 1865.
[12] KARDEC, Allan. *O livro dos médiuns.* Capítulo XVI.
[13] STOLL, Sandra J. *Entre dois mundos: o espiritismo da França e no Brasil.* 1999. 255 f. Tese de doutoramento em Antropologia. Faculdade de Filosofia, Letras e Ciências Humanas. São Paulo, Universidade de São Paulo, 1999.

também sua faculdade publicamente. A opinião dela, à época, é que as telas atribuídas a pintores conhecidos não eram mais que esboços ou estudos, que faziam lembrar os autores, e que deviam ser apresentados como tal.

Conheci Cláudia Rosa em um evento no interior mineiro para o qual fui convidado para fazer uma palestra. A médium pintava sobre tela, sobre um tipo específico de papel e até mesmo nas primeiras páginas de livros. Neste evento, ela fazia seu trabalho sem receber nenhum centavo. Os companheiros espíritas que organizaram, adquiriram o material de pintura que ela pediu e vendiam ou presenteavam a produção mediúnica de Cláudia. Havia uma aura de misticismo porque a médium incentivava as pessoas a encontrarem imagens ocultas nas pinturas que adquiriam ou lhes eram sorteadas e dizia que as pinturas agiam de alguma forma como tratamento. Recordo-me apenas vagamente das informações que ela passava sobre os espíritos que pintavam, mas os ramos de flores eram detalhados por um espírito oriental e geralmente concebidos por três espíritos, se não me falta a memória. Ela desencarnou recentemente, com o respeito da comunidade espírita, porque sempre exerceu sua faculdade sem obter qualquer benefício financeiro e com muita dedicação.

Atendentes

Como já o dissemos anteriormente, preferimos a palavra atendente a doutrinador, porque evita a ideia de instruir em doutrina os espíritos desencarnados como atividade central.

No Grupo Emmanuel, os participantes assentavam-se ao redor da mesa e apenas o dirigente atendia ao espírito. No Célia Xavier, com os atendimentos simultâneos, geralmente nosso grupo assentava-se em carteiras, aquelas cadeiras com uma prancha no lado direito para escrever. Com este arranjo, durante as reuniões, é usual que o dirigente escolha o atendente e que este se assente ao lado do médium para conversar com o espírito comunicante.

Para o segundo arranjo, é usual alternarem-se médiuns e não médiuns quando se decide quem assenta em que cadeira. Se não houver cadeira vazia ao lado de um médium, durante a comunicação, seu vizinho se levanta e cede o lugar para o atendente, silenciosamente. Não há problemas com este procedimento, nem perda de concentração, senão momentânea.

Como este livro foi escrito para dissertar sobre o atendimento, deixaremos para outro capítulo as análises mais detidas sobre como os atendimentos são realizados.

Médiuns de sustentação?

Aqui pelas Minas Gerais se usa o termo 'médium de sustentação' para designar participantes sem mediunidade ostensiva que frequentam uma reunião mediúnica. A União Espírita Mineira publicou uma apostila que pode ser acessada em seu site institucional. Já vi também, nos chamados Grupos da Fraternidade, o uso do termo 'vibracional' para se referir a esses participantes.

Para defender que uma pessoa sem mediunidade ostensiva seja médium, teríamos que aceitar que todos são médiuns, o que foi dito por Kardec ao dissertar sobre os médiuns em geral[14] e sobre os médiuns inspirados.[15] Mas ele também afirmou que se usa a palavra médium para se referir às pessoas que tivessem a mediunidade em certo grau:

> Pode, pois, dizer-se que todos são, mais ou menos, médiuns. Todavia, usualmente, assim só se qualificam aqueles em quem a faculdade mediúnica se mostra bem caracterizada e se traduz por efeitos patentes, de certa intensidade, o que então depende de uma organização mais ou menos sensitiva.[16]

Imagine alguém fazendo a pergunta a uma pessoa que participa de reunião mediúnica sem prática ostensiva da mediunidade:
– Você é médium?
Qual seria a resposta?
– Sim, médium de sustentação.
Ou seria:
– Não, sou apenas médium de sustentação.
Parece que esta expressão não é precisa. As palavras devem ser usadas para evitar confusão, e não para gerá-la. Melhor empregar a palavra médium para quem tem percepções mais claras dos espíritos e do mundo espiritual, e evitar usar 'médium de sustentação'.

---

[14] KARDEC, Allan. "Dos médiuns". In: *O livro dos médiuns*. 71 ed. Rio de Janeiro: FEB, 2003, p. 234.
[15] KARDEC, Allan. 'Dos médiuns escreventes ou psicógrafos". In: *O livro dos médiuns*. Trad. Guillon Ribeiro. 71 ed. Rio de Janeiro: FEB, 2003, p. 269.
[16] KARDEC, Allan. Idem nota 14.

Não se encontra tal expressão na obra de Kardec e nem na de André Luiz. Este último descreve, como bem cita o autor do livro da União Espírita Mineira, a interferência positiva ou negativa dos pensamentos e sentimentos dos membros de uma reunião durante a prática mediúnica. Mas isso não é suficiente para qualificar esse participante como médium. O termo, contudo, é amplamente utilizado. Consultei colegas de outros estados e um espírita português, todos confirmaram o uso. Em um grupo de Campinas (SP), a expressão foi substituída por 'elemento de sustentação' ou 'colaborador da sustentação'.

Nos diversos sites de umbanda, correlaciona-se a expressão 'médium de sustentação' com os cambonos, cambonas ou cambones. Eles são pessoas que trabalham como "ajudantes de mães e pais de santo ou assistentes dos médiuns incorporados".[17] Talvez a expressão tenha sido cunhada em decorrência de um sincretismo com os cultos afro-brasileiros.

Deixando de lado as discussões sobre as palavras, voltamos à descrição do nosso grupo mediúnico na Associação Espírita Célia Xavier. Durante o tempo em que trabalhei como coordenador, sempre tentei inserir todos os participantes em alguma das atividades já citadas: médium passista, atendente, médium ou coordenador de reunião. Minha impressão é que é cansativo e desanimador aos membros manter a mente concentrada durante toda a parte mediúnica da reunião e que os participantes se sentem mais úteis e motivados tendo outras funções.

Independentemente da questão, todos os membros terão algum momento na reunião em que não estão realizando alguma de suas funções. Então, é necessário que se pense como ficar durante essas ocasiões. André Luiz afirma que ficar pedindo ou pensando em situações pessoais durante uma reunião de materialização é uma atitude que prejudica a atividade dos espíritos. No livro *Missionários da luz*,[18] os espíritos chegam a pedir que as pessoas cantem como forma de evitar a divagação de pensamentos. Não deixa de ser uma forma de concentração.

Na nossa prática, orientamos os participantes que não estão em atividade a orarem pelos espíritos sendo atendidos ou a ouvir um dos atendimentos, evitando tomar partido do atendente ou do espírito comu-

---

[17] Segundo Houaiss.
[18] XAVIER, Francisco Cândido (médium); LUIZ, André (espírito). *Missionários da Luz*. 13 ed. Rio de Janeiro: FEB, 1980, cap. 10.

nicante durante o diálogo. São duas formas de concentração (atenção focalizada em um evento da reunião), com participação efetiva.

Podemos também, ao final da reunião, quando uma comunicação se demora por mais alguns minutos, usar do expediente de acompanhar mentalmente instruções que o dirigente dá para todos, como acompanhar uma oração, vibrar em favor de alguém, fazer um relaxamento como forma de recomposição das emoções da parte mediúnica da sessão.

Médiuns Passistas

Ao contrário dos 'médiuns de sustentação', a expressão 'médiuns passistas' é utilizada por André Luiz.[19] Kardec não usa o termo médium passista, usa o termo 'magnetizador', empregado em sua época para os praticantes do 'magnetismo animal', proposto por Mesmer. Não se trata do magnetismo explicado pela física, mas de uma analogia com ele. Franz Mesmer constatava curas ou melhoras a partir da imposição de mãos e outras técnicas de ação a curta distância dos magnetizadores.

Allan Kardec, ao dialogar com os espíritos, explica por que considera os passistas médiuns:

> 1ª Podem considerar-se as pessoas dotadas de força magnética como formando uma variedade de médiuns?
>
> Não há que duvidar.
>
> 2ª Entretanto, o médium é um intermediário entre os Espíritos e o homem; ora, o magnetizador, haurindo em si mesmo a força de que se utiliza, não parece que seja intermediário de nenhuma potência estranha.
>
> É um erro; a força magnética reside, sem dúvida, no homem, mas é aumentada pela ação dos Espíritos que ele chama em seu auxílio. Se magnetizas com o propósito de curar, por exemplo, e invocas um bom Espírito que se interessa por ti e pelo teu doente, ele aumenta a tua força e tua vontade, dirige o teu fluido e lhe dá as qualidades necessárias.[20]

A palavra passe era utilizada como uma técnica de magnetização, no século XIX, caracterizada pelo movimento das mãos (do verbo passar).[21]

---
[19] XAVIER, Francisco C. (médium); LUIZ, André (espírito). "Mediunidade Curativa". In: *Mecanismos da Mediunidade*. Rio de Janeiro: FEB, 1977.
[20] KARDEC, *O livro dos médiuns*, p. 261.
[21] Houaiss define passe como "ato de passar as mãos repetidas vezes por diante ou

Havia muitas outras técnicas, como descrevemos em outro trabalho,[22] a partir do livro de Michaelus,[23] que não são mais usadas pelos espíritas, como a relação magnética (verificação se o paciente seria ou não sensível à intervenção magnética) e o diagnóstico pelas mãos.

Kardec conhecia a palavra passe, como vemos abaixo:

> 5ª Há pessoas que verdadeiramente possuem o dom de curar pelo simples contato, sem o emprego dos *passes magnéticos*? 'Certamente; não tens disso múltiplos exemplos?".[24]

Não tive, como já o disse antes, nos grupos que participei, experiência com médiuns curadores. Kardec os distingue dos magnetizadores (médiuns passistas):

> Todos os magnetizadores são mais ou menos aptos a curar, desde que saibam conduzir-se convenientemente, ao passo que nos médiuns curadores a faculdade é espontânea e alguns até a possuem sem jamais terem ouvido falar de magnetismo.[25]

Não era muito usual a aplicação de passes nas reuniões mediúnicas do Grupo Emmanuel, ao contrário das reuniões do Célia Xavier.

O tema é ainda bastante polêmico no meio espírita porque se origina fora da prática espírita. Nos praticantes do mesmerismo, foi utilizado para uma espécie de tratamento médico alternativo àquela época e incorporado por Allan Kardec em suas reuniões. Há menções dos passes nas obras de Kardec, mas não houve um aprofundamento sobre seu uso nas reuniões espíritas.

No Brasil, o tema dos passes sofreu influências dos autores mesmeristas, das doutrinas orientais e do africanismo. Esta predisposição ao sincretismo, associada a uma fragilidade da formação filosófica e racional do brasileiro em geral, além das ações de perseguição às práticas es-

---

por cima de pessoa que se pretende magnetizar ou curar pela força mediúnica".
[22] SAMPAIO, Jáder. "Algumas informações históricas sobre a prática de passes". In: Sampaio, j. (org) *Coletânea de estudos espíritas*. Belo Horizonte, AECX, 1997.
[23] MICHAELUS. *Magnetismo espiritual*. 4 ed. Rio de Janeiro: FEB, 1983.
[24] KARDEC, *O livro dos médiuns*, p. 252.
[25] KARDEC, *O livro dos médiuns*, p. 260-261.

píritas por médicos e padres católicos, criou até mesmo uma tentativa de proibi-los pela via legislativa.

Houve algumas tentativas de padronização da prática de passes, como a de Edgard Armond, no livro *Passes e radiações*,[26] que propôs os chamados passes Pasteur e o choque anímico, entre outros. Wenefledo de Toledo, em *Passes e curas espirituais*, sugere alguns tipos de movimentos de mãos, mas sem aplicações específicas.

Os debates sempre foram presentes no meio espírita e tendiam a uma simplificação da prática, mesmo com as descrições de passes espirituais na obra de André Luiz e Manoel Philomeno de Miranda. Sabe-se desde o século XIX que os passes podem ser utilizados como técnica hipnótica ou como forma de indução ao transe (alteração de estado de consciência), o que ficou patente em alguns livros de Hermínio Miranda, nos quais o autor descrevia a indução da mediunidade e das memórias de vidas passadas com passes longitudinais.[27]

A critério do coordenador da reunião, usamos aplicar passes para duas finalidades: auxiliar os médiuns em sua concentração e recuperar o médium após uma comunicação emocionalmente cansativa. No último caso, o atendente consulta o médium se ele necessita tomar um passe, que pode ser dado por ele ou por outra pessoa.

Os médiuns não criaram dependência do passe, solicitando-o desnecessariamente ou entrando em contato com os espíritos exclusivamente após sua aplicação. A aplicação de passes nos médiuns não os induz automaticamente ao transe. Pessoalmente, diversas vezes tive mais facilidade de concentrar e desligar-me dos pensamentos do dia-a-dia após um passe. Eventos semelhantes foram narrados por outros médiuns do grupo.

A atividade de passes é realizada pelos membros que se prepararam para tal e não trabalham como médiuns no grupo, à exceção do coordenador da noite.

Antes de desenvolver a questão do atendimento, uma pergunta se nos impõe. Qual é a diferença entre dialogar com um espírito desencarnado e uma pessoa encarnada? Como funciona uma mente sem a influência direta e imediata de um corpo físico? O primeiro estudioso a tratar destas questões foi Allan Kardec.

---

[26] ARMOND, Edgard. *Passes e Irradiações*. São Paulo, Aliança, 1984, p. 39.
[27] MIRANDA, Hermínio; ANJOS, Luciano dos. *Eu sou Camille Desmoulins*. Niterói: Lachâtre, 1993..

A FINALIDADE DO NOSSO GRUPO MEDIÚNICO

Ao longo dos anos, após a formação e a constituição do grupo, de seus estudos iniciais e das práticas de desenvolvimento e educação mediúnica, nosso grupo escolheu por atividade central o atendimento a espíritos em condição de sofrimento espiritual. Por sofrimento entendemos desde o desencarnado que se queixa de dores e não sabe que seu corpo está morto até o que sente ódio por terceiros e se envenena com ideias fixas de vingança.

Revendo nossas atividades, repito o jargão muito dito no movimento, o de que nós fomos os primeiros beneficiados com o trabalho. Todavia, este jargão não deve ser veículo de falsa humildade ou de desvio da nossa responsabilidade. Se nosso trabalho é atender, temos que aperfeiçoá-lo ao longo dos anos e fazê-lo da melhor forma possível.

Ter uma finalidade ou uma direção para o funcionamento é fundamental para os grupos porque, via de regra, surge uma pessoa ou um convite para fazermos outra atividade com grau de complexidade e responsabilidade maiores e que precisariam de um envolvimento de todos para ser realizado com o mínimo de qualidade. Imagine que alguém sugerisse ao grupo para trabalhar com pessoas em situação de luto pela perda de entes queridos ou que se tornasse especializado em processos de desobsessão, com acompanhamento dos encarnados, ou ainda que se tornasse um grupo de tratamento espiritual que recebesse pessoas com enfermidades. Cada uma destas atividades exige médiuns com determinadas faculdades, conhecimentos específicos e pessoas com preparação para atividade-fim.

Apesar dos convites para outras atividades, até mesmo espirituais, nosso grupo se especializou no atendimento dos espíritos. Daí veio a motivação para escrever este livro. Estamos registrando nossas experiências, dificuldades e até mesmo falhas e erros para que possibilitem aos demais avaliar o que fazem com outra ótica. Não se pretende que o que fazemos seja referência, como se diz na medicina, ou exemplar, apenas vivido, como se diz na psicologia, e honesto.

SOBRE OS ESPÍRITOS

O que são mesmo os espíritos? Uma resposta que altera nosso relacionamento com eles é entendê-los como pessoas, e não como seres sobrenaturais. Parece-me que este é um dos pontos mais importantes do trabalho de Hermínio Miranda, que ele desenvolveu no livro *Diálogo com as sombras*. Encarnados ou desencarnados, os espíritos são pessoas e não assombrações, nem demônios (no sentido medieval), nem deuses, nem anjos.

Conceber um espírito como demônio é um atavismo religioso que altera o comportamento e as atitudes do atendente no momento do diálogo. Todos já assistimos filmes ou lemos livros que tratam dos ritos de exorcismo. O sacerdote se veste especialmente e se cobre de objetos que mostram externamente sua fé para empreender uma 'batalha' com o mal. Ele se parece com um 'cavaleiro do bem', que em vez de ter espadas e escudos como armas, usa as palavras, os símbolos, as preces e os rituais. Nas vezes em que vi pastores evangélicos realizando uma expulsão de espíritos do mal, eles não usavam os símbolos católicos, mas mantinham a atitude de confronto. Talvez você já tenha ouvido a frase 'Em nome de Jesus, afaste-se'. Nunca vi um padre realizar um exorcismo, nem gostaria que o leitor entendesse que o que acontece nos filmes é um fac-símile do real. Descrevo apenas para chamar atenção sobre uma forma indesejável de conceber os espíritos.

Tratar o espírito como anjo também altera nossa relação com eles. Os anjos são concebidos como seres superiores, enviados de Deus para cuidar dos homens. Os religiosos que acreditam neles os evocam, pedem-lhes coisas e se submetem ao que dizem. Tomam como verdades tudo o que dizem. Esta não foi a atitude de Allan Kardec com os espíritos, mesmo os que ele percebia serem superiores. Ele acolhia o que diziam, empregava a razão, comparava com o que outros espíritos afirmavam por outros médiuns. Não existia ainda uma literatura espírita extensa como a dos dias atuais, mas sua atitude reflexiva nos legou as bases do edifício que iria ser construído no futuro.

Os espíritos são pessoas como nós. Tratá-los como pessoas, com suas potencialidades, como bem observou Léon Denis,[28] é um caminho seguro para o atendimento. Todavia, há diferenças entre a condição de pessoa encarnada e pessoa desencarnada. Vamos nos deter nesta questão.

Perispírito ou diversos corpos?

Uma ciência cria novas palavras quando está diante da necessidade de precisão para a descrição de novos fenômenos, novos conceitos teóricos ou do aprofundamento de um fenômeno mal conhecido. Em uma teoria científica, as palavras são definidas com um sentido o mais preciso possível, tornando-se conceitos, para evitar uma compreensão indevida por parte do leitor.

Uma pessoa pouco acostumada com a pesquisa científica pode ter um entendimento errado dos conceitos científicos. Ele pode achar que se trata de palavras impressionantes, adquire apenas uma intuição do seu significado e começa a usá-la de forma imprecisa e incorreta, acreditando que está dando mostras de conhecimento. Muitas vezes, este tipo de uso tem um objetivo apenas retórico, o nosso mau usuário dos conceitos quer dar a entender aos seus adversários intelectuais que é bem preparado e que está certo. Só que, na verdade, ele só gera confusão e transforma um ato de entendimento em uma disputa de egos.

Saber os diversos significados de uma palavra, obtidos, por exemplo, em um dicionário, não é suficiente para um bom debate intelectual. Um conceito é construído no bojo de uma teoria. Então, é preciso entendê-lo nela, saber como foi construído, o que realmente ele significa.

Na minha graduação, nos anos 80 do século XX, uma colega do curso de psicologia fez uma pergunta para uma professora da área de psicanálise. Recordo-me que era uma boa professora, rigorosa, bem formada. A colega adotou o rito intelectual dos psicanalistas, olhar

---
[28] "As potências da alma" é um estudo de Denis que pode ser lido em *O problema do ser, do destino e da dor.*

vago, aparência de especialista, e elaborou uma questão longa sobre o inconsciente. A professora ouviu com respeito, pensou rapidamente e perguntou a ela:

– Com que conceito de inconsciente você está trabalhando?

Nem ocorreu a ela que o conceito existe em diversas teorias, com sentidos semelhantes, mas diferentes, que é anterior a Freud e que na história da psicanálise foi sendo reelaborado e até mesmo objeto de divisão entre os psicanalistas, como aconteceu com Freud e Jung. A professora precisava saber, na verdade, a partir de qual teoria a aluna perguntava, para poder entender com clareza a pergunta. Mas se tratava de uma 'impostura intelectual', sem má-fé por parte da aluna, apenas desconhecimento e desejo de ser reconhecida.

Ela não sabia o que estava perguntando e respondeu, embaraçada, para a nossa professora:

– Bem, o conceito do dicionário...

Com o espiritismo não é nada diferente. Allan Kardec desenvolveu conceitos na medida em que ia pesquisando os fenômenos espirituais. Quando ele descreveu o períspirito, ele escolheu uma palavra totalmente nova no francês, porque não queria que houvesse confusão com outras palavras próximas já usadas com significado semelhante, mas articuladas em um contexto teórico diferente. Paulo de Tarso, por exemplo, fala de 'corpo espiritual',[29] o que foi objeto de muitas considerações pelo filósofo cristão Orígenes.[30] Por corpo espiritual, ele parece querer dizer de um corpo incorruptível que revestirá os que tiveram seu 'corpo corruptível' morto (nosso corpo orgânico). E talvez esteja se referindo ao juízo final, que é uma ideia distante da evolução dos espíritos descrita por Kardec.

Com o conceito de períspirito, Kardec resolve o problema da individualidade da alma após a morte,[31] da percepção dos espíritos pelos médiuns videntes,[32] da atuação do espírito encarnado em seu corpo, sobre a matéria inerte e sobre os médiuns (escreventes, falantes etc.)[33] e da ligação da alma ao corpo. Ele não se liga à concepção cartesiana,

---

[29] I Cor 15:42 e seguintes.
[30] ORÍGENES. *Tratado sobre os princípios*. São Paulo: Paulus, 2012.
[31] KARDEC, Allan. *O Livro dos espíritos*, questão 150a.
[32] KARDEC, Allan. *O que é o espiritismo*. 22 ed. Rio de Janeiro: FEB, 1980, capítulo 2 itens 28 e 29.
[33] KARDEC, *O que é o espiritismo*, capítulo 2 item 30.

por exemplo, que acreditava que a alma residia na glândula pineal, ou de outros autores que acreditavam que a conexão da alma ao corpo se dava através de um único órgão. Allan Kardec afirma, de forma indubitável, que a alma "forma com o perispírito um conjunto fluídico, penetrável, assimilando-se ao corpo inteiro, com o qual ela constitui um ser complexo". O perispírito é também chamado por Kardec de 'corpo fluídico'[34] e 'corpo etérico'.[35]

André Luiz fala em 'segunda morte'[36] com o significado de espíritos que 'perdem' o veículo perispiritual para ascender a planos superiores. No livro *Entre a terra e o céu*,[37] ele usa a palavra psicossoma, como sinônimo de perispírito. Só em um livro ele se refere a um suposto 'corpo mental', que seria um corpo que originaria o corpo espiritual. No livro *Nosso Lar*, ele se refere a um corpo causal.[38] O autor espiritual não dá mais nenhuma informação, o que nos impede de fazer qualquer análise mais criteriosa.

As doutrinas de origem oriental, de base esotérica, falam em diversos corpos. Leadbeater refere-se a um duplo etérico (contraparte invisível do corpo físico), um corpo astral, um corpo causal e um corpo mental.[39] Annie Besant, além desses corpos, trata também do corpo búdico.[40] Nossa experiência, contudo, não aponta eventos descritos pelos médiuns ao longo dos anos que apoiem este tipo de descrição, ou seja, nem os corrobora nem os contradiz. Por outro lado, traz muitos exemplos das descrições das propriedades do perispírito feitas por Allan Kardec.

Nesse livro, então, vamos usar apenas o conceito de perispírito, que nos tem sido suficiente para o entendimento dos fenômenos descritos pelos médiuns e para o entendimento do mundo espiritual em interação com os médiuns. Evitaremos psicossoma, corpo mental ou as palavras de origem oriental.

[34] KARDEC, *O que é o espiritismo,* capítulo 2 item 12.
[35] KARDEC, *O que é o espiritismo,* capítulo 2 item 13.
[36] XAVIER, Francisco C. (médium); LUIZ, André (espírito). *Libertação*. 8 ed. Rio de Janeiro: FEB, 1980, p. 82.
[37] XAVIER, Francisco C. (médium); LUIZ, André. *Entre a terra e o céu*. 8 ed. Rio de Janeiro: FEB, 1982, p. 78.
[38] XAVIER, Francisco C. (médium); LUIZ, André (espírito). *Nosso Lar*. 23 ed. Rio de Janeiro: FEB, 1981, p. 70.
[39] LEADBEATER, C. W. *Compêndio de teosofia*. São Paulo: Pensamento, 1992.
[40] BESANT, Annie. *A sabedoria antiga*. Brasília, editora teosófica, 2004.

As sensações orgânicas

Não sei se você já notou a relação entre seu corpo e suas emoções. Há pessoas que ficam mal-humoradas quando estão com fome ou sono. Às vezes, uma boa noite de sono, após uma briga, faz com que você acorde com sentimentos e percepções diferentes dos que tinha no dia anterior. Uma doença pode fazer com que você fique deprimido. Uma medicação para o cérebro pode alterar substancialmente até a sua forma de ver o mundo. A prática de esportes pode deixar você relaxado e satisfeito. Um mergulho na água do mar ou de um rio pode criar uma imensa sensação de prazer.

O que podemos concluir, na perspectiva espírita, é que o corpo é uma interface importante entre o espírito e o ambiente (físico e de relações interpessoais). Kardec explicava corretamente que o sentido das funções sensoriais acontece no espírito. Mas na encarnação, há uma via condutora, que é o cérebro, entre os órgãos e o que vamos chamar de mente ou função mental do espírito. As alterações do corpo e do cérebro afetam as funções mentais do espírito. Imagine uma emissora de televisão fazendo um programa ao vivo. A câmera gera o sinal na locação, ele é transmitido por uma antena até o estúdio, que trabalha as imagens e as retransmite ao grande público. Se o estúdio receber uma imagem ruim, cheia de ruídos, não tem como tratar e reenviar uma imagem e som perfeitos para o público. Se o cérebro, as redes nervosas ou os sentidos estão com problemas, o espírito, enquanto estiver ligado ao corpo, terá dificuldades de compreensão, alterações em seus sentimentos etc.

Há muitos relatos mediúnicos de crianças com problemas graves de formação do corpo, como a paralisia cerebral, que tem sua consciência muito melhorada quando se emancipam[41] dele, através do sono, por exemplo. Longe daquele instrumento aparentemente defeituoso, conseguem entender melhor e até explicar sua condição, se forem espíritos lúcidos.

Quando conversamos com os espíritos, todavia, estamos tratando com um homem ou mulher sem corpo. Isso altera um pouco uma série de fenômenos que são comuns para uma pessoa encarnada. O sono, por exemplo, em princípio, seria desnecessário. Não existe mais uma rede de neurônios que precisam de um tempo para se recomporem. Não ha-

---
[41] Allan Kardec trata da emancipação da alma em *O livro dos espíritos*.

veria fome porque não há mais necessidade de nutrientes para o corpo. O impulso sexual, que tem todo um componente hormonal, deveria ser extinto. Contudo, isso não acontece. Os espíritos se apresentam a nós relatando sensações próprias do corpo, o que fez alguns céticos pensarem tratar-se da imaginação dos médiuns e nada mais.

Allan Kardec se debruçou sobre essa questão[42] após verificar uma coisa curiosa: médiuns diferentes, em lugares diferentes, que nunca tiveram contato com a literatura espírita, relatavam existir espíritos com sensações próprias de uma pessoa encarnada. Embora houvesse variações, já que o produto da mediunidade sofre sempre uma influência do médium, havia pontos comuns, que ele usou para a elaboração de uma teoria espírita. Kardec explica que como os espíritos passaram pela experiência das sensações, eles a conhecem e podem senti-la. É algo semelhante ao 'órgão fantasma' que os pacientes relatam. Há pacientes que sentem cócegas ou dores em uma perna que foi amputada. A medicina explica como a ativação de uma área cerebral que era ligada àquela perna que não existe mais. No caso dos espíritos, é algo semelhante, só que com todo o corpo e sua multiplicidade de sensações.

As emoções e sentimentos

Outro fenômeno espiritual importante para quem vai atender aos espíritos são as emoções e sentimentos. Desencarnado, um espírito não tem mais a influência (senão residual) do corpo físico sobre suas emoções. Isso parece bom, mas é muito problemático quando ele é uma pessoa perturbada emocionalmente. Pense, por exemplo, na tristeza. Se a pessoa tem uma tendência a reagir com tristeza às situações do mundo, ele tem um descanso de seus sentimentos quando dorme, por exemplo, embora haja pessoas que possam ter pesadelos, quando sonham. Um espírito com uma personalidade predisposta à tristeza, após a desencarnação, vai ficar com esta característica muito acentuada, sem a interferência benéfica do corpo, ou seja, sem esta capacidade de desligar-se um pouco de sua forma cotidiana de reagir.

Há quem reaja com raiva e ódio e que tenha tendência a ficar pensando no objeto do seu ódio, que não consegue se desligar de algo que

---

[42] Se você quiser fazer uma boa leitura das ideias de Kardec sobre as sensações dos espíritos, recomendo as questões 237 a 257 de O livro dos espíritos. Compõem as 'Percepções, sensações e sofrimentos dos espíritos' e o 'Ensaio teórico da sensação nos espíritos'.

aconteceu com ela ou algum ato que ela interpreta como sendo uma traição ou uma maldade. Essa pessoa pode ficar repetindo e repetindo seus pensamentos no mundo dos espíritos, sem a interferência do corpo.

Alguém que não confia em ninguém, que acha que todos o perseguem, que deseja levar vantagem nas relações comerciais, que constitui uma ameaça, mesmo quando fica óbvio aos seus amigos e familiares que isto não acontece, vai ficar em uma situação extremamente precária no mundo espiritual. Como ela vai reconstruir seu círculo de relacionamentos, já restrito?

Uma pessoa que se considera 'dona da razão', que sempre quer dar a última palavra em uma discussão, que tem uma visão de mundo que não aceita contribuições e reparos, que não gosta de ser percebida como quem não sabe algo, que se sente ameaçada quando pergunta alguma coisa, vai ter uma imensa dificuldade de se adaptar ao mundo espiritual. Neste novo momento da vida, tudo o que se pensa saber sobre o mundo é colocado em cheque. Penso que, por esta razão, muitos espíritas desencarnados voltam para dizer que pensavam que conheciam o mundo espiritual, mas que viver a experiência da desencarnação os faz ver que sabiam ainda muito pouco sobre o que acontece lá.

Há também pessoas frias, que não se importam com as emoções e os sentimentos dos outros, sem a noção de certo e errado, ou com uma noção torcida, que justificam tudo o que desejam e relativizam tudo o que se considera errado. O sofrimento de outra pessoa é visto como fraqueza e elas podem se identificar com predadores do mundo animal. Têm-se em alta conta, sentem-se poderosas e podem ser muito inteligentes, com conhecimentos amplos sobre a vida espiritual ou sobre as filosofias relacionadas.

O que observei, portanto, na minha experiência de atender espíritos desencarnados, é que sua forma de lidar com as emoções é muito importante para que eles possam viver bem sua 'nova vida'. Particularmente isso me instiga muito, porque vejo que o convite de Santo Agostinho a Kardec,[43] o do autoconhecimento, é bem mais profundo que uma análise de comportamentos de acordo ou em desacordo com

---

[43] Questão 919 de *O livro dos espíritos*, que contém também uma dissertação de Santo Agostinho sobre a resposta.

os princípios cristãos. Não é uma proposta apenas ética, mas também psicológica.

Essa constatação avança um pouco sobre a questão da doutrinação proposta inicialmente por Kardec. Um espírito com bons sentimentos e apenas ignorante sobre a vida espiritual pode se beneficiar muito das explicações que possamos dar-lhe sobre sua experiência atual. Contudo, um espírito em estado de perturbação emocional terá muita dificuldade em ouvir e pensar sobre o que tentemos ensinar apenas intelectualmente. É por esta razão que encontramos na literatura situações em que espíritos capazes de amar, mesmo pessoas de quem nos afastaríamos no dia a dia, conseguem atender onde o conhecimento é impotente.[44]

A PLASTICIDADE E OS SIGNIFICADOS

Outra diferença muito importante a quem pretenda atender aos espíritos, é o conhecimento da plasticidade do períspirito e das coisas do mundo espiritual. Quando encarnado, um muro é um muro. Via de regra, pessoas normais que veem um muro percebem a mesma coisa, podendo descrever com mais ou menos riqueza de detalhes, de forma poética ou técnica, mas têm um mesmo objeto ante seus olhos. Um pichador pode querer deixar sua marca no muro, mas para isso tem que comprar tinta *spray* para deixar sua marca, que pode ser qualquer coisa. Ao vermos a pichação feita no muro e o conteúdo do que está escrito, podemos ter algum sinal do que levou uma pessoa a deixar um muro com aquele aspecto desagradável.

No mundo espiritual, o pensamento age como as mãos de uma pessoa encarnada no mundo ao seu redor. O pichador não precisa da tinta *spray*, basta pensar e desejar, para alterar sua própria imagem e o ambiente à sua volta. Um artista capaz de fazer um belo afresco também. Por isso, os espíritos se agrupam pela semelhança. Eles se sentem melhor com espíritos semelhantes a eles, em um ambiente que reflete sua forma de pensar e sentir.

Aqueles ambientes descritos por médiuns – e mesmo por autores antigos como Tereza d'Ávila e Dante Alighieri – com o nome de inferno,

---

[44] O caso do espírito Gregório no livro *Libertação* (ditado pelo espírito André Luiz e psicografado por Chico Xavier) ilustra bem esta afirmação. Nota-se também que foram anos de tentativas de sensibilizar um espírito que podemos qualificar como frio e endurecido no mal.

umbral, purgatório, trevas, ressalvadas as diferenças de interpretação e as influências teológicas, via de regra, expressam a reunião de espíritos com formas semelhantes de sofrimento. Não são lugares criados por Deus para os maus ou pecadores, mas uma expressão de seu psiquismo.

Pense, por exemplo, em Sísifo. A história de Sísifo é um mito grego, de um fratricida condenado a empurrar uma pedra até o alto de uma montanha no mundo dos mortos, mas ela sempre rola para o sopé, exigindo que ele seja condenado a repetir e repetir esta ação, eternamente. Esta história não se parece com a daquela pessoa que vive com um pensamento obsessivo (no sentido psicológico, que é uma repetição de pensamento do qual o sujeito não consegue se desvencilhar) ou um ato compulsivo? Se Sísifo fosse real e fosse levado a uma reunião mediúnica, você acha que adiantaria alguma coisa você pedir que ele parasse de empurrar a pedra para o alto da montanha?

A pedra e a montanha devem ser vistos em um diálogo com os mortos como um símbolo do que se passa em seu interior. E, assim como na psicologia, embora os objetos possam ter alguns símbolos compartilhados por um grupo ou sociedade, não dá para fazer um dicionário de seus significados porque as pessoas têm o imenso poder de utilizá-los com um sentido pessoal. Uma pomba, portanto, pode se referir a um pombal que a pessoa teve na infância, que está associado a alguma experiência emocional que só ela conhece, ou ser usada como símbolo da paz.

Os espíritos desencarnados mudam o ambiente à sua volta com seus sentimentos e pensamentos ou são atraídos a ambientes que refletem seu estado íntimo, ou seja, à companhia de espíritos com padrão mental semelhante ao deles. Plasticidade se refere também às alterações da própria imagem do espírito. Já conversamos com espíritos que assumem a forma de demônios, que têm um corpo espiritual com alguma deficiência ou que apresentam a forma de algum animal. Um atendente inexperiente pode querer induzir uma mudança da forma. Normalmente, porém, as mudanças acontecem espontaneamente, quando o espírito modifica sua forma de pensar e de sentir o mundo.

Recordo-me de uma médium que chamarei de Suzi. Ela tem uma faculdade mediúnica muito rica, que envolve o desdobramento (termo de André Luiz) ou sonambulismo mediúnico (termo de Allan Kardec) e a psicofonia. Atendê-la, muitas vezes, envolve acompanhar as descrições que ela faz de incursões no mundo espiritual até poder dialogar com um espírito específico. Certa vez, ela relatou estar junto a um pântano e perceber uma pessoa bem no meio dele. Como no desdobramento, é possível ir conversando com a médium, ela perguntou ao atendente se deveria 'ir' ao meio do pântano para buscar o espírito. O atendente a orientou a 'ficar na margem' e chamá-lo para ver o que acontecia. O espírito foi saindo de dentro da água e se comunicou por ela.

Essa história parece um diálogo de loucos, não é mesmo? Se os espíritos se comunicam pelo pensamento, por que a médium se sente vagando no mundo espiritual e sente a necessidade de entrar em um pântano para conseguir se comunicar com um espírito? Na verdade, não sabemos ao certo se a médium se deslocou espacialmente, se seu conjunto espírito/perispírito realmente 'saiu' do corpo ou se seu relato é apenas o processo da sintonia mental com o futuro comunicante. O fato psicológico é que ela sintonizou com uma pessoa que se sentia dentro de um pântano, ansiosa, deprimida. No processo de sintonia, ocorre um vínculo de imagens, de pensamentos, mas também emocional, de sentimentos. Se o expressa um estado depressivo, melhor que ela não se deixe levar muito pelos sentimentos de tristeza e fraqueza que o espírito comunicante alimenta. Se a médium fez um esforço para perceber os pensamentos e sentimentos do espírito, será que ele também não poderia fazer um esforço para se aproximar do mundo da médium? Neste caso deu certo. O espírito saiu do pântano.

Para a finalidade do atendimento, o pântano em que o espírito se encontrava, portanto, não é apenas um pântano. Não nos importa muito a matéria que o constitui, ou seja, a física do mundo espiritual, mas seu significado para o espírito. Para auxiliá-lo, portanto, é necessário escutá-lo atentamente, entender sua história, dialogar com ele, mais que falar ou dar instruções.

A MEMÓRIA E A PERSONALIDADE

Um conceito muito utilizado pela psicologia, embora polêmico, como tudo nesta jovem ciência, é a personalidade. Por personalidade se entendem as características que identificam um indivíduo. Geralmente os autores defendem que essas características vão sendo construídas na infância até que atingem certa estabilidade, que se mantém ao longo da vida. Nós, espíritas, somos evolucionistas e reencarnacionistas, o que nos coloca diante de mudanças ao longo da vida e das diversas vidas. O conceito de reencarnação não acaba com a ideia de uma identidade, apesar da mudança de nomes, de familiares e de sociedades. Há algo como uma personalidade palingenésica, ou seja, algo comum que se mantém ao longo das encarnações e que vai se transformando aos poucos. Nesta perspectiva, embora ao reencarnar as pessoas tenham dificultado o acesso às memórias de vidas anteriores, seus impulsos e sua forma de lidar com os desejos são semelhantes aos da vida anterior como uma espécie de moratória durante o período da infância. Mesmo durante a infância, já se identificam traços próprios da identidade passada, como bem desenvolveu Hermínio Miranda no livro *Nossos filhos são espíritos*.

Outro tema importante da psicologia e da neurologia é o estudo da memória. No processo reencarnatório, as memórias de outras vidas se tornam de difícil acesso, uma vez que o espírito tem um novo cérebro, que é uma nova interface. Isto não significa que não seja capaz de se recordar de vidas passadas, em situações especiais. Parece-nos que a emancipação da alma[45] é um dos mecanismos que permite à pessoa ter acesso a memórias de vidas passadas, como vemos descrito em uma extensa literatura que vem sendo escrita desde o século XIX.[46] Em casos excepcionais (e não são poucos, como nos mostra o dr. Stevenson),[47] as crianças são capazes de recordar de vidas anteriores, com detalhes suficientes para intrigar pesquisadores treinados.

Após a desencarnação, os espíritos não têm acesso imediato às suas memórias de vidas anteriores, apesar de estarem desligados de seus corpos. Já vimos que a consciência pode estar perturbada, muito ligada a eventos marcantes, o que seguramente dificulta o acesso a memórias da última vida, que dirá de outras vidas. É muito comum os espíritos se apresentarem aos médiuns com a forma da última vida, apesar da plasticidade do perispírito. Há, no entanto, relatos de espíritos que preferem a forma de vidas anteriores por terem sido marcantes de alguma forma. É conhecida a aparência de Emmanuel como senador romano antigo, quando teve outras encarnações posteriores. Mas há espíritos

---

[45] Capítulo VIII da segunda parte de *O livro dos espíritos*.
[46] *As vidas sucessivas*, de Albert de Rochas e *A reencarnação baseada em fatos*, de Karl Muller, por exemplo.
[47] *Vinte casos sugestivos de reencarnação* e *Crianças que se lembram de vidas passadas*, de Ian Stevenson.

cuja forma está associada a eventos desagradáveis acontecidos em vidas anteriores e a experiência da última reencarnação não foi suficiente para diminuir a influência emocional. Freud dizia que o inconsciente é atemporal, no sentido de afirmar que eventos antigos podem ter uma influência muito marcante no presente, e que o passar do tempo em si não é suficiente para diminuir a sensação de desconforto, que pode surgir sob a forma de sintomas psicológicos.

Hermínio Miranda percebeu a importância da memória para o atendimento dos espíritos desencarnados e chegou a propor uma técnica de recordação de vidas passadas, que ele registrou na série de livros *Histórias que os espíritos contaram*. A elaboração teórica do que vivenciou se encontra em parte no livro *A memória e o tempo*.

De posse destas informações, pergunta-se: como Allan Kardec atendia aos espíritos? É o que tratamos no próximo capítulo.

MEDIUNIDADE, OBSESSÃO E DESOBSESSÃO EM ALLAN KARDEC

Após ter contato com médiuns, Kardec fundou a Sociedade Parisiense de Estudos Espíritas (1858) e passou a manter reuniões sistemáticas com um procedimento próprio que se encontra descrito em *O livro dos médiuns*.[48] Ele estudou as relações entre as pessoas encarnadas e os espíritos inferiores da escala espírita.[49] Nota-se um desenvolvimento contínuo ao longo de sua obra sobre o tema.

Ao contrário de outros espiritualistas, Kardec percebeu que os espíritos podem ser classificados em variados graus porque o estado de erraticidade, por si, não modifica as pessoas. As características de personalidade se conservam imediatamente após a desencarnação. Elas só se modificam a partir de mudanças internas.

Obsessão

Desde *O livro dos espíritos*, encontram-se no texto kardequiano os rudimentos da obsessão. Quando trata da intervenção dos espíritos, Kardec trata da influência dos maus espíritos, como sugerem pensamentos, as intenções que têm ao induzir as pessoas à prática do mal ou ao sofrimento, bem como as formas de ficar livre deste tipo de influências.[50] Neste capítulo, já se encontram dois conceitos polêmicos: o de possessos e o de convulsionários. Os termos 'possessos' e 'possessão'

---

[48] KARDEC, *O Livro dos médiuns*, parte segunda, capítulo XXX: Regulamento da Sociedade Parisiense de Estudos Espíritas.
[49] KARDEC, *O livro dos espíritos*, parte segunda, capítulo I.
[50] KARDEC, *O livro dos espíritos*, questões 459 a 483.

vêm das doutrinas cristãs e originalmente tratam do controle das pessoas por demônios, que passam a coabitar o corpo. O espiritismo não aceita a concepção de demônio (como ser criado por Deus para a prática do mal), nem a ocupação de um corpo por dois espíritos simultaneamente.[51] Por essa razão, Kardec evita a palavra possesso, mas entende que existe um fenômeno muito parecido com os antigos possessos e o descreve como subjugação.

> O termo possesso só se deve admitir como exprimindo a dependência absoluta em que uma alma pode achar-se com relação a Espíritos imperfeitos que a subjuguem.[52]

Ao tratar dos convulsionários, Kardec não trata de causas orgânicas dos fenômenos, mas se preocupa com a ação dos espíritos, visto que já tinha uma teoria oriunda do magnetismo para explicá-las. Além disso, ainda não havia um conhecimento do funcionamento cerebral suficiente para descrever o mecanismo orgânico de uma doença como a epilepsia. As convulsões que ocorrem nas sessões de tratamento de Mesmer eram vistas como efeito do fluido magnético sobre os corpos e geralmente acompanhadas de outros fenômenos aparentemente neurológicos e psicológicos,[53] como a insensibilidade física (que será utilizada, no futuro, pelos hipnotizadores, como anestesia para procedimentos cirúrgicos), a leitura do pensamento (telepatia ou mediunidade?) e a transmissão de dores por simpatia (histeria?). Kardec trata o tema com múltiplas causas, a saber: o efeito do fluido magnético (proposto por Mesmer) no organismo, a 'exaltação fanática' e a atuação dos espíritos, que curiosamente é vista como secundária; um aproveitamento de uma 'disposição natural'.[54] Em alguns casos, pode-se agir sobre os espíritos, mas isso não fará desaparecer a disposição orgânica, apenas o desencadeador espiritual. Vê-se que Kardec estava muito próximo do conceito atual de epilepsia e propõe a possibilidade de uma ação espiritual desencadeadora de

---
[51] KARDEC, O livro dos espíritos, questão 474.
[52] KARDEC, O livro dos espíritos, questão 474.
[53] MESMER, F. A. "Resumo histórico dos fatos relativos ao magnetismo animal", In: FIGUEIREDO, Paulo Henrique. Mesmer, a ciência negada e os textos escondidos. Bragança Paulista, SP, Lachâtre, 2005.
[54] KARDEC, Allan. O Livro dos espíritos, segunda parte, questão 483.

crises, embora não se soubesse muita coisa sobre o funcionamento neuronal no cérebro, nem sua relação com a eletricidade.

Posteriormente, encontramos um modelo teórico da obsessão mais desenvolvido em *O livro dos médiuns*. Além da dualidade entre obsessão simples e subjugação (nome que prefere à possessão), Kardec insere o conceito de fascinação. Esta nova forma de obsessão se dá sem que o obsediado perceba que há uma ação espiritual sistemática, aceitando como suas as ideias e sugestões dadas por espíritos inferiores. Kardec destaca este fenômeno em meio a médiuns, principalmente:

> A fascinação tem consequências muito mais graves. É uma ilusão produzida pela ação direta do Espírito sobre o pensamento do médium e que, de certa maneira, lhe paralisa o raciocínio, relativamente às comunicações. O médium fascinado não acredita que o estejam enganando: o Espírito tem a arte de lhe inspirar confiança cega, que o impede de ver o embuste e de compreender o absurdo do que escreve, ainda quando esse absurdo salte aos olhos de toda gente.[55]

Kardec destacou também, nessa obra, as diferenças entre os espíritos que produzem os fenômenos. Na obsessão simples, o espírito seria apenas um 'importuno', enquanto que a fascinação exige que o espírito seja "destro, ardiloso e profundamente hipócrita", ou seja, que seja perito na intenção de iludir.

Ao revermos esse texto, mais de cento e cinquenta anos depois, não são poucos os casos em que vemos médiuns deixarem-se enganar por espíritos que se apresentam como guias, como sábios ou espíritos superiores. A vaidade e o orgulho do médium agem como catalizador desta relação, e eles creem estar produzindo um avanço das ideias espíritas ditado por alguém superior, abandonando muitas vezes o caráter caritativo de sua missão ou mesmo de sua expiação. Já ouvi médiuns promissores considerarem-se uma nova geração, superior ao trabalho de pessoas como Chico Xavier e Yvonne Pereira.

Ainda em *O livro dos médiuns*, Kardec distingue a subjugação moral da corporal. O termo moral, neste texto, tem sentido psicológico. A subjugação psicológica se parece com a fascinação porque o obsediado aceita ideias absurdas como se fossem sensatas; é uma ilusão. A descrição de Kardec, em princípio, se parece com os delírios das doenças

---

[55] KARDEC, Allan. *O Livro dos médiuns*, item 239.

mentais, mas podemos afirmar que quando a subjugação moral é a causa principal destes delírios, a desobsessão se torna um tratamento eficaz para o subjugado. Quando a obsessão for causa secundária, da mesma forma que Kardec descreveu os convulsionários, os quadros aliviam-se, mas persistem. Como, à época de Kardec, a psicopatologia ainda palmilhava, não encontramos algum trabalho dele que se pareça com uma distinção entre delírio e subjugação moral. Kardec, entretanto, tinha algumas ideias sobre a loucura, de uma forma geral. Inicialmente, ele a coloca como um fenômeno de predisposição orgânica,[56] como se lê na introdução de *O livro dos espíritos*: "A loucura tem como causa primária uma predisposição orgânica do cérebro, que o torna mais ou menos acessível a certas impressões".

A visão de Kardec, contudo, já antecipa o que se denominaria futuramente de fatores predisponentes das crises ou surtos psicóticos, também descritos na literatura médica e psicológica como eventos estressores. Ele parece referir-se a elas como causas secundárias: a sobre-excitação do cérebro (decepções, infortúnios, afeições contrariadas) e o pavor.[57] Kardec aproveita para discutir uma tese usada pelos adversários do espiritismo: a de que ele provoca loucura. Ao citar estes fatores, ele defende que o espiritismo tem um caráter de desenvolvimento do que hoje chamamos de resiliência, por dar novo significado aos problemas humanos.

Além da subjugação moral (psicológica), temos a subjugação corporal. Nela, a pessoa se sente constrangida a se mover e a falar coisas com que não concorda ou deseja. Em *O livro dos médiuns*, Kardec não aceita que haja uma coabitação de duas almas em um corpo, mas um constrangimento do encarnado.[58]

Obsessão e mediunidade

Ao fazer uma palestra, um médico espírita afirmou que tinha muita dificuldade para diagnosticar a obsessão. Quando se trataria de obsessão e quando seria discordância pessoal, personalidade ou transtornos mentais? Quando haveria uma associação entre obsessão e transtorno mental?

---

[56] KARDEC, *O livro dos espíritos*, questões 375 a 378.
[57] KARDEC, *O livro dos espíritos*, introdução, parte XV.
[58] KARDEC, *O livro dos médiuns*, parte segunda, capítulo XIII, parágrafo 241.

Começando com Kardec, vemos que ele se preocupa bastante com a obsessão no meio espírita, especialmente com a obsessão dos médiuns.

Ainda em *O livro dos médiuns*, Kardec relaciona nove indicadores de obsessão na mediunidade:

1. um espírito comunica exclusivamente por um médium e impede que outros espíritos o façam;
2. apesar de inteligente, o médium não reconhece o ridículo ou a falsidade das comunicações;
3. o médium acredita na infalibilidade de um espírito que diz coisas absurdas com nomes respeitáveis;
4. o médium confia nos elogios dos espíritos que se comunicam por ele;
5. o médium afasta pessoas capazes de emitir opiniões 'aproveitáveis';
6. o médium não aceita a crítica a suas comunicações;
7. uma compulsão (necessidade incessante e inoportuna) por escrever (e imaginamos que nos outros tipos de mediunidade, como a vidência, a audiência e a psicofonia, também);
8. constrangimento físico do médium (o espírito o obriga a falar quando não deseja);
9. rumores e desordens (no caso, possivelmente de efeitos físicos) ao redor do médium.

Estes indicadores não distinguem o tipo de obsessão, mas apenas a influência de um espírito inferior sobre um médium, de forma geral.

Ao contrário dos dias de hoje, em que a psicofonia pode ser considerada a modalidade de mediunidade mais exercida nas sociedades espíritas, nos trabalhos da Sociedade Parisiense de Estudos Espíritas, à época de Kardec, a psicografia era a faculdade mediúnica mais presente.

Dessa forma, a construção de arquivos e a análise da mediunidade tornavam-se mais fácil, e uma das questões muito tratadas pelo mestre e seus coetâneos era a questão da identificação dos espíritos.

Lemos em Allan Kardec (*A obsessão*, livro publicado pela editora O Clarim, no capítulo "Processo para afastar maus espíritos"), uma série de cuidados a serem tomados para a análise da linguagem dos espíritos comunicantes que passo a sintetizar:

1. desconfiar de nomes ridículos, estranhos e de nomes venerados. Os dois primeiros podem ser fruto de espíritos brincalhões e o último, dos que desejam induzir à credibilidade;
2. médiuns honestos podem ser enganados por espíritos mistificadores, da mesma forma que homens de bem podem se deixar levar por estelionatários, ilusionistas e pessoas que acham graça em criar constrangimento em terceiros. Não se deve fazer uma associação imediata entre o caráter do médium e o do espírito;
3. as comunicações grosseiras são mais fáceis de perceber, as mais difíceis são as que aparentam sabedoria e seriedade;
4. se houver conselhos, analisar com cuidado se as mensagens não induzem a atitudes ridículas (nos dias de hoje, fico pensando em roupas especiais, gestos supersticiosos, uso de ervas e medicamentos de origem e eficácia duvidosa, comportamentos anacrônicos, crenças místicas, entre outros);
5. ainda sobre os conselhos, espíritos superiores prescrevem o bem, a caridade (o que me faz lembrar de inserções próprias de uma ética da teologia da prosperidade ou do relativismo filosófico, em obras de médiuns que talvez não atinem para suas consequências na sociedade);
6. bons espíritos não impõem posições, ao contrário de espíritos inferiores, que podem dar ordens e desejam ser obedecidos, são persistentes e tenazes (lembrei-me dos 'trolls', nome dado na internet para pessoas que insistem em fazer prevalecer seus pontos de vista. O conselho dos mais experientes costuma ser 'não alimente os trolls', ou seja, evite os debates sem fim);
7. "bons espíritos não adulam" (embora incentivem), enquanto os maus espíritos podem fazer elogios exagerados como forma de obter a confiança do médium pela vaidade (li, algures, textos de médiuns que se consideram uma espécie de nova geração, melhores e com atuação mais consistente que médiuns como Chico Xavier, que descrevem como "escravo dos espíritos").

Em síntese, Kardec propõe que o médium e seu grupo ouçam e analisem os conteúdos das mensagens que recebem com espírito crítico, propondo sete aspectos para avaliação das comunicações. Sem ataques pessoais ao médium, que é apenas o intermediário dos trabalhos, cabe ao grupo observar cuidadosamente o que acontece durante suas reuniões para evitar a influência de espíritos inferiores em geral.

A obsessão, todavia, não se restringe aos espíritas e aos médiuns. O fenômeno pode atingir as pessoas em geral e a prática mediúnica espírita pode auxiliar na solução desses problemas, o que o próprio Kardec, em seu tempo, começou a fazer.

Há que se distinguir a obsessão espiritual dos transtornos mentais. A psiquiatria e a psicopatologia avançaram imensamente desde o tempo de Kardec. Tanto na questão do diagnóstico quanto na questão terapêutica e no conhecimento de prognósticos, sabemos que um médico-psiquiatra do século XIX estaria completamente incapaz do exercício de sua profissão, hoje, se não fizesse um novo curso de medicina e uma nova residência em psiquiatria.

Como a questão da obsessão espiritual também vem sendo desenvolvida desde Kardec, uma vez que houve novas produções mediúnicas e a organização de reuniões de tratamento de desobsessão nos centros espíritas, também se conhece um pouco mais sobre esse fenômeno espiritual. O grande problema é que essas duas áreas de conhecimento cresceram com pouca comunicação entre si. Então, há o risco de um espírita avaliar um transtorno mental como se fosse obsessão, por desconhecimento da psiquiatria. O inverso ocorria décadas atrás, mas vem diminuindo. Embora nenhum psiquiatra ainda reconheça a obsessão como doença ou transtorno mental, eles perceberam que tomavam por psicopatologia pessoas e situações que eram meramente culturais. Está em curso uma tentativa de evitarem o diagnóstico e a medicalização de situações que podem ser explicadas pelas crenças não delirantes de seus pacientes. Dizer-se médium audiente, por exemplo, não faz com que um psiquiatra o situe automaticamente na esfera das psicoses (loucura).

É importante, então, que os espíritas não ajam como o homem que só tinha um martelo como ferramenta e, por essa razão, passou a achar que tudo o que via pela frente fosse um prego, mesmo que fosse um parafuso! Há obsessão espiritual, há transtorno mental e há portador de transtorno mental que, ao mesmo tempo, é vítima de obsessão espiritual.

Experiência espiritual e transtorno mental

A obsessão espiritual pode ser também erroneamente avaliada, quando se trata de má-fé ou problemas psicológicos de uma pessoa que se considera médium ou mesmo de um médium que confunde grosseiramente animismo com mediunidade. Um caso que ilustra esta situação foi estudado pelo dr. Carl Gustav Jung e publicado no livro *Estudos psiquiátricos* com o título "Sobre a psicologia e a patologia dos fenômenos chamados ocultos".

Jung observou e escreveu um trabalho sobre S. W., uma jovem adolescente de 15 anos, prima do autor, que participou de reuniões mediúnicas a partir de 1899. Ele descreveu fenômenos que sugerem mediunidade (como o alemão correto do avô morto, do norte da Alemanha, face ao seu alemão com erros e sotaque, amnésia após as comunicações e movimentação da mesa), ao lado de outros que sugerem problemas psicológicos (imitação das patologias e esquisitices de Frederica Hauffe, que a médium conheceu através da leitura de *A vidente de Prevorst*, reações afetivas muito acentuadas ante as comunicações, informações fantasiosas e improváveis dadas sob a autoridade espiritual).

A análise do caso sugere que a jovem adolescente sentia-se importante e valorizada na prática de sua suposta mediunidade, passando a desejar realizar fenômenos que atendessem às expectativas dos membros. Ela passou a realizar atos semelhantes aos de uma das histéricas estudadas por Freud, com a diferença de que, em vez de apresentar sintomas de doenças nervosas, apresentava ações consideradas próprias de médiuns, nas quais seus próprios pensamentos e emoções eram atribuídos aos espíritos.[59]

Na falta de um conhecimento mais substancial de psicopatologia nas casas espíritas, esse tipo de situação não deixa de ser identificada sob o termo 'animismo', que é entendido hoje como uma comunicação do próprio médium, ou seja, uma manifestação psicológica entendida pelo médium como se fosse oriunda de um espírito desencarnado.

Tivemos em nossa reunião um caso que sugeria animismo. A suposta médium ficou meses conosco. Depois se afastou, incomodada com as

---
[59] Escrevi um trabalho publicado no livro *Coletânea de estudos espíritas* sobre este caso, intitulado 'Mediunidade, inconsciente e psicopatologia'.

análises e perguntas dos membros do grupo. Suas comunicações eram como se tivessem um roteiro semelhante. Envolviam sempre trabalhadores que não sabiam que haviam desencarnado e não eram capazes de relatar suas histórias pessoais, ficando presos a uma única situação, geralmente de confusão quanto a seu estado de desencarnado e ligadas a um lugar. Falavam apenas um nome genérico (José, João, Maria) e uma profissão (bombeiro, policial etc.) O tipo de comunicação era estereotipado, como se não houvesse outra personalidade se comunicando através do médium; apenas uma tensão psicológica manifestada sob a forma de mediunidade. Os espíritos não conseguiam estabelecer um diálogo com os atendentes, limitando-se a repetir a cena imperfeita na qual se encontravam e sua confusão. Todas as supostas comunicações tinham essa forma, e a senhora não conseguia falar sobre sua experiência. Quando os membros solicitaram que ela permitisse mais aos espíritos manifestarem seus sentimentos, que tentasse facilitar o diálogo com o atendente, ela foi se sentindo constrangida e abandonou o grupo. Esse caso, contudo, não apresentou, aparentemente, nenhum elemento de transtorno mental. Ela possivelmente desejava ser médium, assistiu a palestras sobre o assunto e pensou que se falasse o que vinha à mente, poderia ser mediunidade. O conteúdo apresentado, porém, além de estereotipado, nunca foi percebido pelos demais médiuns da reunião, o que sugere a falta de objetividade dos conteúdos mentais.

Houve também um caso que sugeria transtorno mental. A jovem tinha dificuldade de contato emocional com os membros do grupo, apresentando sempre condutas e pensamento rígido em torno de suas ideias. Quando se iniciava a parte mediúnica, ela impunha suas próprias mãos sobre a cabeça e as movimentava como se estivesse aplicando passes em si mesma. Foi pedido a ela que não agisse daquele modo, que solicitasse ao dirigente quando desejasse um passe, sem resultados. Não estabelecia diálogo com os atendentes, também, limitando-se a falar com forte alteração emocional e a narrar situações desconexas, com falas e orientações consideradas estranhas. Quando resolvemos conversar pessoalmente, ela agiu com hostilidade e abandonou o grupo.

A rigidez com que ela se fixou em práticas estranhas à reunião, sem nem mesmo ser capaz de explicar onde aprendeu a fazer e por que desejava continuar fazendo; a forte alteração emocional, apenas por se conversar sobre o assunto; a hostilidade com algo tão banal; a falta de contato emocional coerente com o que acontecia no grupo (não ria dos gracejos de que todos riam, não se emocionava com relatos que levavam a maioria às lágrimas, não estabelecia relação emocional coerente com os demais membros) sugeriam, à época, algum transtorno mental. Ela jamais deveria ter sido encaminhada para uma reunião mediúnica. Mas, como vimos, a formação inusitada do grupo do Célia Xavier acabou possibilitando seu acesso.

O relato desse caso não autoriza nenhum espírita a fazer diagnóstico psiquiátrico, mas obriga a que todos reflitamos sobre a situação.

Dalgalarrondo[60] escreveu um livro com uma excelente revisão de literatura psiquiátrica sobre religião, psicopatologia e saúde mental. Ele cita o trabalho de Jackson e Fulford, que propõem um quadro comparativo no qual se distinguem as experiências religiosas dos sintomas psicopatológicos. O autor ampliou e modificou o quadro, que transcrevemos abaixo. O ponto mais delicado é distinguir delírios (falsas crenças, rígidas, sem base empírica ou lógica) de crenças religiosas. Dalgalarrondo explica que o autor Andrew Sims acha possível e não muito difícil distinguir experiências espirituais de sintomas psicopatológicos.

Diferenciação entre experiências espirituais e sintomas psicopatológicos		
Características	Experiências espirituais	Sintomas psicopatológicos
Conteúdo das vivências	Os conteúdos seguem uma doutrina religiosa: são aceitáveis pelo subgrupo cultural	O conteúdo é bizarro; geralmente reivindica um *status* divino ou a posse de poderes especiais.
Características das experiências sensoriais (ilusões, alucinações, visões e vozes)	Os elementos sensoriais são mais 'intelectuais'; são sentidos como 'conteúdos mentais'.	Os elementos sensoriais são percebidos como 'corpóreos', dão a sensação de serem percepções reais.
Modalidade sensorial das vivências	Predominantemente alucinações e ilusões visuais.	Predominantemente alucinações auditivas.

---

[60] DALGALARRONDO. *Religião, psicopatologia e saúde mental*. Artmed, 2008.

Grau de certeza das vivências	As crenças se formam com a possibilidade de dúvida.	As crenças são 'incorrigíveis', geralmente há certeza absoluta.
Insight	Às vezes *insight* presente, às vezes ausente.	Frequentemente *insight* ausente.
Duração da vivência	Duração breve.	Duração longa.
Controle volitivo	Há, por parte do sujeito, um grau de controle e direcionamento sobre as vivências.	São experiências vivenciadas sem qualquer controle por parte do sujeito.
Orientação em relação a outras pessoas	Vivências são orientadas em relação a outras pessoas.	Vivências são quase sempre orientadas para si (auto-orientadas).
Significado para a vida do sujeito	Sentido de 'autorrealização', experiências que 'alargam' a vida e produzem 'frutos' espirituais.	Experiências geralmente desintegrativas, que produzem a deterioração do funcionamento vital do sujeito.
Positividade/negatividade	As vivências têm, de modo geral, sentido 'positivo' para a vida do sujeito.	As vivências têm, de modo geral, sentido 'negativo' para a vida do sujeito.
Implicação na 'ação' do sujeito	São experiências nas quais o sujeito se percebe 'agindo', construindo sua vida.	São experiências nas quais o sujeito se percebe 'sendo agido', vive passivamente a experiência.
Relação com sintomas psicopatológicos em outras esferas da vida	São experiências 'isoladas', que não se articulam com outros sintomas de transtornos mentais.	Geralmente não são vivências isoladas. Ao lado do delírio ou da alucinação mística, há outros sintomas psicóticos.

Estilo de vida e de perso-	Tanto o estilo de	O estilo de vida e a
nalidade do sujeito	vida como a perso-	personalidade indi-
	nalidade do sujeito	cam alterações e de-
	revelam religiosida-	terioração associadas
	de presente e ante-	a transtornos men-
	cedendo a vivência.	tais.
Comunicação da experiên-	O sujeito busca rela-	Sujeito é, geralmente,
cia com outras pessoas	tar sua experiência	reticente em relatar e
	para outras pessoas,	discutir essas experi-
	sobretudo do seu	ências.
	grupo cultural.	

Fonte: Dalgalarrondo, 2008, p. 169-170.

Os transtornos mentais são conjuntos de sintomas e sinais. Por isso, são complexos e variáveis de pessoa a pessoa. Este quadro proposto pelos pesquisadores que tentam distinguir os quadros psiquiátricos de experiências e crenças religiosas igualmente não deve ser utilizado de forma rigorosa, como se fosse uma equação matemática.

Como se pode ver, a experiência espiritual gera bem-estar, é mais pontual e, no caso das percepções mediúnicas, passados o medo e a insegurança iniciais, são vistas como positivas e possibilitam ao sujeito a realização de uma atividade construtiva, da qual ele exerce seu papel. As pessoas com experiências espirituais não têm, por causa delas, qualquer problema para viver em família, estudar e trabalhar. São pessoas normais, com seus pequenos problemas pessoais, ou seja, com a psicopatologia da vida cotidiana, como dizia Freud.

Os transtornos mentais, em que pese sua variedade, estão associados a períodos mais longos de sofrimento (não apenas episódicos), a alucinações e delírios bizarros (nos quadros em que há estes sintomas) e rígidos. A personalidade vai se desintegrando, tornando-se incapaz de viver em família, de estudar ou trabalhar. Em alguns quadros, ele pode cometer crimes e abusar de drogas hipnóticas ou alucinatórias. Os portadores podem ser vistos como estranhos ou vítimas pelos que conversam com eles. Quando buscam os centros espíritas e estão dispostos a falar de seus sintomas, podem estar procurando uma forma de explicá-los que não demande deles o uso de antipsicóticos ou outros medicamentos psiquiátricos.

Obsessão e transtorno mental

A questão da distinção entre obsessão (especialmente as fascinações e subjugações) e transtorno mental ainda é muito difícil. Pode-se pensar em quatro situações: as obsessões espirituais apenas, os transtornos mentais apenas, as obsessões espirituais associadas a quadros de transtorno mental e os transtornos mentais com componente obsessivo espiritual.

Tenho alguns colegas espíritas, psicólogos e psiquiatras que entendem que sempre que há transtorno mental, há algum componente espiritual. Seria algo como a lâmpada que atrai a mariposa. Confesso que, com a informação e a experiência que tenho, não posso concluir a favor ou contra esta ideia tão imperiosa. É algo para se continuar estudando.

As obsessões sem componente de transtorno mental são passíveis de bons resultados com a terapêutica espírita, como observaremos nos casos apresentados por Allan Kardec na *Revista espírita*. Como não falamos em normal e anormal, em termos de transtornos mentais, uma vez tratada a obsessão, se há esforço do obsediado em melhorar-se, seus sintomas desaparecem. Os traços de personalidade, contudo, persistem. Uma pessoa com personalidade dependente continua com suas características ao final da desobsessão, por exemplo.

Nos casos de transtorno mental apenas, se é que existem, a terapêutica espírita pode reduzir a ansiedade e alguns sintomas depressivos em alguns casos (passes), facilitar a sociabilidade em outros (atividades no centro espírita), valorizar o ego em outros (participação nos grupos espíritas). Contudo, há sempre necessidade de psicoterapia e, nos casos mais graves, de acompanhamento psiquiátrico. Conheci esquizofrênicos que se integraram no cotidiano da casa espírita. A família, no entanto, não descuidava de sua medicação e tratamento possíveis. O relato que me faziam de sua participação era sempre positivo. Sentiam-se valorizados por participarem de cursos e falavam de suas atividades. Em um transtorno tão grave, com tantos sintomas negativos, os espaços que se abriram a eles e que souberam ocupar me pareciam fazer parte da solução, e não do problema. Na minha vivência como espírita, noto que há um número relativamente grande de portadores de transtornos mentais nos centros espíritas. Muitos ficam em função do acolhimento dos grupos e da tolerância com seus sintomas. Talvez seja o lado da caridade cristã que predispõe à inclusão.

Nas obsessões espirituais associadas a transtornos mentais, o tratamento espírita é importante, mas não suficiente. Em uma das reuniões do grupo Emmanuel, um paciente psiquiátrico teve seu nome levado para tratamento espiritual. Após algumas semanas, o espírito responsável pelo caso comunicou-se dizendo que, da parte deles, o tratamento estava concluído. Levada a informação à família, esta disse que o paciente continuava mal. Um dos membros da reunião questionou o espírito, em uma sessão posterior, e esse reafirmou que havia dito que o que poderia ser feito pelos espíritos estava concluído. O grupo entendeu que havia a necessidade da intervenção psiquiátrica, e pouco tempo após ela ter sido feita, o paciente apresentou melhoras.

Não se trata especificamente de transtorno mental, mas André Luiz descreve no livro *No mundo maior* um paciente jovem, portador de epilepsia. Ele presenciou o desencadeamento de uma crise epiléptica ante a percepção espiritual de dois obsessores pelo jovem. Neste caso, se os obsessores são atendidos e resolvem 'seguir sua vida', o jovem continuará sendo epiléptico e necessitando de tratamento e acompanhamento neurológico para evitar crises.

A medicina explica que as crises epilépticas são fruto de descargas elétricas no cérebro e que tais descargas podem ser controladas com o uso de diversos medicamentos, que geralmente necessitam de uso continuado porque não fazem efeito senão quando atingem certo nível no sangue. Há diversos fatores que predispõem às crises convulsivas em epilépticos, como luzes fortes, estresse, privação de sono, fadiga e ingestão de álcool, por exemplo. A terapêutica espírita, em que pese os casos de cura descritos por Kardec e por estudiosos de mediunidade de cura, via de regra se trata de uma terapia complementar, que não dispensa o tratamento médico convencional. Cabe ao médico responsável pelo paciente a suspensão de medicamentos prescritos e a constatação das melhoras inesperadas.

Os transtornos mentais com componente espiritual são casos em que o transtorno mental não tem por fator a influência obsessiva. São pacientes psiquiátricos que também sofrem obsessões.

O Hospital Espírita André Luiz, em Belo Horizonte, tem um corpo de voluntários que realizam reuniões mediúnicas em favor dos pacientes cujos responsáveis autorizam o tratamento espiritual. Além do tratamento psiquiátrico, psicológico e outros tratamentos considerados convencionais, eles também podem receber o tratamento espiritual, que consiste em passes e reuniões mediúnicas.

Na experiência narrada pelo dr. Roberto Lúcio Vieira de Souza, alguns desses pacientes sofrem influências espirituais, que são percebidas por médiuns diferentes, sem que um tenha contato com outro. Há casos em que os espíritos narram episódios da vida do paciente que nem ele e a família haviam comunicado para a equipe, mas que confirmam posteriormente.

Alguns pacientes sofrem a influência de pessoas ligadas a eles desde existências passadas. Embora possam causar desconforto, mal-estar, ansiedade ou tristeza, sua presença ou ausência nada tem a ver com o transtorno do qual o paciente é portador. Alguns desses espíritos são atendidos e se afastam de seus 'companheiros encarnados', mas não há qualquer alteração no transtorno em si.

Desobsessão em Allan Kardec

Há algum tempo, Rafael Souza perguntou sobre as origens do trabalho de desobsessão nos centros espíritas. Eu sabia que remontavam aos trabalhos de Allan Kardec, mas não me recordava de detalhes. Sugeri a leitura do livro *A obsessão*, publicado pela Editora O Clarim, de Matão-SP.

Esse livro é uma coletânea de textos sobre o tema, feita por editores belgas, extraídos da famosa *Revue spirite*, órgão de divulgação do espiritismo mantido por Kardec enquanto encarnado e de vida longa após sua desencarnação.

Estudar o livro nos possibilita apreender o nascimento da prática da desobsessão. Em cada caso, Kardec narra o aperfeiçoamento da atuação do grupo no atendimento de espíritos inferiores. Por essa razão, passo a resumir e comentar alguns de seus casos, passo a passo, com a ação dos espíritas da época e da espiritualidade.

Rosa M.: entre os transtornos mentais e a obsessão

Rosa M. é uma jovem espanhola (Barcelona). Na juventude, em 1850, logo após o casamento, começou a ter crises de espasmos, que duravam cerca de três ou quatro horas. Durante estas crises, 'eram precisas três ou quatro pessoas para a dominar'. As crises se interrompiam na gravidez e eram marcadas por melhoras e recrudescimentos.

A psiquiatria e a neurologia da época eram pouco desenvolvidas. Então, os médicos consultados falavam em 'doença nervosa' e 'loucura', sem um diagnóstico mais preciso e sem uma terapêutica efetiva. Não se encontra nos textos de Kardec a atribuição de epilepsia à paciente, embora já existisse o diagnóstico desde Hipócrates (que a atribuía ao cérebro).

Havia nessa época uma discussão entre os religiosos, que consideravam a epilepsia como resultado da ação dos demônios, e os médicos, que a situavam no cérebro. Tissot associou a doença a lesões cerebrais, tumores, AVCs e traumatismos (LONGO & BLANCO). Mas só em 1873, John Huntington explicou que se tratava de "descargas na substância cinzenta cerebral" e a escola inglesa propôs tratamento cirúrgico para as cicatrizes cerebrais. O eletroencefalograma só surgiria em 1929.

Mais alguns anos e o velho Freud possivelmente faria o diagnóstico de 'histeria de conversão', então entendida como uma neurose de etiologia psicológica e sexual. (James Strachey). Ele percebia que seu paciente apresentava sintomas desconexos, que não permitiam diagnóstico. Alguns médicos da época achavam que a simulação era intencional, como se fosse uma fraude, mas Freud estava seguro de que ela se relacionava com processos psicológicos inconscientes.

Na falta de um tratamento efetivo e ante a dificuldade de realizar as tarefas diárias, Rosa foi levada às autoridades eclesiásticas, que atribuíram seu mal aos demônios. Ela passou por uma sessão de exorcismo em um santuário, mas os resultados duraram apenas alguns dias e as crises retornaram. Ficou ainda em uma ermida durante quatro meses, sem crises, foi tida como curada, mas ao retornar a casa, voltou a ter crises.

Em 1864, Rosa estava sendo tratada por um magnetizador espírita, que não tinha acesso a reuniões mediúnicas ou médiuns, e encaminhou o caso a um grupo espírita de Barcelona. Kardec publicou a correspondência enviada pelo grupo, possivelmente incentivado pelo sr. Delanne (Alexandre Delanne, pai de Gabriel).

O tratamento apenas com base em magnetismo animal (transmissão de um suposto fluido magnético humano pela imposição de mãos e outras técnicas) não progredia. Com anuência da família, que se encontrava pressionada pela enfermidade, o terapeuta entra em contato e consegue levar a doente para um grupo de Barcelona.

Kardec publicou os relatos das sessões enviados pelos confrades espanhóis. Na primeira sessão, o espírito obsessor foi evocado e comunicou-se com fúria. Em pouco tempo, 'atirou-se sobre sua vítima', após o que ela apresentou uma crise violenta, debelada pelo magnetizador.

Durante dois meses, o espírito foi evocado e apresentou-se à reunião. Ao longo das comunicações, ele explicou que fazia a obsedada 'pagar uma velha dívida'. Ante os diálogos e preces, ele foi repensando suas ações, até o arrependimento. Renunciando ao mal, cessaram as crises. Após este episódio, continuou-se a realizar magnetizações que a acalmavam. Duravam cerca de um quarto de hora, sob orientação dos espíritos comunicantes.

Além da obsessão, como o sabemos hoje, havia algo na personalidade de Rosa que foi observado por Pedro (autor do relato). Diante de contrariedades, ela sofria alguns abalos, mesmo após o tratamento de desobsessão. Entretanto, não mais apresentava crises como anteriormente. A fé e a repressão 'do seu caráter naturalmente impulsivo', feita por ela mesma, ou seja, a educação das reações fez parte de sua recuperação.

O grupo acompanhou a doente após o tratamento. Ela se mostrava "robusta e alegre". O obsessor era evocado de tempos em tempos, para ser apoiado em sua resolução. Ele tornou-se conselheiro da antiga obsedada.

Em dois meses, uma obsessão ou doença mental de mais de quinze anos havia sido tratada e os envolvidos sentiam-se bem.

Cabem duas considerações sobre o caso apresentado. A primeira refere-se à falência do exorcismo frente ao sucesso da desobsessão. Allan Kardec já havia mostrado a sua inoperância no caso dos possessos de Morzine. Ele explicou o ocorrido na própria técnica dos dois procedimentos. O exorcismo trata os espíritos como demônios e pretende expulsá-los à força de orações, de maldições, de reenvio aos infernos e de atos exteriores, que talvez tenham algum sucesso temporário se o espírito se impressionar pelas ações, mas que geralmente não têm efeito algum sobre aqueles que não temem os castigos da fé católica ou que conhecem e compreendem os mecanismos da vida após a morte.

Não escapou a Allan Kardec uma técnica calcada em uma forma mais cristã de tratar os espíritos:

> Pelo espiritismo lhe falamos com doçura; procuramos nele fazer vibrar a corda do sentimento; mostramos-lhe a misericórdia de Deus; fazemos-lhe entrever a esperança e muito docemente o conduzimos ao bem. Eis todo o segredo.[61]

A segunda consideração diz respeito ao possível diagnóstico médico de Rosa N., que passamos a analisar.

Temos duas hipóteses diagnósticas para a enfermidade: a epilepsia e a histeria. A epilepsia é improvável em função das características das crises, apesar da falta de informações nos relatos sobre as mesmas. Seriam coincidências os períodos de suspensão das crises durante a gravidez e durante o período de meses entre os períodos em que Rosa foi à ermida? Parece-me improvável, ainda mais se for aceito o relato de cura com suspensão completa das crises após o tratamento desobsessivo.

Fica, contudo, a possibilidade do diagnóstico de histeria. O termo foi desmembrado pelo DSM IV[62] em transtornos somatoformes, transtornos dissociativos e outros (conversivo, doloroso, hipocondria, dismórfico corporal e factício).

A descrição da paciente, como já o dissemos, foi muito sumária, mas mostra semelhanças com sintomas dos transtornos somatoformes (as crises, no caso, seriam vistas como um sintoma pseudoneurológico). Sabe-se que se iniciaram antes dos trinta anos e logo após o casamento. A incapacidade de realizar os trabalhos em casa também apontam para a clássica histeria freudiana, ou seja, os sintomas promovem um ganho secundário, apesar do sofrimento de Rosa e de sua família.

A questão que se impõe a esse segundo diagnóstico é a da remissão dos sintomas e da cura através da desobsessão e da reeducação (controle dos impulsos, e não o recalcamento destes). Como pode, em apenas dois meses, uma paciente histérica com história de quinze anos, sem qualquer medicamento psiquiátrico, melhorar, sem livres-associações, hipnose catártica e outras técnicas geralmente associadas à terapêutica das neuroses? Como pode o atendimento ao obsessor associar-se passo a passo à mudança de uma sequência crônica de sintomas? Como uma

---

[61] KARDEC, Allan. "Os Espíritos na Espanha: cura de uma obsedada em Barcelona". *Revista Espírita*. São Paulo: Edicel, junho de 1865, p. 173.
[62] Da sigla inglesa *Diagnostic and Statistical Manual of Mental Disorders (DSM)*. Em português, *Manual Diagnóstico e Estatístico de Transtornos Mentais*. Há cinco revisões para este manual desde sua primeira edição, em 1952. A maior delas foi a quarta, DSM IV, publicada em 1994.

histérica, se aceita a hipótese do inconsciente, se beneficiaria da educação com base no controle dos impulsos?

Fica em aberto a questão do entendimento da condição psicológica de Rosa N. Seria apenas uma obsessão, seria um quadro de histeria com obsessão espiritual ou seria apenas uma histeria (transtorno somatoforme)? Difícil concluir.

Não duvido de que a falta de informação leve os céticos a questionarem sua efetiva melhora e a cobrar de nós que apresentemos algum relato da paciente, anos depois. Eles geralmente questionam o que não entendem e se alimentam da dúvida recorrente. Contudo, não escrevo este caso a eles. Escrevo aos espíritas para que estudem as origens das práticas desobsessivas; não se deixem levar pelo canto da sereia de alguns cultos afro, que pregam a coerção aos espíritos como técnica eficaz de desobsessão e valorizem o trabalho da mediunidade e o possível valor de terapêutica complementar de alguns transtornos psiquiátricos vistos apenas sob a ótica dos sintomas e das categorias nosológicas.

Aos profissionais da área psi, este caso deixa uma dúvida. O que aconteceu com Rosa N.? Ela foi tratada pelas sessões espíritas? Tais sessões têm um caráter terapêutico eficaz ao ponto de apresentar uma remissão de sintomas em tão pouco tempo, sem outras terapêuticas médicas que não o magnetismo animal de Mesmer? Existe obsessão espiritual ou as reuniões mediúnicas seriam apenas uma forma de tratamento complementar? Rosa N. é um caso muito atual, como podemos ver.

A JOVEM OBSEDIADA DE MARMANDE

Este caso acontece na cidade de Marmande, no sudoeste da França. Kardec teve acesso a ele através do senhor Dombre, que lhe enviou um relatório. Allan Kardec o publicou em junho de 1864, após duas notícias sobre o caso em fevereiro e março do mesmo ano.

O senhor Dombre e o médium L. foram chamados para tentar auxiliar a jovem Tereza B., 13 anos, que sofria regularmente, todas as tardes, de crises (epilepsia? Histeria? Obsessão espiritual?). A família considerava que a doença da jovem era uma epilepsia (de hora marcada, todos os dias?). No dia que foram, viram a jovem apresentar convulsões e dobrar-se até a cabeça quase encostar nos calcanhares. O peito arfava.

Consultado o guia espiritual do médium, Louis David, ele afirmou que se tratava de uma obsessão espiritual. Sugeriu evocar o espírito Júlio e tentar 'moralizá-lo com habilidade'.

Foram várias comunicações, possivelmente psicográficas. Na primeira, violento, ele rasgou os papéis. Enquanto se comunicava com os espíritas de Marmande, a jovem parava com as convulsões, o que foi verificado com estranheza pelo médico local. Ele retornou à jovem e deu continuidade à crise, o que fez o guia orientar a não mais evocá-lo durante as crises, para o bem de Tereza. Eles passaram a se reunir diariamente, todas as noites.

Um espírito protetor do grupo, que se denominava como 'Pequena Cárita', passou a se comunicar e a orientá-los sobre este caso específico. Ela desencarnou ainda jovem e era conhecida pelo seu 'caráter angélico e rara bondade'.

Os espíritos deram uma orientação interessante ao grupo:

> Amigos, não desanimeis; ele se sente forte porque vos vê desgostosos com sua linguagem grosseira. Abstende-lhe de pregar moral pelo momento. Conversai com ele familiarmente e em tom amigável. Assim ganhareis a sua confiança e podereis mais tarde voltar a falar sério. Amigos, perseverança.[63]

No dia 12, o grupo convenceu o espírito a orar, tratando-o bem, conforme orientado. Ele disse aceitar, mas não 'conhecer o valor da mercadoria'. Foi acompanhando mentalmente a oração que lhe diziam, mas interrompeu a escrita quando viu que lhe pediam que cessasse com a obsessão. Considerou como se fosse uma cilada.

Os espíritas perguntaram-lhe por que obsediava a jovem Tereza, mas ele se recusou a explicar e ameaçou afastar-se.

No dia 13, evocado Júlio, ele prometeu moderar seus ataques sobre a jovem e prometeu orar. O grupo foi orientado a não confiar nas palavras dele, que podiam não ser muito sinceras.

No dia 14, como ainda houvesse uma crise convulsiva menor com Tereza, a Pequena Cárita orientou os espíritas de Marmande a evitar os detalhes que fadigam uns aos outros, ser *francos* e *benevolentes* com ele.

Na comunicação de Júlio, ele ainda evita falar da menina no passado e teme que seus iguais na espiritualidade o questionem se parar com a obsessão. Teme ser chamado de eremita (possivelmente santo, se fosse em nossa cultura, nos nossos dias). Os espíritas o incentivam a ignorar a troça dos maus espíritos e almejar a companhia dos bons espíritos. Júlio se compromete a deixar a jovem aos poucos e explica que se ele o fizesse de uma vez, poderia arrepender-se e voltar a assediá-la no futuro. Impõe uma condição: de não ser *trazido à força* para a reunião.

O atendente da reunião pergunta sobre a Pequena Cárita a Júlio, que diz se tratar de uma jovem muito bonita. A guia do grupo se comunica, orientando a todos para não se importarem com a opinião de terceiros e que se concentrassem em um objetivo prático: *a libertação da menina e a melhora do espírito que a obsidia*.

No dia 15, Júlio atende à evocação sem constrangimento e conta duas encarnações passadas. Uma em que se tornou membro de um bando de ladrões, que prosseguiram com sua índole após a desencarnação e continuavam juntos. Outra em que foi guerrilheiro, no tempo

---

[63] KARDEC, Allan. *A Obsessão*. 7 ed. Matão, O Clarim, 2011, p. 231.

de Luis XIII, que reinou entre 1617 e 1643. Ele explica que a jovem era apenas uma vítima do grupo, escolhida ao acaso, e pede que os espíritas orem pelos seus colegas de bando.

As convulsões foram diminuindo e a obsessão se encerra no dia 18 de janeiro. Allan Kardec elogia os espíritas de Marmande e reconhece seu *tato*, sua *prudência* e seu *devotamento*. Não há notícias da jovem após este episódio, o que nos impede comentar algum tipo de recidiva, mas fica claro que é incomum que um quadro de epilepsia possa ceder após oito dias de reuniões mediúnicas e preces. Possivelmente, havia uma obsessão espiritual que provocava o que era entendido como crises epilépticas (episódios).

A obsediada de Cazères

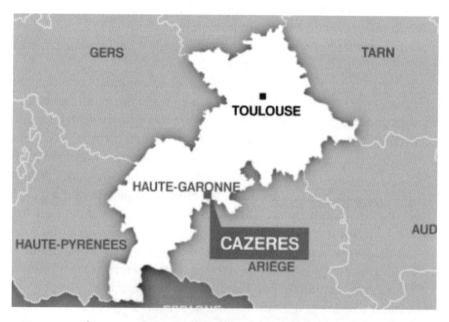

Este caso foi narrado por Allan Kardec na *Revue spirite* de fevereiro de 1866. Uma jovem de 22 anos foi acometida por 'um acesso de loucura'. Após tentativas infrutíferas de tratamento médico, ela foi internada em um hospício, por ser impossível contê-la durante as crises. Com poucos recursos, a psiquiatria da época raramente obtinha melhoras de seus pacientes. O mesmo se deu com ela.

Os pais da jovem, tendo ouvido falar da cura de Jeanne R. pelo espiritismo, procuraram espíritas. Estes responderam que nada podiam fazer enquanto não soubessem a causa da doença. Consultados, os guias afirmaram tratar-se de um caso de subjugação por um espírito rebelde.

Evocado ao longo de oito dias (igual ao caso de Marmande), a doente ficou curada, o que levou Allan Kardec a teorizar que existe um tipo de "loucura obsessional", diferente da "loucura patológica", por ter a influência espiritual como causa principal.

Este caso não foi detalhado como o de Marmande. Apenas comunicado sumariamente ao editor da *Revue spirite*. Com tão poucas informações, torna-se difícil até mesmo sugerir possíveis transtornos mentais com a psicopatologia contemporânea.

O espírito de Castelnaudary: oração e desobsessão

Um historiador ou antropólogo que visse espíritas em oração talvez associasse imediatamente esta prática com as religiões antigas e a magia primitiva, que propunham um tipo de vínculo ou comunicação com a(s) divindade(s). Ao mesmo tempo, hoje, dificilmente estes profissionais associariam o ato ritual de lavar as mãos dos cirurgiões com a prática ritual judaica, que se tornou objeto de controvérsias nos Evangelhos.

Hoje, acha-se incorporada ao senso comum a ideia de micróbios e outros micro-organismos, que já foi objeto de ridículo na história da medicina. Talvez por isso ninguém mais se recorde do tempo em que lavar as mãos era apenas um ato de fé ou um respeito à tradição.

O trabalho de Allan Kardec está repleto de comunicações de espíritos que solicitam aos espíritas franceses que orem por eles. Alguns casos são estudados, mostrando o efeito das preces sobre o psiquismo do desencarnado.

Um dos casos que se acha documentado intitula-se 'o espírito de Castelnaudary' e pode ser lido no livro *O céu e o inferno*. Castelnaudary é uma cidade no sudeste francês, próxima a Tolouse, na qual se encontrava uma casa considerada assombrada e exorcizada em 1848, sem qualquer diminuição dos fenômenos, um dos quais foi uma bofetada de mão materializada na face de um herdeiro do imóvel.

Os membros da Sociedade de Paris evocaram o espírito que habitaria nesta casa em 1859 e tiveram o apoio de São Luís para entender o que se passava.

O espírito evocado explicou tratar-se de um antigo dono, que cometera dois crimes naquela casa, vindo a falecer sem qualquer punição da justiça humana em 1659, com 80 anos. Sua imagem guardava relação com o estado íntimo: uma camisa ensanguentada e um punhal à mão, extremamente perturbado e violento.

Os colegas de Allan Kardec perguntam a São Luís como ficar livre desse tipo de obsessor. O orientador espiritual responde ser necessário orar por eles.

Eles investigam mais a fundo a questão, perguntando se a prece sensibilizaria os espíritos ao mesmo tempo perversos e inteligentes. São Luís esclarece que, para aproveitar a prece, o espírito precisa arrepender-se do mal que tenha feito, mas que mesmo para este tipo de espírito se deveria orar, para que os pensamentos, mais cedo ou mais tarde, possam sensibilizá-lo e vencer seu cinismo.

Kardec relatou as comunicações deste espírito e de outros envolvidos com ele por dez sessões (algumas delas na casa do sr. F...), e destacou a coerência das informações fornecidas.

Na segunda sessão, Kardec conversa com um espírito familiar, que o orienta a evocar Charles Dupont, o espírito de Castelnaudary. Na quinta sessão, conversa com São Luís, pedindo detalhes sobre os crimes cometidos por ele e sobre os sofrimentos vividos. Nesta comunicação, o orientador espiritual começa a explicar os benefícios da prece para este espírito.

Um dos evocados foi Pierre Dupont, irmão de Charles. Em uma rotina de perguntas e respostas, possivelmente psicografadas, ele explica que foi assassinado com punhaladas em 6 de maio de 1608, que era salsicheiro e que o irmão lhe tinha ciúmes com a cunhada. Ele reafirma sua inocência e diz que perdoou o irmão após sua desencarnação. Pierre dá detalhes da vida posterior de Charles Dupont.

A esposa de Charles, Marguerite Aeder, também foi evocada. Ela confirma a suspeita do marido que levou ao assassinato de Pierre e reafirma a inocência do cunhado. Explica que foi assassinada dois anos depois, esfaqueada na cabeça, por ciúmes e porque Charles desejava ficar com o dinheiro dela. Ela dá a entender que não era fiel ao marido, mas entende que isto não lhe dava o direito de tirar-lhe a vida. Marguerite indica o dia 3 de maio de 1610 como a data do assassinato e explica que o marido não foi investigado pela polícia por alegar que ela havia sido vítima de latrocínio.

Outro evocado foi o sr. D..., novo dono da casa após a desencarnação de Charles. Ele desencarnou após desafiar o antigo proprietário, que o perturbava com fenômenos de efeitos físicos. Tomado de terror após ver a triste imagem de Charles, desencarnou (coração?), em um processo que ainda durou duas horas, aterrorizado. Ele afirma que sua desencarnação se deu em 9 de agosto de 1853.

Kardec fez uma nota, na qual informou a dificuldade de se pesquisar os dados alegados pela fragilidade dos registros da época, mas destaca a consistência das informações passadas por quatro espíritos em épocas diferentes e por Charles, através de médiuns diferentes e em grupos diferentes.

O leitor consegue acompanhar as mudanças que se operam na consciência dele, as explicações que ele dá sobre os efeitos da prece e a evolução relativamente rápida que sofre, se considerarmos que se encontrava ligado ao local dos crimes por duzentos anos.

Passado um mês, Charles já consegue escrever (na reunião da Sociedade Parisiense ele houvera quebrado diversos lápis, arremessado sobre os assistentes e rasgado folhas de papel). Se não fosse São Luís, não se conheceria sua história. Nessa comunicação ele relata melhoras. Já sentia remorsos pelo que houvera feito, conseguia sair do ambiente da casa em que cometera os assassinatos e começa a compreender sua situação no mundo dos espíritos pelas observações que faz. Não tinha mais a faca de salsicheiro em mãos, que refletia a condição de prisioneiro dos sentimentos e recordações de seus crimes. Teme encontrar suas vítimas.

Charles agradece aos membros dos grupos ligados a Kardec pelo esclarecimento e pelos sentimentos de piedade que mostraram por ele. Some-se a isso o respeito demonstrado nos relatos e os pensamentos e emoções com que o envolveram em suas preces. Duzentos anos de sofrimento, perturbação e endurecimento alterados com dedicação e prece.

Nessa comunicação, Allan Kardec dá-se conta da possibilidade de socorrer os espíritos durante as comunicações e descreve bem o papel do esclarecimento associado à oração e bons sentimentos para com os comunicantes, tendo criticado os rituais de exorcismo e constatado sua inutilidade.

Esse é apenas um dos casos relatados por Kardec em sua extensa obra. Faz-nos pensar mais sobre o efeito da oração sobre os espíritos e muda bastante a consideração da prece como ato automático ou de autopunição, tornando-a um meio de comunicação e influência entre as almas.

PASSE E OBSESSÃO: O CASO DA SRTA. JULIE

No capítulo 'Um caso de possessão', Allan Kardec narra a história da srta. Julie, que se encontrava obsediada por um espírito que se identificava como Fredegunda.

Um magnetizador cuidava de Julie. À época de Kardec, na França, eles eram uma espécie de médicos alternativos. Allan Kardec o acompanhava quando observou que o médico a magnetizava (aplicava passes e possivelmente outras técnicas, como a imposição de mãos, a insuflação etc.) durante uma possível manifestação da obsessora. Ele escreveu o seguinte:

> Um fato dos mais singulares, que todos tinham observado, mas ninguém lhe deduzira as consequências, se produzia na magnetização. Quando era feita durante a luta com o mau Espírito, este, só, absorvia todo o fluido, que lhe dava mais força, enquanto a doente enfraquecia e sucumbia aos seus ataques. Deve lembrar-se que ela estava sempre em sonambulismo; as-

sim, via o que se passava, e foi ela mesma quem deu a explicação.[64]

O codificador dialogou com a srta. Julie e aconselhou-a a confiar em Deus, perguntando a seguir se ela percebia bons espíritos. Ela respondeu: "Vejo luminosos que Fredegunda não ousa encarar".

O codificador convenceu Julie a orar pela assistência dos bons espíritos e pelo bem-estar de Fredegunda diariamente. O caso foi levado à Sociedade Parisiense de Estudos Espíritas. O espírito Erasto manifestou-se e recomendou o pedido de intervenção de espíritos superiores (como o Cura D'Ars), a magnetização conjunta com a oração do grupo em favor da paciente e a escolha de um magnetizador que tivesse 'uma moralidade irreprochável e sem presunção'.

O espírito Hahnnemann recomendou a Kardec que interviesse para que as magnetizações fossem interrompidas, sendo empregados a prece, a força moral e o melhoramento da conduta.

Fredegunda foi evocada e conversou-se com ela. Convenceram-na a parar de obsediar Julie e a procurar diariamente um dos membros da sociedade, que passou a instruí-la. Ela manifestou-se uma segunda vez, um mês depois, período no qual não houve mais problemas de obsessão com a srta. Julie.

Fredegunda relatou os acontecimentos de uma encarnação passada que a ligavam a Julie (que era conhecida como Hildegarde) e a outros espíritos, como Brunehaut.

Este caso ilustra bem a necessidade de dialogar com os espíritos, em vez de desejar utilizar os passes como uma espécie de 'escudo de defesa' ou de panaceia. Ele me fez recordar dois episódios. O primeiro envolve o sr. Virgílio Pedro de Almeida, espírita mineiro, muito conhecido por suas obras e pela dedicação à divulgação do espiritismo. Contam que uma pessoa, em meio a uma palestra pública, caiu no chão, como se estivesse sendo controlada por um espírito. A reação inicial de nossos companheiros foi querer aplicar passes. Ele pediu que os 'passistas de improviso' parassem com a prática e continuou a palestra, deixando ao abandono a médium (histérica?) com suas reações no meio do salão. Daí a alguns instantes, ela silenciou e levantou sem graça, cessando a cena. Histeria? Jamais saberemos ao certo.

---

[64] KARDEC, Allan. "Um caso de possessão: senhorita Júlia". *Revista espírita – janeiro de 1864*. São Paulo, Edicel, s. d., p. 13.

Utilizamos os passes para duas finalidades principais na reunião mediúnica: induzir o transe e proporcionar recuperação do médium, caso ele se sinta mal ou desgastado após a comunicação. Neste último caso, o atendente conversa com o médium após o término da comunicação, verifica como ele está e se deseja um passe.

OS POSSESSOS DE MORZINE: OBSESSÕES COLETIVAS

Allan Kardec publicou um estudo sobre 'possessos' na região de Morzine, Alta Savóia, pequena cidade com cerca de 2500 pessoas. O fenômeno iniciou-se com duas estudantes que alegavam ver Maria, mãe de Jesus, e que apresentavam convulsões. Elas foram exorcizadas pelo abade Pinguet em 1857 e pararam temporariamente de apresentar visões e convulsões.

Morzine no mapa francês

A França anexou a Savóia em 1860 e as autoridades francesas proibiram a prática de exorcismo, tido como superstição (Harris, 1997). Outras pessoas começaram a apresentar não apenas as convulsões, mas se diziam tomadas pelo demônio, o que levou o dr. Artháud, de Lyon, a diagnosticar o acontecimento social de 'histero-demonopatia'. Cabe comentar que, nessa época, mal se distinguia a histeria da epilepsia, posto que pouco se soubesse sobre os neurônios e seu funcionamento.

As pessoas 'endemoniadas' aumentaram e chegaram a quase duzentas até 1863. Morzine tornou-se um problema para a administração francesa, que, influenciada pelo espírito racionalista e materialista oriundo da Revolução Francesa, entendia tratar-se de ignorância, superstição ou algum quadro clínico de causas naturais.

Igreja de Morzine

O governo francês enviou o dr. Adolphe Constant (ou Constans) para o local. Ele defendeu, em seu relatório, que a demonopatia era causada pelos seguintes fatores: insalubridade das habitações, má qualidade da alimentação e estado histérico dos doentes do sexo feminino (à época, acreditava-se que a histeria era relacionada ao útero, sendo uma doença feminina). Não se restringindo a diagnosticar, o alienista iniciou uma 'cruzada' contra os doentes. Segregou-os do meio social, internando-os em hospitais de alienados e até em quartéis. Posteriormente, ele viria a criar bibliotecas e cursos de dança (Harris, 1997), mas continuou suprimindo violentamente as manifestações. Algumas mulheres, em 1863, chegaram a fugir para a Suíça, com medo de serem extraditadas para as Américas.

A suposta demonopatia continuou até 1873. Ruth Harris afirma que, com os atos de repressão das autoridades francesas, muitos 'endemoniados' passaram a dar vazão ao demônio em suas casas, sendo acobertados por seus familiares.

Vê-se que as ações propostas pelo médico não guardam muita relação com sua análise de causas. Esta última tornou-se uma espécie de 'discurso científico', que justificaria os atos arbitrários que cometeu.

Vista atual de Morzine

A história chegou a Mirville (magnetizador) e a Kardec. Kardec trocou correspondências com médicos e espíritas locais e dá a entender que chegou a visitar a região e a ver alguns dos 'possessos'.

Ele publicou em dezembro de 1862 o seu primeiro artigo sobre o evento e mais quatro outros em 1863. Constans leu alguns dos artigos e os dois entraram em debate franco sobre a questão.

Kardec desconstruiu a análise de Constans. Segundo ele, não há como afirmar que a localidade fosse miserável e insalubre (outros lugares na França e na Suíça seriam mais insalubres e não apresentariam os mesmos fenômenos), não há outros sinais de má alimentação (ele encontrou poucas pessoas com raquitismo ou bócio),e a tese da histero-demonopatia, além de meramente descritiva pelo frágil avanço das ciências da época, não explicava alguns fenômenos que aconteceram no povoado.

O dr. Alexander sintetizou os argumentos de Kardec no trabalho publicado recentemente na *Transcultural psychiatry* da seguinte forma:

> [...] a expressão de habilidades não adquiridas (falar francês fluente e responder em linguagens diferentes, como o alemão e o latim), o conhecimento de eventos a distância (clarividência), a leitura do pensamento de outros (telepatia), transfiguração, referir-se a si mesmo na terceira pessoa ("ela", "a filha" etc.), a manifestação corrente de uma personalidade que se considera o demônio, o paciente afirmar que um poder externo o controla, o comportamento normal nos intervalos entre os episódios, pressão arterial normal apesar da intensa agitação, ódio intenso da religião e amnésia entre os episódios.

Kardec argumenta que se trata de uma obsessão coletiva, que se abateu na localidade; "uma nuvem de espíritos malfazejos", da mesma forma que já aconteceu em outros lugares. As vítimas têm sensibilidade mediúnica e "o eu do espírito estranho neutraliza momentaneamente o eu pessoal".

O codificador entende que "os espíritos curadores e consoladores, atraídos pelo fluidos simpáticos, substituirão a maligna e cruel influência que desola aquela população". Ele cita a correspondência do sr. A..., de Moscou, que passou por problemas semelhante em suas terras e que tratou dos obsediados com "imposição de mãos" e "fervorosa prece".

Esses artigos de Kardec, ao lado dos que discutem a chamada "loucura espírita", são as bases de muitos dos trabalhos e terapêuticas que dispensamos hoje a médiuns, doentes mentais e pessoas em sofrimento psíquico que procuram os centros espíritas.

Um olhar espírita do século XXI, já distante no tempo, seguramente manteria a análise do codificador: há indícios de mediunidade e obsessão nesses fenômenos. Isto não significa que, em um fenômeno coletivo como esse, também não pudesse haver epilépticos (que infelizmente foram asilados), histéricos ou simplesmente neuróticos impressionáveis e pessoas que viveram uma situação de estresse e de desenraizamento devido à mudança de pátria e à intervenção repressora cultural das autoridades francesas. Junte-se tudo isto e temos uma explicação plausível para as proporções e temporalidade das pretensas possessões de Morzine.

Em fevereiro de 1865, Kardec publicou, na *Revista espírita*, a comunicação de um espírito protetor através da conhecida mediunidade da sra. Delanne. Ela trata das obsessões coletivas e explica um caso em Madagascar e o dos endemoniados de Morzine:

> – Esta noite eu vos ouvi ver os fatos de obsessão que se passaram em Madagascar; se o permitis, emitiria minha opinião sobre esse assunto. [65]

Essas alucinações, como as chama o correspondente do jornal, não são outra coisa senão obsessão. No entanto, de um caráter diferente daquelas que conheceis. Aqui, é uma obsessão coletiva produzida por uma plêiade de espíritos atrasados, que, tendo conservado suas antigas opiniões políticas, vêm por manifestações tentar perturbar seus compatriotas a fim de que estes últimos, tomados de medo, não ousem apoiar as ideias de civilização que começam a se implantar nesse país onde o progresso começa a nascer.

Os espíritos obsessores que impelem essas pobres pessoas a tantas manifestações ridículas são os dos antigos Malgaches, que estão furiosos, e eu o repito, de ver os habitantes dessas regiões admitir as ideias de civilização que alguns espíritos avançados, encarnados, têm a missão de implantar entre eles. Também os ouvis frequentemente repetir: "Mais preces, abaixo os brancos, etc." É vos fazer compreender que são antipáticos a tudo o que pode vir dos europeus, quer dizer, do centro intelectual.

Não são uma grande confirmação de vossos princípios, essas manifestações à vista de todo um povo? Elas são menos produzidas por essas populações semisselvagens do que para a sanção de vossos trabalhos.

---

[65] O espírito não tinha sido evocado; estava, pois, lá, no meio da sociedade, escutando, sem ser visto, o que ali se dizia. É assim que, com o nosso desconhecimento, temos, sem cessar, testemunhas invisíveis de nossas ações.

As possessões de Morzine têm um caráter mais particular ou, por melhor dizer, mais restrito. Podem estudar-se, sem sair do lugar, as fases de cada espírito. Observando os detalhes, cada individualidade oferece um estudo especial, ao passo que as manifestações de Madagascar têm a espontaneidade e o caráter nacional. É toda uma população de antigos espíritos atrasados que veem, com despeito, sua pátria sofrer o impulso do progresso. Não tendo progresso por si mesmos, procuram entravar a marcha da Providência.

Os espíritos de Morzine são comparativamente mais avançados. Embora brutos, julgam mais sadiamente do que os Malgaches; discernem o bem e o mal, uma vez que sabem reconhecer que a forma da prece nada é, mas que o pensamento é tudo. Vereis de resto, mais tarde, pelos estudos que fareis, que não são tão atrasados quanto parecem à primeira vista. Aqui, é para mostrar que a ciência é impotente para curar esses casos por seus meios materiais. No fundo, é para atrair a atenção e confirmar o princípio.

Quem são os obsessores?

Obsessores são espíritos ainda inferiores que influenciam outras pessoas intensamente, gerando algum tipo de perturbação psicológica ou física. O estudo destas relações entre espíritos, encarnados ou desencarnados, ainda é um capítulo a ser desenvolvido no espiritismo, apesar do muito que já se encontra relatado.

Yvonne Pereira, no livro *À luz do consolador*, os chama de pequeninos. Não quis, com isso, colocar-se em posição superior ou tratá-los com pieguice, mas confrontar o leitor com um atavismo muito presente na nossa cultura brasileiro-católica, que nos impele a princípio a considerá-los como demônios.

O demônio ou os demônios na mitologia católica são criaturas devotadas ao mal. Seu propósito é sempre maligno e seriam espécies de agentes do mal no universo. Não se espera deles senão o mal e a mentira e, se percebidos, devem ser expulsos pelos sacerdotes. Desta concepção se observam os rituais de expulsão, os exorcismos. Reza a lenda que, depois de expulsos, todo o mal que sua vítima sofria desapareceria instantaneamente.

Ao contrário dessa visão que situa os obsessores em uma posição de quase divindade, ainda em um contexto politeísta, o espiritismo os considera como espíritos desencarnados. São pessoas, portanto, e as pessoas trazem em seu interior o conflito entre o bem e o mal, ou seja, embora possam ser bastante cruéis e sem sentimentos, não estão condenadas ao mal. Obstinadas na vingança, elas podem se tornar frias e capazes de fazer coisas que nos assustariam em nosso dia a dia. Ações condenáveis, criminosas. Entregues à passividade extrema e indiferença, podem se tornar dóceis instrumentos nas mãos de espíritos cruéis, que as manipulam para seus objetivos quase sempre infelizes. Controlando intensamente os sentimentos por outros, podem se tornar frias e instrumentais, usando às vezes sua inteligência para traçar planos complexos com a finalidade de fazer sofrer a quem quer que lhes haja feito mal ou que seja percebido como inimigo.

Em alguns cultos de matriz africana, até o comércio com estas entidades poderia ser estabelecido. Ofertas de produtos materiais que, se consumidos por encarnados, poderiam gerar sensação de prazer, como charutos, bebidas destiladas, comida e outros, em troca de favores, fazem parte do ritual de alguns terreiros. Não é estranho, portanto, que eles entendam que aqueles que chamamos de obsessores devam ser afastados, coercitivamente, por uma força maior que a deles, e não entendam porque 'perdemos tempo' dialogando.

Dialogamos com obsessores porque já há algum tempo sabemos que não são seres votados ao mal, mas pessoas em estado de perturbação. Trazem, em sua história espiritual, as sementes do bem e do mal e são perfectíveis como qualquer um de nós.

Em uma reunião mediúnica orientada pelo pensamento espírita, a relação entre obsessor e obsediado, quando pessoal, é um encontro infeliz, um relacionamento patológico, semelhante a muitos que vemos entre encarnados. Nossa tarefa, portanto, não seria afastar o mal, mas interessar-nos pelo bem que se encontra escondido na alma do obsessor. Na verdade, através da mediunidade, atendemos ao obsessor. O obsediado passa por outra forma de tratamento na casa espírita, que envolve assistir reuniões, tomar passes, conversar, auxiliar com tarefas e interagir com a comunidade espírita. Ambos vão avaliar como estão vivendo, o que estão sentindo, como se prejudicam agindo como agem e o que desejam para o futuro.

A ATUAÇÃO DO MÉDIUM NA COMUNICAÇÃO

Quando era mais jovem, um colega pediu que entregasse a uma professora de língua portuguesa um livro do clube do livro espírita, ao qual ela havia se filiado. Jacy havia sido aluna do prof. Rubens Romanelli, espírita conhecido na capital mineira, cujas ações a haviam marcado muito. Ela nos contava que ele aplicava provas e saía da sala, comunicando aos alunos quando voltaria. O respeito que ele inspirava era tal que ela se sentia constrangida em olhar a prova do colega ou consultar os livros para obter uma melhor nota.

Jacy recebeu um livro sobre mediunidade e comentou comigo:

– Eu não consigo entender qual é a utilidade da mediunidade. Para que serve?

Pareceu-me uma pergunta muito óbvia. Não haveria espiritismo sem mediunidade. Todavia, a questão da professora era de outra ordem: por que estabelecer diálogo entre espíritos e encarnados? Não seria possível resolver todos os problemas do 'lado de lá'?

Acho que não dei uma resposta satisfatória, mas a pergunta ficou na mente. As boas perguntas são mais importantes que as boas respostas, por seu potencial para tornar um tema mais claro e melhor fundamentado. Apesar dos 150 anos de *O livro dos médiuns* já terem sido comemorados, ainda há muito que se estudar e aprender com relação à mediunidade e a este curioso intercâmbio entre vivos e supostos mortos.

Ao contrário do que se pode pensar, a relação entre espírito comunicante e médium é mais profunda do que parece. O médium não é um mero telefone, um aparelho repetidor de palavras. Em matéria de ideias, ele pode ser comparado a um intérprete, uma pessoa que traduz de um idioma para outro as construções singulares de uma alguém.

Além da esfera cognitiva, dos significados de ideias, o médium é também uma pessoa que tem um contato emocional com o espírito comunicante. Os sentimentos dos espíritos são percebidos pelos médiuns, que em alguns momentos os personifica. Ele sente o impulso de raiva, de doçura, de medo, de tranquilidade que identifica como externo à sua pessoa.

COMO AS REAÇÕES EMOCIONAIS DO MÉDIUM AFETAM O ESPÍRITO COMUNICANTE

Com os anos de atendimento, observamos que as reações emocionais do médium às palavras do atendente também devem ser percebidas pelos espíritos comunicantes. Isto explica como alguns espíritos frios e vingativos são afetados pela fala do atendente. Se estivéssemos conversando com uma pessoa encarnada, dificilmente teríamos a capacidade de influência que conseguimos obter, nos poucos minutos de influência no fenômeno mediúnico.

As reações do médium ao diálogo são uma mistura entre sua reação pessoal e a do comunicante. Se o médium entende que o atendimento está sendo mal feito, que a argumentação é frágil, o espírito também recebe esta impressão e vice-versa. Se o médium se emociona com uma palavra do atendente, o espírito também percebe este sentimento. Neste momento, entende-se por que a questão da confiança entre os membros de uma reunião mediúnica é tão importante, não apenas para que o médium fale ou escreva, mas também para que o atendimento a espíritos em situação de sofrimento seja feito.

A questão da correspondência emocional entre médium e espírito comunicante não explica totalmente, mas dá mais uma luz à questão proposta pela profa. Jacy. No mundo espiritual, as diferenças entre os espíritos prejudicam sua comunicação. Isso foi bem ilustrado por André Luiz, na série "A vida no mundo espiritual" e também nas comunicações que encontramos em *O céu e o inferno* e *A obsessão*, de Allan Kardec. Com base nestes relatos, vê-se que embora espíritos superiores consigam perceber os espíritos inferiores, após um esforço para sintonizar-se com eles, nem sempre os espíritos inferiores percebem a presença de espíritos superiores.

Confiança no atendente

Uma vez aceito que o fenômeno mediúnico é uma mescla de pensamentos e sentimentos, entende-se por que a confiança no grupo é tão importante para este tipo de tarefa.

Alguns comunicantes conhecem o grupo e sabem de seus propósitos, embora entendam à sua maneira. Em vez de perceberem a experiência como uma oportunidade, creem ser algum tipo de organização que visa fazê-los desistir de seus intentos, especialmente se forem obsessores.

Quando se comunicam, portanto, o médium sente sua hesitação em dialogar, sua desconfiança e pode sentir também o descrédito para com seu interlocutor. Se o médium não confia, pessoalmente, na capacidade de o atendente realizar seu trabalho, o processo fica muito difícil, porque comunicante e médium se opõem simultaneamente à condução do atendente.

Confiar no atendente, contudo, não é algo que se pode encomendar para uma pessoa. É o resultado de um relacionamento de trabalho bem sucedido e da existência de habilidades para alguns tipos de espíritos. Há atendentes que obtêm resultados melhores com espíritos em sofrimento, outros que têm talento para obsessores frios, outros para orientação de espíritos em perturbação. Não se trata de uma especialização obrigatória, apenas habilidade pessoal.

Cabe aos dirigentes de reunião conhecer bem os membros do seu grupo. Embora parte de seu trabalho baseie-se na intuição, conhecer as habilidades dos médiuns que participam do grupo, dos atendentes, as relações de simpatia e confiança entre eles e a insegurança de um médium para com um atendente são fundamentais no seu trabalho. Em nosso grupo, como explicamos anteriormente, há comunicações simultâneas, em voz baixa, e o dirigente escolhe o atendente quando um médium dá sinais de estar percebendo um espírito.

Os pensamentos do grupo durante o atendimento

Da mesma forma, as pessoas do grupo que não estão em atividade e acompanham conscientemente o atendimento devem vibrar em favor do comunicante. Muitas vezes, os médiuns relatam as percepções que têm do ambiente da reunião. Sentir-se bem acolhido facilita o trabalho. O ambiente é formado pelos pensamentos e sentimentos de todos os presentes, como explica Kardec em um texto da *Revista espírita* de dezembro de 1868:

> A comunhão de pensamentos produz, assim, uma espécie de efeito físico, que reage sobre o moral; é o que só o Espiritismo poderia dar a compreender. O homem o sente instintivamente, porquanto ele procura as reuniões onde sabe que encontra essa comunhão. Nessas reuniões homogêneas e simpáticas ele adquire novas forças morais; poder-se-ia dizer que ele aí recupera as perdas fluídicas que ocorrem diariamente pela radiação do pensamento, como recupera pelos alimentos as perdas do corpo material.
>
> A esses efeitos da comunhão dos pensamentos, junta-se um outro que é a sua consequência natural, e que importa não perder de vista: é o poder que adquire o pensamento ou a vontade, pelo conjunto de pensamentos ou vontades reunidas. Sendo a vontade uma força ativa, essa força é multiplicada pelo número de vontades idênticas, como a força muscular é multiplicada pelo número dos braços.[66]

---

[66] KARDEC, Allan. *Revista espírita 1868*, p. 353.

CARL ROGERS, OUTROS CONCEITOS PSICOLÓGICOS E O ATENDIMENTO ESPIRITUAL

Ainda acadêmico de psicologia, fiz uma opção que talvez tenha sido responsável por escrever este livro. Há diferentes escolas de psicologia clínica, com técnicas e propostas diferenciadas para a abordagem das pessoas que procuram essa jovem ciência. Os manuais de psicologia costumam agrupá-las em quatro forças: o comportamentalismo ou 'behaviorismo', a psicanálise, o humanismo e a psicologia transpessoal. A psicanálise era (e talvez ainda seja) muito difundida no Brasil, e todo estudante de psicologia tem muito contato com o pensamento de Freud e de alguns de seus seguidores. A psicologia transpessoal, contudo, tinha alguns adeptos em nosso departamento, influência do falecido prof. Pierre Weil, e era muito falada pelo movimento espírita. Resolvi, então, estudar o conjunto de disciplinas chamado "Teorias e técnicas psicoterápicas" com uma professora que organizou o primeiro curso de especialização em psicologia transpessoal àquela época. A profa. Rizza, de saudosa memória, teve uma formação humanista antes de consolidar sua ação no âmbito da psicologia transpessoal. Graças a ela, pude ter um contato mais detalhado com o pensamento e a técnica psicológica de Carl Rogers.

Carl Rogers ante a morte

Como muitos autores da psicologia, Rogers teve experiências pessoais com a mediunidade, no final de sua vida. Diferentemente de muitos dos seus colegas, teve a coragem de escrever sobre elas. "Os fatos são amigos", ele costumava dizer. Antes da experiência da mediunidade, sua posição teórica era semelhante à de muitas pessoas que passam pela universidade e são expostas a todos os avanços e elaborações do conhecimento que se conseguiu sob a tutela do materialismo filosófico e que lê um 'fogo cerrado' contra o cristianismo, as religiões e as ideias que são chamadas de ingênuas ou metafísicas. Mente aberta e disposição, Carl Rogers teve contato com uma literatura 'marginal', que insiste em comunicar experiências que teimam em não se encaixar nas explicações correntes das ciências e das escolas de pensamento atuais:

> A minha crença de que a morte é o fim foi modificada, no entanto, por coisas que aprendi na década passada. Fiquei impressionado com os relatos de Raymond Moody (1975) sobre as experiências com pessoas que estiveram próximas da morte a ponto de serem declaradas mortas, mas que voltaram à vida. Impressionaram-me alguns relatos sobre reencarnação, embora eu considere uma bênção muito duvidosa. Interesso-me pelos trabalhos de Elisabeth Kübler Ross e por suas conclusões sobre a vida após a morte. Acho muito interessante a concepção de Arthur Koestler, segundo a qual nossa consciência individual não passa de um fragmento da consciência cósmica, reabsorvido depois da morte do indivíduo. Gosto da analogia do indivíduo com um rio que corre, com o passar do tempo, em direção às águas do mar e abandona seu leito lamacento para atingir o mar ilimitado. Assim, considero a morte como uma abertura para a experiência. Ela será o que tiver que ser, e estou certo de que a aceitarei, quer ela seja um fim, quer uma continuação da vida".[67]

Com a morte de sua cunhada, ele foi procurar médiuns com sua esposa. Depois, ele passou pela desencarnação da esposa, ainda interessado pela mediunidade. Então, escreveu:

> Todas estas experiências que estou mais sugerindo do que propriamente descrevendo, neste capítulo, tornaram-me muito mais aberto à hipótese da continuação do espírito humano, coisa que jamais acreditei ser possível. Estas experiências provocaram em mim um grande interesse por todo o tipo de fenômenos paranormais. Modificaram completamente minha concepção do processo da morte. Agora considero possível que cada um de nós seja

---
[67] ROGERS, Carl. *Em busca de vida*. São Paulo, Summus, 1983b, p. 29.

uma essência espiritual contínua, que se mantém através dos tempos e que ocasionalmente se encarna num corpo humano.[68]

Rogers pretendia retornar ao assunto e escrever com detalhes, mas parece que não teve tempo suficiente para tal. Penso que ele deve estar surpreso com este livro, se tiver algum contato conosco. Nosso interesse nele, entretanto, está voltado à sua técnica de atendimento psicológico.

O Atendimento Rogeriano e o atendimento aos espíritos

Carl Rogers entendia que três chaves eram importantes para uma terapia bem sucedida: a congruência, a compreensão empática e a aceitação positiva incondicional. Não pretendo fazer um estudo rigoroso dos conceitos, que evoluíram ao longo de sua obra. Nem sei se tenho competência para tal. Pretendo explicar, apenas, seu significado geral para o psicólogo norte-americano, confiando que serão úteis às pessoas que dialogam com os espíritos através de médiuns e pretendem auxiliá-los.

Congruência

Por congruência podemos entender que, qualquer que seja o passo a ser dado por alguém em uma relação terapêutica, ele deve iniciar pelo reconhecimento de seus próprios sentimentos, emoções e desejos.

Se o comportamento do espírito gera estranheza, frustração ou raiva, não adianta 'fingir' que é superior e que está imperturbável, nem se deixar levar pela influência espiritual. Muitas vezes, dizer ao espírito o que ele provoca no atendente faz com que o comunicante perceba que está sendo ouvido e compreendido.

Perceber os sentimentos que o espírito comunicante provoca no atendente é importante também para se compreender o espírito mais a fundo.

A congruência é um dos elementos para a identificação de espíritos que se fazem passar pelo que não são. Há os que ameaçam, mas na verdade têm medo.

Em um grupo mediúnico que eu visitava, um médium psicofônico iniciou uma comunicação de um espírito muito irritado. O próprio médium parecia ter-se deixado influenciar-se profundamente, não chegando a gritar, mas dava mostras de uma raiva profunda. O atendente,

[68] ROGERS, Carl. *Um jeito de ser*. São Paulo, EPU, 1983a, p. 31.

perdido com a situação que saía completamente do nosso trato social do dia a dia, ficava dizendo com aparência de não saber o que fazer:

– Fica calmo! Fica calmo!

Não se estabeleceu diálogo, o espírito continuou sua fala nada dialógica e foi embora.

Não há receitas para o atendimento, mas neste caso ele poderia reconhecer o sentimento do espírito e dizer-lhe:

– Puxa, você está mesmo com raiva! Como você ficou assim?

Por um momento, ele colocaria o espírito em contato com seus sentimentos e ele se sentiria minimamente acolhido e escutado.

Nossa experiência é que quando um espírito assim desorganizado se permite entrar em contato com sua própria história e seus sentimentos, ele está próximo de avançar, pelo menos de organizar o que aconteceu com ele. Se sentir confiança no atendente, ele pode se permitir mudar interiormente.

Uma pessoa movida pelo ódio no plano espiritual tem diminuída sua capacidade de pensar sobre a sua vida e sobre o que tem feito. Nos relatos que temos na literatura mediúnica, eles perdem a capacidade de entrar em contato com espíritos superiores e se deixam influenciar por espíritos que os incentivam a cultivar seus ódios, alguns deles até os usando inteligentemente (mas cruelmente) para seus propósitos.

Compreensão empática

Ao contrário do que se pensa, empatia não é simpatia, não é gostar das pessoas, mas ser capaz de entender seus sentimentos, de ver o mundo com olhos e coração delas. Acho difícil que uma pessoa sinta ódio mortal de alguém e não tenha suas razões. Alguma coisa aconteceu com ela. Sempre tratei a questão da seguinte forma: se o que aconteceu com ela acontecesse comigo, como me sentiria? Nesta hora, temos de deixar 'guardado' o que esperaríamos que ela fizesse. Isso é algo para ser conversado no futuro.

Um equívoco que vejo ser cometido nos atendimentos espirituais é alguém dizer, à queima roupa:

– Você tem que perdoar seu ofensor!

Ou ainda:

– Jesus nos ensinou a perdoar as ofensas.

Como você reagiria em casa, no meio de uma discussão acalorada, se uma pessoa que você mal conhece lhe dissesse isso? Eu seguramente sentiria raiva dessa pessoa. Poderia até me controlar, mas sentiria raiva e pensaria com meus botões:
— Ela não tem noção do que eu estou passando!
Ou ainda:
— Quem ela pensa que é para falar comigo como eu devo me sentir? O que ela sabe do que está acontecendo?

Penso mesmo que muitos espíritos diriam isso à queima-roupa para o atendente se o médium não o controlasse. Já vi acontecer algumas vezes. Por essa razão, é necessário, passada a parte mediúnica da reunião, ter uma oportunidade de perguntar ao médium o que ele sentiu durante o atendimento. É uma oportunidade ímpar de se entender porque um atendimento foi bem ou mal sucedido.

A congruência entre o que se sente e o que se diz é percebida pelo espírito comunicante e também pelo médium. Recordo-me de um espírito comunicante que durante o atendimento nos disse:
— Pelo menos, vocês são honestos!

Ele percebia que não dizíamos sentir o que não sentíamos. Obviamente, se um espírito nos agride, não vamos devolver-lhe a agressão e transformar o diálogo em conflito, mas percebendo que ele nos causa desconforto, podemos dizer-lhe algo como:
— Você deseja que nós briguemos com você? Por que está nos tratando assim?

Seja qual for a resposta, ele vai começar a falar de seus sentimentos e intenções, e não mais usará um tema ou texto para que fiquemos infrutiferamente discutindo, como se fôssemos sofistas gregos (como dizia Sócrates).

A compreensão empática só existe se estivermos falando de nossa experiência pessoal.

Um espírito perguntou por que acreditávamos em Deus, que ele gostaria que explicássemos nossas razões.

O atendente não foi muito feliz, respondeu a esta questão com uma resposta filosófica frágil: acreditamos em Deus por causa do universo.

Não é papel do atendimento a instrução no pensamento espírita, a menos que ela seja fundamental para o espírito conseguir dar sentido à sua nova experiência.

Esse espírito havia explicado que ele era materialista e que foi surpreendido com a vida após a morte. Todo o seu sistema pessoal de crenças (e todos nós temos um) era racionalmente construído e os filósofos que ele havia lido/conhecido demoliam uma determinada ideia de Deus, construída por teólogos cristãos no passado. Discutir filosofia com ele, sem formação filosófica, seria assistir à demolição de argumentos ingênuos já discutidos no passado, e que o atendente não conhece. A conclusão dele, muito sóbria, após a argumentação apresentada, é que o atendente (que naquele momento era o representante do espiritismo) acreditava em Deus exclusivamente pela fé.

O diálogo possível seria:

– Por que depois de tanto tempo você voltou a procurar por Deus?

Talvez uma questão como essa devolvesse o nosso interlocutor à sua experiência pessoal e o retirasse da especulação filosófica e racional por um momento. A história que ele nos conta é a de um materialista condenado ao nada que, após a experiência de morte, voltou a procurar por Deus. Enquanto procura Deus, no entanto, o que precisamos saber é se ele continua paralisado no plano espiritual, às voltas com ideias que lhe ocupam o tempo, apenas, ou se esta é apenas uma questão que não é mais sem sentido, diante das mudanças que a consciência de existir após a morte lhe trouxe.

Não é, então, nem pouco, nem muito importante que nossos interlocutores compartilhem nossas crenças. Nesta forma de auxílio que nos dispomos a dar, é importante que nossos interlocutores 'entrem em movimento' e sejam novamente senhores de sua própria existência, dispostos a retificações de trajetória e motivados a viverem melhor. Não sabemos, contudo, o que ele deve fazer no futuro, mas podemos conversar sobre como estão vivendo o presente e o que lhes parece insatisfatório, incorreto ou passível de melhora. Por esta razão, em vez de 'instruir em doutrina' (embora às vezes seja necessário explicar sua experiência ou possibilitar que entendam o que está acontecendo com eles) precisamos de 'compreensão empática', ou seja, acompanhá-los respeitosamente e compreender com clareza como entendem e justificam suas ações e suas escolhas. Esta reflexão nos leva à terceira diretriz de Rogers: a aceitação positiva incondicional.

Aceitação positiva incondicional

Quando se inicia um diálogo com um espírito e já se vai falando em princípios morais que ele desobedece ou o repreendendo de alguma forma, cria-se resistência. Quem ouve geralmente emprega suas defesas e passa a não querer saber de nada do que o interlocutor tem a dizer. Carl Rogers percebeu isso no processo terapêutico. Uma de suas estudiosas, Laurinda Almeida, explicou que se criticamos uma pessoa, ela se fecha, mas se, em lugar disso, a aceitamos, ela vai ficando livre e livre "para ser ela mesma, sem defesas e, gradualmente, admite seu eu real". Este eu real pode apresentar ainda 'padrões infantis, sentimentos agressivos, ambivalências e também impulsos maduros'.

Essa confiança misturada com liberdade para mostrar-se quem realmente é, principalmente para si mesmo, é fundamental para que alguém possa considerar alguma transformação interior. Almeida diz que quando o indivíduo aceita sua própria vivência, "ele caminha em direção à aceitação da vivência do outro".

Essa questão se amplia com o conceito de reencarnação. Muitos espíritos que se comunicam conosco se acham indignados com o que lhes foi feito porque se acham incapazes de fazer algo semelhante. Uma traição, um roubo, um assassinato ou outro ato traiçoeiro geralmente o fazem imobilizar-se na recordação do ato e buscar vingança, ou então, sentir ódio dos atores. É necessária a confiança no atendente para que o espírito aceite ver-se como é e até recordar-se do que já fez no passado. Se o atendente o adverte com princípios morais ou religiosos, ele se fecha e reafirma o que está fazendo.

Recordar das vidas passadas pode ser um caminho para que uma pessoa desencarnada se veja de forma mais ampla. Contudo, as recordações são inúteis se ela não se sentir aceita pelo atendente. Tudo o que ameaça o ego pode ser reprimido, suprimido ou distorcido pelas "defesas psíquicas", segundo Sigmund Freud. Isso explica em parte a dificuldade que alguns espíritos têm para se recordar de vidas passadas. Como recordar, no caso deles, seria quase reviver, algumas vivências podem ser bastante desintegradoras ou traumáticas (no sentido de gerar sofrimento imenso, que atrapalha o funcionamento mental). Por essa razão, o atendimento espiritual não funciona se for apenas um 'duelo de ideias', 'confronto de forças, ou 'imposição de recordações e lembranças traumáticas'. Reviver um trauma, *per si*, não tem efeito terapêutico. Muitos espíritos encontram-se remoendo suas vivências traumáticas, com sua ótica pessoal, apenas sofrendo ou vivendo um projeto de vida reativo a esse momento.

Rogers afirma que a consideração positiva incondicional envolve aceitação, estima e apreço.[69] Como estimar um obsessor cruel, que deseja o sofrimento de alguém, sua morte, uma doença física ou mental? A própria situação da reunião mediúnica facilita que esse tipo de relacionamento temporário possa ser construído. Afinal, o atendente não conhece o passado do espírito, não o vê (vê apenas o médium), entra em contato com ele com as garantias do controle mediúnico e da intervenção de espíritos superiores. O atendimento é passageiro, o espírito atendido não se tornará, via de regra, membro da reunião ou da vida do atendente.

A reunião mediúnica, com algumas diferenças, lembra um *setting*[70] terapêutico. O atendente tem por papel criar uma situação de confiança mínima, que permita ao espírito reexaminar vivências passadas e rever seu projeto de vida, sobre o que trataremos no próximo item.

Voltando à consideração positiva, se o atendente não consegue sentir, por algum motivo, estima e apreço pelo atendido, é preferível que seja autêntico a 'fingir fraternidade'. A dupla espírito-médium percebe com facilidade a artificialidade do atendente.

Rogers afirma que se o sentimento do terapeuta por um cliente não for de aceitação positiva incondicional, "é melhor que seja autêntico que fingir uma consideração positiva incondicional" que ele não está sentindo.[71]

Uma última questão rogeriana que afeta o atendimento é acreditar que o paciente é capaz de dirigir a si próprio. Esse é um grande desafio porque muitos espíritas entendem que os obsessores são 'irmãozinhos', 'equivocados' ou outros pejorativos. Algumas das histórias de desobsessão que lemos costumam ser mal vistas, como se houvesse um espírito superior, visto como herói, a mudar a vida de um terceiro, e não um momento de reavaliação, de grande mudança interior.

---

[69] ALMEIDA, Laurinda Ramalho de. *Consideração positiva incondicional no sistema teórico de Carl Rogers. Temas psicol.* [on line] 2009, Ribeirão Preto, v. 17, n. 1, p. 188.
[70] Cenário.
[71] ALMEIDA,*Consideração positiva incondicional no sistema teórico de Carl Rogers*, p. 188.

Projeto de Vida

Projeto de vida é um conceito inspirado na essência da ideia de *script* de vida, empregado pelo psicólogo norte-americano Eric Berne.

Hermínio Miranda foi um dos primeiros autores espíritas a perceber que, no atendimento espiritual, encontram-se alguns espíritos que se apresentam com imagens determinadas. No livro *Diálogo com as sombras*, ele enumera diversos "papéis ou perfis" que os espíritos apresentam para ele: dirigente das trevas, planejador, jurista, executor, religioso, materialista, intelectual, vingador, feiticeiro, hipnotizador, entre outros.[72]

Todos sabemos que essas imagens, embora vividas como se fossem a função dos espíritos no mundo espiritual, são nada mais que vivências temporárias autoatribuídas (embora possam durar muito tempo), ao mesmo tempo em que são racionalizadas[73] para que justifiquem precariamente, aos seus atores, o que vivem e o que fazem.

Um espírito que se atribui o papel de vingador geralmente explica ao atendente que alguém precisa equilibrar o universo e punir os maus. Por essa razão, ele o faz. Ele se considera fazendo uma espécie de 'trabalho sujo' necessário. Lembra o mito de Satanás, condenado por Deus a punir os espíritos maus. Não é à toa que alguns espíritos se apresentam como se fossem demônios, de cor vermelha, rabo e tridente na mão. A soma entre o papel, sua lógica e sua imagem (persona?) chamamos de projeto de vida.

Para se considerar como projeto de vida, essas três coisas (um papel, sua racionalização e sua imagem) precisam ser centrais na vida espiritual. Os atendidos se sentem identificados com seu papel e podem não perceber que se trata de um papel, algo temporário. Geralmente, é visto como uma 'razão de ser', e alguns espíritos em estado de perturbação maior (mesmo que muito inteligentes) não têm qualquer perspectiva futura.

Quando se vê um espírito considerado por Kardec como superior, como nas descrições feitas por André Luiz da vida no mundo espiritual, eles estão temporariamente em um papel. São enfermeiros, administradores, chefes de equipe, médicos, orientadores, mas geralmente

---

[72] MIRANDA, Hermínio. *Diálogo com as sombras*. Rio de Janeiro: FEB, 1979.

[73] Laplanche e Pontalis definem racionalização, no pensamento psicanalítico, como um "processo pelo qual o sujeito procura apresentar uma explicação coerente do ponto de vista lógico, ou aceitável do ponto de vista moral, para uma atitude, uma ação, uma ideia, um sentimento, etc. cujos motivos verdadeiros não percebe".

realizam uma atividade que os prepara para o futuro, para reencarnar, para se aperfeiçoar interiormente. Seu projeto de vida está em movimento, ele está em crescimento.

O espírito comunicante é portador e mantenedor de um projeto de vida. No caso dos espíritos inferiores, é papel do atendente levá-lo a confrontar-se com seu projeto. Mas ninguém faz isso diante de alguém considerado hostil, crítico ou adversário. Por essa razão, o espírito Pequena Cáritas aconselhou ao grupo do sr. d'Ombre ser franco e benevolente com o obsessor, que estava sendo atendido.

Quando as racionalizações apresentadas pelos espíritos ocultam o significado de vivências que lhes traria dor, a argumentação intelectual, meramente lógica, é infrutífera no atendimento. Ela apenas faz com que o espírito comunicante use mais e mais suas defesas psíquicas.

COMO TRATAR AS PESSOAS DESENCARNADAS?

Compreender os espíritos como pessoas começa com a capacidade de se colocar no lugar deles, que é o que a psicologia humanista denomina como empatia. Imagine que você estivesse em conflito com alguém por motivos pessoais. O que pensa de uma pessoa dirigir-se a você coberto de símbolos religiosos e mandá-lo afastar-se do outro, tratando-o como errado e ao outro como certo? Imagine também que você tem mágoa de algo que lhe fizeram. O que acha de uma pessoa dizer a você que perdoe, sem sequer dispor-se a ouvir sua versão do acontecido? Com certeza, você se afastaria dessa 'pessoa louca'. É necessário que seu interlocutor inspire confiança (mais uma vez esta palavra) ou respeito para que você se disponha a ouvi-lo. E com certeza você não vai achar justo que ele venha com soluções para seu problema sem ouvir também sua versão do conflito.

Outra situação: você passou pela perda de um de seus familiares, com quem tinha uma relação muito pessoal e afetiva. Imagine que você é mãe ou pai e perdeu um filho. O que acha de chegar a um lugar, com toda esta dor, e seu anfitrião não ouvir você e ir aplicando um passe ou fazendo uma prece, pedindo a intervenção de uma terceira pessoa que você não conhece ou referindo-se a uma religião que não tem nenhum sentido para você? Como reagiria?

Agora imagine que você conheceu uma pessoa cujos atos seriam percebidos pelos terceiros como os de um psicopata. Ele é capaz de atos de crueldade, sem remorso ou culpa. Quando se sente ameaçado, reage ameaçando ou tenta agredir. Qual a efetividade de dizer a ele que seu comportamento não está de acordo com os ensinamentos cristãos e que ele precisa mudar de vida?

O mais interessante desta discussão é que, ao ler Kardec, vemos que ele abandonou exatamente essa forma atávica de ver os espíritos. Mas parece que é um jeito tão difundido em nossa sociedade de lidar com o sagrado e com os seres espirituais, que não é fácil muda-lo em nossas próprias mentes.

Ouvir mais e falar menos

Alguém faz a jornada de Lázaro[74] trazendo algum problema ou informação e é acolhido por um 'doutrinador' que não o deixa falar. Esta é uma das maiores limitações da doutrinação. Antes de falar, é necessário ouvir. Por sinal, ouvir é mais importante que digladiar com palavras porque é o caminho para a compreensão do sentido dos sofrimentos que eles nos apresentam.

Um espírito 'disfarçado'

Hermínio conta a história de um espírito feminino que se apresentava como sofredor. Quando começaram a dialogar, ele percebeu que era um 'disfarce'. Talvez temesse ser 'amolecida' pelo doutrinador. Então, se apresentou como uma personagem que costuma ser atendida e dispensada. Uma sofredora. Na verdade, era uma mulher fria e tenaz, que só mostrou sua face real ao falar de sua história.[75]

Nesse diálogo, Hermínio inicialmente ouviu e achou contraditória a história. Depois começou a perguntar e percebeu que ela se evadia.

Ela 'deixou escapar' o que possivelmente seria algo já dito por outros atendentes, em outras reuniões mediúnicas, mas que não lhe fazia sentido e ainda a irritava:

– Estou cansada de gente chegar para mim e dizer: 'Você precisa de luz!'

E ainda os criticou:

– Santos do pau oco... Eu pelo menos sei o que sou.

Nesse pequeno diálogo, já se vê que a mulher percebia alguma incongruência dos doutrinadores encarnados por onde já havia estado. Não se sentia aceita, muito menos compreendida. A sugestão, ainda que bem intencionada, soou como uma crítica que seguramente, nesse

---

[74] Lucas 16:27-30.
[75] MIRANDA, Hermínio. "A dama da noite". In: *Correio Fraterno*. São Bernardo do Campo, SP. 1986, p. 53.

projeto de vida que ela apresentava, já teria ouvido muitas e muitas vezes, com outras palavras, mas no mesmo sentido.

Depois de atuar como sofredora, ela começou a atuar como louca "cantando uma cançãozinha infantil que parecia ser de sua própria invenção". Era outra tentativa de iludir o atendente.

Hermínio a conduziu de volta à cena real, dizendo:

– Bem, minha filha, você já representou seu papel. Podemos agora conversar?

Observa-se que ele agiu de forma congruente. Ele descreveu o que percebia dela, sem pieguice, de forma clara, mas não hostil. A seguir, ele fez um convite de diálogo. Durante uma página inteira só se lê a fala da mulher, de raiva, de mágoa, de revolta. Aos poucos se configura uma história de vingança. O atendimento foi feito com técnica hipnótica de recordação, que explicaremos mais à frente.

O espírito com membro defeituoso

Em nosso grupo, recordo-me de um espírito que se apresentava com um membro defeituoso. Ele não conseguia movê-lo. Seu discurso era digno de pena e parecia que estava sofrendo muito. Jacques, o atendente, ouviu toda a descrição que ele fez dos 'sintomas', sua insatisfação com sua aparência de maltrapilho e suas dores lancinantes. Parecia com os mendigos que nos abordam na rua e contam uma história triste. Jacques seguiu sua intuição e o conduziu a contar sua história. Como aquela mão havia ficado naquele estado? Como ele se tornou mendigo? Diferentemente de uma pessoa que tem uma história para extorquir dinheiro e pode tê-la imaginado com detalhes, o espírito está ligado a um médium. O médium não comunica apenas o que o espírito deseja dizer, mas tudo o que passa pela sua consciência ampliada: pensamentos, emoções, contradições... Aos poucos, o suposto 'sofredor' começou a sentir ódio, expressar seu ódio e o que desejava fazer quando seu membro se regenerasse. Não era mais tão sofredor assim... Tratava-se de um espírito movido pela vingança e pela raiva, que se comprazia com atos de violência. Ele desejava ser 'tratado' para continuar com seus planos de prejudicar suas supostas vítimas.

O que se deve escutar?

Não se trata de ouvir qualquer coisa. Há espíritos que vêm a uma reunião mediúnica para perturbar. Contam gracejos, fazem provocações com os membros, ameaçam. Desejam que os membros se alterem, dificultam o estado de transe dos médiuns, buscam comprometer o objetivo maior da reunião. O atendente deve evitar com habilidade essas situações, o dirigente da reunião também. Quando dirigia reuniões mediúnicas, papai costumava iniciar uma prece conhecida por todos em voz alta, quando se manifestava alguém querendo perturbar. Era uma 'deixa' para que os membros da reunião ficassem atentos.

Costumamos dizer que o discurso do espírito comunicante sempre traz um elemento que permite conduzi-lo à sua história. Geralmente é um fato acontecido, uma traição, uma mágoa, uma emoção que ele busca disfarçar com o personagem que ele apresenta. Pedir que ele fale mais sobre este ponto, que aparece como algo sem importância no discurso, pode desencadear uma mudança interior.

Para se fazer isso, a atitude do atendente não pode ser a de quem deseja 'pegar' o espírito. Seguramente, uma pessoa inteligente percebe os propósitos daqueles com quem conversa. Alguns espíritos observam nossas reuniões por muito tempo e conhecem o que fazemos. Se dissermos que estamos interessados nele e não somos agentes de alguém que eles estão prejudicando, é preciso que isso seja real.

Atender ao espírito comunicante

O espírito comunicou-se com muito ódio, embora a médium não precisasse exteriorizar o gestual, apenas o tom de voz ameaçador e as emoções em desalinho. Ele vinha obsediando herdeiros de uma família que se digladiavam pelos bens deixados por um parente. Alguns membros da reunião conheciam o caso, mas estavam em situação de sustentação. O drama fora registrado sob a forma de um pedido de ajuda à espiritualidade no caderno da reunião, sem qualquer descrição do caso, apenas os nomes e os endereços.

"Congelamento" das percepções do outro

No dia desta comunicação, havíamos estudado sobre o atendimento aos espíritos desencarnados e repassado algumas questões da técnica. Um dos elementos que havíamos discutido é sobre o que se poderia chamar de 'congelamento das concepções do outro'. É uma das muitas facetas do tempo em psicologia diferentes do tempo na matéria. Não sei se o leitor já encontrou com uma pessoa que foi amiga ou conhecida por algum tempo, com quem estabeleceu algum tipo de vínculo.

Passados muitos anos sem encontrá-la, você não foi capaz de registrar suas mudanças. Se você a conheceu na adolescência, por exemplo, é bem possível que muitas de suas atitudes diante do mundo tenham mudado, mas o último registro que você tem dela é o que aconteceu há décadas (se você tiver a idade do escritor deste livro ou um pouco mais, é claro). Para voltar a conhecê-la, é necessário conviver com ela novamente para atualizar as informações e recordações que você tem dela.

Atitude básica com relação ao outro

Outra coisa importante é a atitude básica que você tem com relação à pessoa. Para simplificar este conceito, vou expor apenas duas atitudes: a de confiança e a de desconfiança. Se, no passado, com a convivência, criou-se um relacionamento que inspira confiança, mesmo após muitos anos sem encontrar com ela, ao revê-la, seu primeiro impulso é de que se encontra diante de uma pessoa confiável. O contrário também é válido.

Com a desencarnação, esses fenômenos continuam válidos e talvez haja complicadores. Se as emoções são muito vigorosas e em desalinho, elas passam a perturbar o funcionamento do ego do espírito. É como se ele não as conseguisse controlar minimamente e elas alterassem seu raciocínio.

O Atendimento do Vingador

Tudo isto se aplica ao nosso espírito comunicante. Durante minutos a fio ele falava do ódio que sentia pelos herdeiros e do prazer doentio de vê-los em conflito uns com os outros por causa de dinheiro. Era uma fala tão sequente e catártica que o atendente optou por apenas ouvi-lo, o que foi uma boa decisão. Como já vimos, muitos espíritos comunicantes, na mesma situação que o nosso amigo, irão evitar falar de temas pessoais porque sabem que isto pode tocá-los, ou seja, levá-los a reavaliar o que estão fazendo de suas vidas. Este, no entanto, falava abertamente de sua história, ou seja, não precisou que fosse estabelecida uma relação de confiança mínima para aceitar falar de si mesmo. Se o atendente resolvesse corrigir sua narrativa ou 'doutrinar' suas atitudes, perderia o vínculo estabelecido.

Por minutos ele nos confiou sua história, através da médium Ana, ocultando um detalhe importante. Ele obsediava pessoas que o prejudicaram há séculos. Naquela vida, essas pessoas viviam em função de riqueza e de poder. Para elas, o direito não tinha valor, principalmente se pudessem obter seus objetivos com emprego da força. Ele tinha, com elas, uma ligação imensamente pessoal.

Nos últimos meses, as pessoas que ele obsediava passaram a agredir verbalmente uns aos outros, disputando bens materiais de família. O espírito passou, então, a acompanhar com prazer o conflito e a incentivar as discussões e os pensamentos voltados a esses bens. Ele nem precisava empreender muitos esforços, dizia. Bastava dar pequenas sugestões e acompanhar os resultados de camarote.

O atendente, influenciado pela discussão da noite, perguntou a ele se não estava sendo muito rigoroso, se eles não haviam melhorado um pouco desde o conflito com ele. Ele assegurou que não e passou a narrar os crimes que cometeram, inclusive usando o fio da espada, o que nos fez suspeitar que ele tivesse sido assassinado por eles, por razões de dinheiro.

O atendente mostrou-lhe que hoje já não usavam mais o fio da espada ou o recurso do assassinato no rol de suas ações, ao que o espírito comentou, não sem perspicácia:

– Eles agem assim porque os tempos são outros e não lhes é possível fazer isto sem serem punidos pela justiça. Mas se não têm mais espadas, usam dardos mentais, com efeitos quase tão danosos à saúde quanto as primeiras. Quem é objeto de seu pensamento aos poucos começa a queixar-se de dores de cabeça, queimações no estômago e outros males físicos, sem perceber que o conflito é a origem do seu mal-estar.

A lógica do espírito desencarnado era clara e real. Não era o que desejávamos que ele observasse, mas não era fantasiosa, nem delirante, o que era perturbador e que geraria anos e anos de perturbação do espírito. Era seu projeto.

– Vou vê-los brigar até adoecerem. Então, eles desencarnarão e lhes darei a punição que merecem!

Mesmo sem concordar com ele, o atendente continuou, positivamente:

– Somos todos pessoas com virtudes e defeitos, não é? Mas por que você não deixa nas mãos de Deus a justiça? Eles terão e já estão tendo consequências do que fizeram! Você não precisa se envolver mais.

O comunicante não estava disposto a deixar de participar do evento. Por anos a fio acalentou seus desejos de vingança, de ver sofrer quem lhe havia feito sofrer. Ele preferia acreditar que as leis universais não funcionavam, mesmo sendo testemunha de primeiro grau do sofrimento gerado exclusivamente pelo que entendia ser ganância e pelo egoísmo, independentemente da sua participação ou de qualquer outro espírito inferior.

Após a recusa, o atendente, com congruência, revelou um dos princípios do nosso trabalho:

– Meu amigo, eu não estou conversando com você por causa deles. Eu me preocupo com você. Você acha que agindo assim você estará fazendo bem para si mesmo?

Estabeleceu-se o conflito interno do espírito. De um lado, o insano desejo de vingança, imperioso, acalentado durante anos. Ver sofrer quem o fez sofrer. Do outro, uma aspiração há muito esquecida em função deste projeto infeliz de existência: os familiares que havia perdido desde o evento desencadeador.

– Mas se eu largá-los, para onde vou? O que vou fazer?

– Você pode ficar aqui, conosco. Será auxiliado, socorrido – redarguiu Jacques.

O comunicante, contudo, resistia. O projeto de vingança a partir do ódio funciona como uma droga ilegal, que lhe dá alguma sensação de prazer, mas o priva, aos poucos, de seus amigos, de sua família e, por fim, de sua existência. Ele vaga como um mendigo espiritual, em busca da sensação ilusória da vingança, que nunca satisfaz nem o liberta de seus pensamentos escravizadores. Não saber para onde ir não é apenas uma questão de geografia, mas o atordoamento diante da mudança do projeto de vida radical a que está sendo convidado.

– Não há alguém que você gostaria de reencontrar?

Aos poucos, foi revelando ao atendente o que havia acontecido. Ele havia perdido a filha, ainda criança, que teve a vida interrompida pelo fio da espada de seus perseguidores. O atendente, contudo, sabia que este tipo de lembrança não surge apenas como uma memória perdida da narração. Muito possivelmente, alguém que sente amor por este espírito o acompanha até a reunião e deseja seu restabelecimento.

Mais duas ou três frases e ele contou a história da filha. O atendente perguntou, então:

– Você não gostaria de revê-la?

Essa frase desencadeou um turbilhão de emoções. É claro que ele gostaria de revê-la. Talvez, a incerteza da vida após a morte, somada à dor da perda, o fizesse acreditar que a havia perdido para sempre. E mesmo estando consciente da vida após a morte, das relações entre os espíritos, dos sutis mecanismos da obsessão entre desencarnados e encarnados, não lhe passava pela mente a possibilidade do reencontro. Talvez o projeto de vingança o fizesse sentir-se indigno da presença da filha, o fizesse sentir-se como uma espécie de demônio, condenado a praticar o mal. Mas não existem demônios, apenas pessoas.

Aos poucos, o comunicante emocionou-se. Entrou em choro convulso e levou a médium a tal. Ela não reteve as lágrimas. Após a comunicação, ela relata que o perseguidor viu uma criança, lourinha, com os cabelos em cachos, balançando ao vento. A experiência pessoal dele demolia todos os seus medos, suas angústias, seus projetos de ódio. Ele podia vê-la mais uma vez. Possivelmente ela era um espírito com forma adulta, com muitas vivências e experiências desde então, mas se fazia perceber com a forma que estava quando ele a perdera, para que não restassem dúvidas de sua identidade. O 'congelamento da concepção' de sua filha agia, agora, em seu favor. Era uma imagem poderosa, capaz de resgatar sentimentos há muito adormecidos e esquecidos, sempre suplantados pelas emoções em desalinho, sustentadas pelas ideias obsessivo-compulsivas que o faziam sofrer.

Por fim, o atendimento foi muito bem sucedido. Não porque encerrou o sofrimento dos encarnados, talvez vistos como obsediados, mas por libertar o que nos parecia ser o obsessor. A verdade liberta, ensinou-nos Jesus. Os conflitos desencadeados com o processo de herança continuariam, mas uma vítima do ódio foi libertada e não mais sofreria a ilusão da vingança e a solidão imposta a si própria pela perseguição.

O que seria, então, atender? Talvez uma resposta simples seja: ouvir, compreender e facilitar o retorno dos espíritos ao movimento. Por movimento, entendemos a capacidade de os espíritos se desenvolverem, realizarem atividades, estabelecerem relacionamentos com pessoas que lhes são simpáticas, desligarem-se de ideias de ódio ou vingança que lhes paralisa a trajetória no universo. Freud dizia que saúde é ser capaz de amar e trabalhar. Talvez em parte isso se aplique também aos espíritos desencarnados em condições semelhantes às nossas.

Prece

A prece não é um recurso de convencimento ou alteração de convicções de espíritos que não aceitam a argumentação do atendente. É uma "elevação do pensamento", ato interior que se torna efetivo se o atendido se dispõe a fazê-la, mas isto não quer dizer que não possamos orar juntos.

A MÃE E SEU 'PASSARINHO'

Em nossa reunião, em uma noite produtiva, um espírito em situação de sofrimento iniciou uma comunicação por um médium na qual ele ria em voz alta e tentava ridicularizar o que fazíamos no grupo. Enquanto era atendido, outro espírito iniciou sua comunicação pelo médium Jeziel:

– Quem pode me atender? Quem pode me atender?

– Estou aqui, como posso ajudá-lo? Respondeu Jacques, que se deslocou na sala para ouvi-lo.

– Estou cansado do que faço. Posso ficar aqui?

O espírito, que chamaremos Raimundo, então incentivado pela disposição do atendente, iniciou uma explicação de sua vida espiritual atual. O atendimento poderia ter sido apenas de acolhimento. Mas possivelmente ele não fora levado lá apenas para que disséssemos que ele podia ficar no espaço espiritual da casa.

Ele participava de um grupo de espíritos que procuravam espaços religiosos para demover participantes mais frágeis e atraí-los para que compartilhassem de seus objetivos infelizes. À medida que descrevia, mostrava-se insatisfeito e arrependido do que fazia. Ao mesmo tempo, estava temeroso de retornar aos seus colegas após ter mostrado sua fragilidade em uma comunicação. Pedia para ser acolhido no centro espírita.

– Você percebe alguém? – perguntou o atendente, ciente que não são os participantes do grupo quem os acolhe, mas os espíritos que atuam em conjunto. Para ele ser 'internado' conscientemente em uma instituição do plano espiritual, seria necessário que ele tivesse a capacidade de perceber espíritos dispostos a socorrê-lo.

– Não, não vejo ninguém, mas durante o estudo vi vocês falando de São Francisco de Assis e me lembrei de minha mãe, quando eu estava no corpo. Eu me recordei que ela acreditava muito nele e gostava muito de nós, os filhos. Ela nos chamava de seus passarinhos. Que saudade da minha mãe!

Como o espírito não a percebesse, nem a outros espíritos, que geralmente se apresentavam como enfermeiros ou eram alguns dos dirigentes espirituais do grupo, cuja descrição nos permitisse identificá-los, o atendente sugeriu:

– Posso 'rezar' com você? Como sua mãe o fazia?

Jacques escolheu a palavra rezar, muito próxima à possível experiência cultural do espírito comunicante, para que ele entendesse bem o que se propunha fazer. Prece, por exemplo, poderia não ser bem entendida, conforme a condição espiritual do comunicante.

Em vez de falar livremente, o atendente escolheu uma prece antiga, que poderia ter um sentido especial para aquele homem:

– "Senhor, faz de mim um instrumento de sua paz! Onde houver ódio, faz que eu leve o amor. Onde houver ofensa, que eu leve o perdão..." Era conhecida como a oração de São Francisco de Assis.

As frases eram ditas de forma clara, sem apelos emocionais, com ênfase em seu significado. À medida que a oração se desdobrava, via-se nela um apelo a Deus de transformação interior, muito alinhada ao que pretendia o amigo.

Após o fim da oração, o atendente observou atentamente o médium Jeziel. Ele estava em silêncio, quieto, como se não mais estivesse em contato com o espírito. Surpreendentemente, ele começou a falar:

– Eu vim explicar a vocês o que aconteceu com meu filho e agradecer-lhes. O impacto da prece foi tal que ele perdeu a consciência e foi levado pelos espíritos, que já estavam prontos para auxiliá-lo. Está em melhor condição e sua vida ganhará outro rumo. Eu fui mãe dele na última encarnação e era eu quem o chamava de passarinho. Meus filhos eram meus passarinhos. Sempre tive muita fé em São Francisco, como ele havia falado. Eu falava da vida deste santo para eles. Estou muito grata por vocês o terem recebido, conversado e aberto um novo futuro para ele. A partir de hoje, todos vocês também são meus passarinhos!

Já era o final da parte mediúnica da reunião naquela noite, e as demais comunicações já haviam terminado. Todos acompanhavam em silêncio o depoimento da mãezinha e emocionaram-se com ela, com as circunstâncias e com a prece oportuna. A gratidão de uma mãe que vê seu filho ser socorrido, transformado, não precisa ser explicada. Com certeza, o que todos fizemos não foi mais do que participar de um desfecho, possivelmente de anos a fio. Foi um trabalho de equipe.

Mau uso da prece

Já passamos por situações constrangedoras. Espíritos que tinham a Jesus como uma espécie de inimigo, um símbolo da opressão que sofreram (ou que exerceram) no passado, algo a ser combatido de toda forma. Uma prece dirigida a Jesus não fazia senão aumentar a consciência de seu ódio e foi recebida com frases de revolta. Há, também, espíritos de pessoas que foram ateias em vidas pregressas, que não aceitam nada que se pareça ou lembre a religião, que acolheram a prece com uma frieza sem igual.

Vimos também um atendente que, diante de um diálogo sem qualquer efeito no espírito comunicante, procurou a prece como um escudo para ele próprio. Como ele houvera perdido a empatia já no início da conversa, aconteceu o que se podia esperar. A prece não surtia qualquer efeito no atendido porque ele não estava disposto a fazê-la, nem acompanhá-la mentalmente.

O atendente despreparado tende a reproduzir, no trato com espíritos identificados como obsessores, a mesma relação que os padres faziam com os demônios, no ritual de exorcismo: tentar expulsá-los. Usar de uma autoridade que, via de regra, não temos, não é capaz de auxiliar a pessoa com quem conversamos.

Um conhecido da intimidade de Chico Xavier falou-nos que quando perguntado sobre a expulsão de espíritos obsessores, ele respondeu:

– Mas aí, para aonde é que eles vão?

Pensar nas consequências futuras dos atos

Um espírito em sofrimento (seja apenas sofredor ou mau) costuma estar preso a um determinado evento no tempo. Ele fica revivendo um ato de violência sofrida, um momento de conflito, alguma coisa que o perturbou no passado. Isso se torna uma espécie de presente contínuo, motivo considerado justo para suas ações ou emoções.

Fazer com que retome a vida, que se desligue, ou pelo menos recorde com menos intensidade o evento crítico (vamos chamar assim, já que o termo traumático é cheio de significados) é um dos objetivos de um atendimento em reunião mediúnica.

A perseguidora sádica

Uma senhora comunicou-se por um médium que chamaremos de Alex. São muito curiosas as comunicações de espíritos que se apresentam como sendo de outro gênero que não o do médium. O médium quase abandona sua identidade sexual e, sem trejeitos ou afetação, comunica com um 'discurso feminino', como costumam falar os estudiosos de literatura.

Era uma obsessora, parcialmente fria, aparentemente satisfeita com o que fazia em um lar. Estava ligada aos familiares e se 'alimentava' do ambiente e dos pensamentos. Gostava das sensações que alguns dos membros lhe transmitiam, quando fumavam, mas realmente desejava que se perturbassem uns aos outros até a desencarnação.

Ela fantasiava que, após a desencarnação, os teria em suas mãos para fazê-los sofrer.

Queixava-se de ter sido trazida por um espírito protetor daquele lar, que a retirara da cômoda situação em que se encontrava. Incentivada a contar sua história, pontualmente, na medida em que ia citando suas sensações e emoções, ela explicou que se tratava de um relacionamento de duas encarnações sucessivas. Não quis entrar em detalhes, mas os odiava porque havia sido traída.

A conversa se estendeu sem a obtenção imediata de uma relação de confiança. Não adiantou ao atendente dizer que ele não estava a serviço das pessoas que haviam ficado em seu lar e que ele nem as conhecia (e no momento do atendimento não sabia de quem se tratavam). Não adiantou dizer que, se ela estava naquele local, é porque alguma pessoa querida do passado a havia trazido. A senhora insistia que quem a trouxera foi o 'espírito protetor' da família com a finalidade de afastá-la deles.

Aos poucos, ela foi percebendo a si mesma. Não estava bela e altiva, como no passado. Sentia-se desgrenhada e mal arrumada. Este é um sinal de desligamento do evento crítico e de movimento interior, ainda que modesto. Começou a pensar no passado, mas não se recordava de ninguém importante.

O atendente Jacques, então, falou-lhe que estava em sofrimento.

– Mas estou desencarnada. Não há mais corpo! Logo, não há mais dor! Explicou.

– Existem dois tipos de sofrimento – explicou-lhe. – O sofrimento físico e o sofrimento psicológico. Depois da morte, talvez não haja mais sofrimento físico, mas o sofrimento psicológico é muito maior que quando encarnado.

Ela não concordou, nem discordou. Aquilo a fez pensar.

Então, Jacques lhe perguntou:

– O que vai acontecer com você no futuro se continuar ligada a eles dessa forma? O que vai acontecer depois que eles desencarnarem e você os fizer sofrer?

Ela ficou hesitante. Já sabia que a história não terminava no ponto em que havia estabelecido para justificar seu sofrimento. Sabia que havia reencarnação, que estava ligada a eles há duas vidas e estava conversando respeitosamente com o atendente, que não a ameaçava, apenas conversava. Ela parecia saber, mas preferiu perguntar:

– O que vai acontecer?
– Você vai continuar ligada a eles. Você deve reencarnar antes e eles continuarão ligados a você, mas eles estarão no plano espiritual e você estará no corpo.
Isso deve tê-la tocado de alguma forma.
– Quando isso termina? – perguntou.
– Quando um de vocês se desligar do outro. Quando você, por exemplo, retomar sua vida.
– Mas para onde vou? Não vou dizer a você que irei simplesmente deixá-los livres, mas não tenho para onde ir.
Fiquei imaginando uma situação como esta. Sem perceber amores do passado, que possivelmente estavam presentes, mas que ela era incapaz de perceber. Presa há muito e muito tempo em um projeto de vingança. Tão presa que renunciou ao seu próprio destino.
– Você pode ser acolhida aqui, neste grupo – falou o atendente. Ele se referia a uma instituição espiritual de socorro, não ao espaço físico da Associação Espírita Célia Xavier. – Ninguém vai lhe cobrar nada e você vai poder pensar com calma sobre sua vida, sem a influência dos encarnados. Terá tempo para pensar. E se resolver voltar, não será impedida.
Ela pareceu ter gostado da sugestão e se despediu, prometendo que ia pensar seriamente.
Na parte dos comentários, ficamos sabendo que os supostos 'obsediados' faziam parte de uma das famílias do grupo. Um dos membros, já idoso e com um processo demencial, queixava-se de ver uma mulher com cabelos negros, semelhante à percebida pelo médium, e pedia aos familiares para afastá-la. Não sei se ele parou de percebê-la após o atendimento, mas ficamos todos surpresos, porque por muitos anos ficamos sem atender espíritos diretamente ligados às famílias e às pessoas do grupo, o que era mais comum na primeira década de trabalhos.
A proposta de pensar no futuro foi oportuna e apresentou um resultado muito bom neste caso, mas não é uma técnica a ser usada em sequência a outras que não deram certo. Se o espírito comunicante não tivesse disposição para se avaliar, não daria em nada. Ele talvez respondesse apenas que não lhe importava, que se tratava de especulação, ou que valia a pena continuar no que estava fazendo. Atender é perceber empaticamente as possibilidades de quem conversa com você.

Voltar ao passado em busca de sentido

Quem mostrou de forma mais clara o uso das lembranças do passado para o atendimento espiritual certamente foi Hermínio Miranda. O 'escriba', como ele se chamava, aproveitou possivelmente a transcrição de fitas para reproduzir diálogos com os espíritos em reuniões mediúnicas.

As mãos de minha irmã

Um dos textos que mostra o uso da técnica é "As mãos de minha irmã". O relato é, além de tudo, tocante. O espírito se apresenta com uma imagem de militar, sugerindo que está acostumado ao comando, mesmo após a morte. Além disso, é simpatizante das ideias nazistas de "criar uma raça nova". Ele vive uma espécie de delírio no mundo espiritual e se sente mandado para fazer um "acordo militar", uma negociação de trégua. Ele percebe os atendimentos de Hermínio junto aos seus colegas de grupo como uma espécie de conflito.

Não há descrição clara da indução ao transe, mas Hermínio deve ter aplicado passes no médium, induzindo-o ao transe. Ele o fez, contra a vontade do espírito, que fica meio sonolento. Suas recordações são vívidas. Ele "cospe a terra" que sente ter na boca. Sente as dores de ter sido espancado por soldados, chama-os de porcos.

Suas recordações são como se ele passasse a viver em outra época, perdendo o contato com a época atual. Fala da Judeia e relata um conflito de família porque sua irmã se tornou cristã. Ela foi curada pelos cristãos e havia ido viver com eles.

Os soldados (do templo?) a estavam procurando e desconfiaram de que ele conhecesse o paradeiro da irmã. Eles o desapropriaram de seus bens e ele ficou pobre. O atendido procurou a irmã e sequestrou-a, e parece que passou a vendê-la como prostituta na capital do império.

Ao narrar esses atos, ele fica imensamente perturbado com seus atos. Ele tem noção da gravidade do que lhe fez. O remorso é imenso. Ele enriqueceu novamente, explorando-a, e ela adoeceu. Ele deixou que ela vivesse com os animais.

O espírito não se perdoa. Hermínio insiste que ele pode ser perdoado, que ele pode reconstruir sua vida, que talvez a própria irmã aceite nascer novamente com ele, mas ele se culpa o tempo todo pelo que fez. Ele se autodenomina réprobo, deseja matar-se, pede que seja chamado de diabo.[76]

---

[76] MIRANDA, Hermínio. *Histórias que os espíritos contaram*. Salvador: LEAL, 1980.

O conflito interno do espírito atendido é evidente. Ele gostaria de apagar esta memória de sua história, seu erro, do qual se envergonha imensamente. Acreditar-se demoníaco ameaça seu ego de tal forma que ele deseja matar-se, ou melhor, matar a recordação do que fez.

Pode-se entender que seu novo projeto de vida, como um "construtor de uma nova raça", seguidor de um homem que considera espetacular, é uma espécie de reação inconsciente ao passado. Ele quer se sentir excepcionalmente bom e correto e está disposto a fazer o que for necessário para ser essa pessoa excepcional, que faria desaparecer por completo o demônio que ele julga ser. Mas como ele não é o que deseja acreditar que é, acaba se envolvendo em um projeto de vida que 'repete' o que ele fez anteriormente em um cenário novo, numa encarnação nova.

Minha impressão é que a recordação não deixou de ser uma revivescência do sofrimento, da culpa, em sua grande extensão. Adormecido, como saiu, não sabemos o que realmente aconteceu com ele, mas esperamos que tenha sido cuidado no mundo espiritual pelos membros da instituição e, no futuro, enfrente o medo da reencarnação que ele apresentava e o medo de perder o equilíbrio precário que encontrou na última existência e na convivência rígida e fantasiosa[77] com seus pares.

Outro atendimento com a técnica regressiva foi "A dama da noite", com que iniciei este capítulo. Era uma mulher, que na juventude, foi atraída para um castelo por uma senhora com a desculpa de "apresentá-la à sociedade". No entanto, a embriagou (drogou?) e a constrangeu a prostituir-se contra a própria vontade. O ódio que ela passou a sentir pela mulher justificava suas ações espirituais visando a vingança.

Mais uma vez, Hermínio induziu-a a recordar-se do passado. Ele explica que o trabalho 'foi longo e difícil pela tenaz resistência que ela opõe'.[78] Ela se recorda de haver vivido na Roma imperial antiga e que era esposa de um cônsul. Resolve que seus filhos deveriam aprender a fazer sexo com escravas estrangeiras (Capadócia) recém-adquiridas, e não com prostitutas profissionais. As escravas (duas irmãs) foram ofe-

---

p. 127.
[77] Não existe partido político na espiritualidade, nem há sentido em instituições militares. Sua insistência em acreditar nisso, após a morte, expressa uma tentativa de evitar o sofrimento gerado por atos no passado.
[78] "A dama da noite". In: MIRANDA, Hermínio C. de. *A dama da noite*. São Bernardo do Campo: Correio Fraterno, 1986, p. 61.

recidas na festa aos filhos, e uma delas se matou com um punhal que um dos filhos havia ganhado.

A jovem que se submeteu, viveu com eles por algum tempo e depois foi vendida.

É bem interessante o relato da mulher, que tinha consciência apenas de sua vida como romana, na qual era considerado normal o que ela houvera feito, assim como ter e vender escravos sem qualquer consideração por eles.

Ainda usando a técnica da magnetização, Hermínio traz a senhora de volta à vida na região da Toscana, quando ela foi induzida à prostituição. Pede que ela amplie a consciência e se lembre, ao mesmo tempo, da vida como Francesca Rinaldi e da vida como Flávia (romana no império de Diocleciano, no final do século III, início do IV). A mulher que a explorava na Toscana (a dama da noite) era uma das irmãs, possivelmente a que sobreviveu.

A reação da mulher é muito curiosa, porque ela evoca a lei romana da época e sua concepção de escravidão. Não julgava haver feito nada errado:

– Ela era uma escrava. Você *compra* uma escrava. O que está errado? Meu Deus, esses homens criam as leis e a gente vive de acordo com as leis e a gente está errada?[79]

O 'escriba' mostra como a situação foi praticamente igual. Francesca viveu da mesma forma que a escrava de Flávia. Recebeu roupas luxuosas e alimentos, foi compelida a viver como prostituta na alta sociedade local, mas sentiu-se abusada, independentemente da questão legal. De posse das recordações das duas vidas, ela (Flávia e Francesca), ao ser instruída que viveu como uma escrava na Toscana, ainda reagia da seguinte forma:

– Eu? Eu?! Ela se vingou de mim, então... Então é isso! Uma reles escravinha... Maldita! Então é isso! Ela não tinha o direito!

Hermínio mostra a ela a 'simetria' das duas vidas. Como Flávia, escravizadora, tornou-se Francesca, escrava. E como as leis de Deus acabaram agindo acima das leis humanas.

No final do atendimento, que nos interessa nesse estudo, Flávia se lembra e tem saudades do marido e dos filhos romanos. Começa a perceber o ambiente da reunião, pergunta como chegou até lá (ou seja, houve uma mudança de entendimento quanto ao grupo e seu trabalho)

---

[79] Miranda, Hermínio. *Correio Fraterno*. A dama da noite, p. 65. São Bernardo do Campo– SP, Correio Fraterno, 1986.

e lhe foi recomendado seguir os 'companheiros, a fim de repousar e meditar antes de tomar uma decisão.

Nos dois casos relatados, os espíritos atendidos saem em um estado de perturbação. O que se pode pensar é que essa técnica deve ser utilizada com cuidado porque é sempre melhor ao atendido chegar, ele próprio, às conclusões, do que reviver momentos de sofrimento imenso. Ao mesmo tempo, se ele continua prejudicando aos outros e a recordação pode auxiliá-lo a parar de sofrer e fazer sofrer, há uma indicação para a técnica. Quem também trata dessa questão é Yvonne Pereira no livro *Memórias de um suicida*.[80] Ela descreve, no mundo espiritual, o espírito Olivier de Guzman, que trabalhava como instrutor do obsessor Agenor Peñalva, este último, sempre resistente ao que lhe era apresentado. Camilo, o narrador do livro, acompanha uma regressão forçada de Agenor, que recorda ter abandonado seus pais e sua esposa em pretérita encarnação. Os detalhes eram vistos por Camilo e seus acompanhantes na visita que faziam.

O CASO DE ANTÔNIO

Algumas vezes, a recordação de eventos passados foi usada em nossa reunião, mas não como técnica a ser aplicada, e sim como um desdobramento natural do atendimento.

Recebemos um pedido de auxílio espiritual para uma paciente que tinha diagnóstico de transtorno de pânico. Estava sob tratamento psiquiátrico, mas ainda apresentando crises.

A médium Ana percebeu um espírito sob a forma de escravo, com muito ódio, que dizia:

– Você é animal e vai morrer como um animal!

Ele tinha em mente a pessoa atendida e a raiva o fazia ameaçá-la diante de nós, mesmo sem tê-la em sua frente. Vou chamá-lo de Antônio.

Ele tinha uma consciência parcial da comunicação mediúnica. Ao mesmo tempo em que conversava conosco, às vezes deixava-se levar pelas recordações e sentimentos, mas conseguiu estabelecer um diálogo com Mara.

– Ela me olhava com desprezo! – dizia Antônio. – Hoje você acha que ela se 'veste de santa', mas isso não vai mudar nada. Ela sabia o que fazia! Ela sentiu prazer no que fazia!

[80] Pereira, Yvonne A. *Memórias de um suicida*. 13 ed. Rio de Janeiro, FEB, 1986. P. 227-245.

Mara tenta afastá-lo das recordações de ódio:

– Você já passou por isso! Não precisa mais ficar pensando nisso. Pode retomar o curso da sua vida!

– Ser vendido, tratado e morto como animal!

– Mas agora está aqui como filho de Deus! – replicou Mara. – Estes são momentos de libertação.

– Isso não pode ficar assim! É necessário justiça! Eu exijo justiça! – e replicava Antônio, ainda surdo aos apelos de Mara.

– Quem faz justiça não é a gente – explicou pacientemente a atendente. – Deixe a justiça com Deus e siga com sua vida.

– Deus? Você acha que ela sofreu um centésimo do que eu sofri? Tem noção do que é ser chicoteado? Forçado a trabalhar? Passar frio e fome? Ser alimentado com aquilo que nos serviam? Ver mulheres e crianças submetidas àquele tratamento desumano? Eu vou fazê-la sofrer, ela vai desencarnar e ficar sob os meus cuidados! – dizia Antônio, em tom de ameaça.

– Até quando vocês vão ficar assim? – perguntou Mara. – Um tortura o outro e o outro tortura o primeiro. E tudo acontece novamente, e de novo, e de novo... Quando você vai se livrar dessa história?

– Ela não me sai da cabeça e nem me sai do coração! Podia ter sido mais humana! Não consigo esquecer! – dizia aos rompantes, voz alta, indignado. – Como eu vou ser livre? Essa dor está dentro de mim!

– Até quando você permitir... – respondeu Mara. – No dia em que você pensar que vocês estão mudando de papel, uma vida após a outra, você vai entender.

– Você quer dizer que eu fui cruel? – respondeu Antônio, enfatizando a última palavra. O tom era de total incredulidade.

Nesse momento, Antônio passa a ver em sua frente, como se fosse um jogo interativo, no qual ele era um personagem, uma invasão de vilarejo comandada por um cavaleiro medieval. Ele sabia, mas não queria aceitar que fosse o cavaleiro. Sua algoz era então uma adolescente, uma camponesa que vivia na vila e testemunhava o horror da invasão. Antônio sabia que aquela menina grande era ela. Ele-cavaleiro a estraçalhou. Foi frio e impiedoso com uma jovem que não era capaz de oferecer resistência nem participava das forças de defesa da vila.

– Não! Não! Eu não seria capaz disso! Tira isso da minha frente! Eu não posso ser isso! – pedia em voz alta, destacando o pronome final.

Mara retomou o diálogo após alguns instantes, entendendo o que se passava:

– Entende agora? Desculpe-me! Eu não queria lhe causar dor.

– O que exatamente eu sou? – perguntou Antônio, ainda impactado pelas recordações.

– Filho de Deus! – respondeu Mara.

– O que restou de mim? – perguntou o perseguidor, amargurado.

Após a vivência, todas as decisões que ele havia tomado mudavam de sentido. Suas justificativas para perseguir não eram assim, tão sólidas. Ele havia sido injustiçado, maltratado, escravizado, mas também havia sido martirizador, invasor, indiferente.

– Como Deus pode fazer isso? – perguntava, a dolorida a alma de Antônio. – As memórias são fortes! Como viver sem as lembranças? Não é fácil apagar o que eu sinto. Essas lembranças...

O sofrimento e a indignação ainda continuavam. A recordação alterava a noção de "perseguição justa" que sustentava os atos infelizes de Antônio, mas o sofrimento criado pela mulher que ele tentava desestabilizar não havia desaparecido. A situação emocional de Antônio agora era ambivalente. Ele deseja prejudicar, mas ao mesmo tempo sabe que não era apenas vítima de uma pessoa sem coração. Ele próprio já havia sido uma pessoa sem misericórdia. Após o atendimento, começava a perceber que seus atos, longe de terminarem com o sofrimento da vítima, poderiam ser origem de novos sofrimentos no futuro. Já não era nem justo, nem sábio o que ele vinha fazendo.

– As lembranças – falou finalmente Mara – vão ficando tênues com o tempo...

Antônio foi se afastando mentalmente de Ana. O que ele faria? Bem, seu destino depende dele mesmo, em primeiro lugar, mas o atendimento funcionou como um socorro enviado pela misericórdia divina, não apenas para a mulher com pânico, mas também para ele. Após uma pequena conversa, Antônio podia reavaliar seus atos e decisões e, quem sabe, mudar de rumo.

Marcus, o obsessor

Um atendimento que marcou todo o nosso grupo envolveu um espírito que denominaremos Marcus, que iniciou a comunicação bem agitado e com voz alta (mas não aos berros, embora assim o desejasse), através da médium Ana:

— Covarde! Quero ver se você tem coragem de lembrar de tudo o que você me fez! – e acusava a um dos membros do grupo, sem o identificar claramente.

– Verme imundo! Quero ver você vir aqui pedir perdão de joelhos! Esperei muito tempo para viver esse momento!

Mara tentou atendê-lo. Falou algumas palavras, mas foi rechaçada de imediato:

– Sai da minha frente, mulher, que não é com você! Não adianta falar, que não tenho dó! – afirmava Marcus.

Ele se voltava ao membro do grupo e descrevia:

– A única imagem que tenho na minha cabeça é daquela masmorra imunda. Lembro-me do cheiro de podridão que tinha no meu corpo! Você me jogou naquela masmorra! E eu não tinha feito nada que justificasse! Só falei a verdade!

Após a comunicação, a médium Ana explicou que Marcus se recordava de ter sido jogado em um calabouço de castelo, onde se faziam torturas. Embora o alvo do ódio do perseguidor não o tivesse prendido pessoalmente, ele estava presente quando as torturas em seus prisioneiros eram feitas. E o espírito comunicante dizia que ele tinha um perfil sádico, que gostava de fazer e ver sofrer.

– Ele também está sofrendo – afirmou Mara.

– Não me venha falar dele porque eu sei o que se passa dentro dele! Eu sei!

– Você o acompanha? – perguntou Mara.

– Sim, agora sim. Custei a achá-lo. Mas agora eu o vejo sempre. Aquele maldito tem proteção! Depois de tudo o que fez! Ele tem que vir aqui, de joelhos, pedir perdão. Você não tem ideia do que passei.

– Imagino que você sofreu muito – disse Mara.

– Agora você imagina tudo o que ele fez e ainda não pagou!

– Mas ele deve estar sofrendo, também!

– O que ele sofreu não é nem um décimo do que eu passei! – continuava Marcus, indignado. – É muito pouco! Eu queria sentir ele em minhas mãos! Estava junto, mas não tinha acesso!

– Você continuava com ele! – comentou Mara.

Com muito tato, Mara vai estabelecendo um diálogo com Marcus. Do rechaço inicial, o espírito começa a dialogar com ela, ouvir-lhe os comentários que não são invasivos e, pelo contrário, permitem que ele conte a própria história, necessidade primeira dele para justificar tudo o que estava fazendo.

— Sim, eu continuo junto com ele. Eu era uma pessoa honesta, só disse a verdade, e ele não suportou ouvir. Prendeu-me! Ele era um miserável, covarde!

— Pelo que vejo, sua história com ele é coisa antiga! — falou Mara.

— Eu perdi o tempo de quantos anos! Eles o escondem de mim como se eu não fosse capaz de achá-lo, mas encontrei! Agora é minha oportunidade! A minha chance! Eu sou muito melhor que ele!

— É por isso que vocês ficam trocando de lugar! — afirmou Mara, suave, mas firme. — Em um tempo muito anterior a esse tempo, que agora lhe vem à mente.

— As coisas eram muito diferentes! — reagiu Marcus.

Passaram-se alguns segundos de silêncio. Marcus via, como em uma tela, uma imagem. Ele não se sentia como personagem da trama, mas sabia que estava lá e, o mais importante, sabia que fazia sofrer.

Ana explicou, após a comunicação, que ele via uma espécie de galé romana na tela. Ele era o dono, o senhor dos escravos, e lhes fazia atrocidades. À época dos romanos, era dever do dono disciplinar seus escravos para que se mantivessem em sua posição social e não lhes passasse à mente a revolta, a fuga ou alguma reação contra seus donos. Marcus se lembra disso quando justifica o que fazia, mas parece que era particularmente severo com os escravos.

— Você está dizendo que isso que estou vendo era eu mesmo? — falou Marcus, perplexo. — Eu não seria capaz de tratar um ser humano dessa forma! Eu não seria capaz! — repetia, em voz alta. — Ele sim! — dizia Marcus.

Mara, tranquila, reafirmou em voz calma que era a história dos dois espíritos. Que essa era a causa mediata do que ele havia passado.

— Você está querendo dizer que um dia eu fui capaz de tratar pessoas dessa forma?

Marcus via desabar em sua frente a grande justificativa para seus atos e decisões. Por um momento, ele deixava de ser vítima e se tornava algoz, também. Achava normal ser proprietário e disciplinador de escravos, uma vez que não conhecia a lei eterna da reencarnação. Mas ainda havia ódio em seu coração, e ele insistia:

— Mesmo que eu tivesse feito, isso não justifica o que ele fez! Não justifica! Hoje ele está preso àquela máquina e acha que está se redimindo de alguma forma! Não está!

Marcus estava parcialmente certo. Um ato de violência não justifica outro. Ele e seu parceiro de infortúnios se envolviam cada vez mais quando buscavam revidar o que sofriam. Mas Marcus não pensava no futuro nem em sua vida fora do sofrimento. Ele respirava as dores que lhe foram impingidas. Elas lhe tomavam a consciência.

— Quem gera a consequência dos atos é Deus, não somos nós — explicou-lhe Mara. — Deixe-o por conta de Deus, siga sua vida. Quando você vai entender que fazer sofrer não adianta?

— A conversa nem era entre a gente! — replicou Marcus. — É por isso que está doendo desse jeito?

Com o questionamento da legitimidade do que fazia, Marcus sentia-se dividido. Ao mesmo tempo em que desejava a vingança tão sonhada, via que não era um direito natural dele, que não resolveria a situação e que o envolveria ainda mais no sofrimento. Estava um pouco dividido.

— Pois é! Você me desculpa? Não queria fazê-lo sofrer, mas precisa sair dessa confusão. São tantas coisas! Tanto sofrimento! É nosso Pai quem faz a justiça, e não a gente.

— Você quer me enfraquecer! — afirmou Marcus. — Estou me sentindo fraco!

— Não! Quero fortalecer você com esse abraço. — disse Mara. — Como dissemos na hora do estudo,[81] "a alva desenhava sobre as sombras fugidias da noite os primeiros contornos da natureza preparando-se para o festival do dia".

Marcus-Ana começam a chorar. Mara faz uma prece em respeito ao sofrimento do espírito que começa a perceber algo no plano espiritual, para a surpresa de todos os membros da reunião, que se encontravam em silêncio, vibrando por ele.

— Meu amor! Há quanto tempo procuro você!

Ana explicou, na terceira parte da reunião, que o antigo romano percebeu uma luz e que dela saía uma mulher ligada ao seu passado. Após a desencarnação, ele a procurou no mundo espiritual, mas as ideias de ódio os afastaram. Durante o atendimento e a prece, criaram-se as condições para esse reencontro.

---

[81] Estávamos estudando a passagem entre os capítulos 3 e 4 do livro *Nos bastidores da obsessão*.

Mara continua orando. Entre as muitas palavras, agradece "de joelhos ao Pai porque agora o espírito poderia caminhar liberto".

A comunicação se encerra. As emoções, em princípio de ódio, depois de enternecimento pela situação vista, tomavam todos os membros da reunião. A dirigente mantinha o silêncio. Nessas horas, a espiritualidade superior usa de recursos que vão além de nossa imaginação. Para o refazimento e o desligamento dessas emoções, uma menina aparece a Mara, já sentada e quieta e lhe pede:

– Canta "a nossa alegria, a nossa alegria"!

Em princípio, Mara não entendeu. Depois lhe veio a luz. Pediu à dirigente que lhe permitisse cantar e, aos poucos, todos cantaram, em duas vozes:[82]

> Somos companheiros, amigos, irmãos,
> Que vivem alegres pensando no bem
> A nossa alegria é de bons cristãos,
> Não ofende a Jesus, nem fere a ninguém!
> A nossa alegria, a nossa alegria!
> É o bem do evangelho, é o bem do evangelho!!
> Vibra e contagia, vibra e contagia
> Da criança ao velho, da criança ao velho
> Mesmo entre perigos, mesmo entre perigos
> Daremos as mãos, daremos as mãos
> Como bons amigos, como bons amigos,
> Como bons cristãos!
> Sempre ombro a ombro
> Sempre lado a lado
> Vamos trabalhar, com muita alegria,
> Pelo espiritismo mais cristianizado
> Pela implantação da paz e harmonia.

A música possibilitou o desligamento das vibrações de ódio e das emoções que o reencontro de Marcus gerou nos participantes. A reunião se encerraria em poucos minutos.

Os casos narrados mostram como relembrar de eventos passados pode ser um caminho importante para o desligamento de um evento marcante para o espírito. Normalmente há uma ampliação da visão do problema, equacionado e aceito pelo comunicante de forma definitiva, mas que ao mesmo tempo o deixa preso à situação. A reencarnação põe

---

[82] O nome da música é *Canção da alegria cristã*, composta por Leopoldo Machado e Oli de Castro. Era muito cantada quando os membros do grupo faziam parte da Mocidade da casa.

em questão o 'triângulo dramático' da análise transacional, dificultando que uma pessoa se coloque como vítima, perseguidora ou salvadora.

Não é à toa que após uma experiência de recordação de vidas passadas, uma pessoa fique disposta a rever suas decisões e julgamentos sobre situações vividas. Nossa experiência, contudo, mostra que a recordação vem em um contexto dialógico, não deve ser imposta ou induzida arbitrariamente. Ela é um recurso para o bem-estar do espírito comunicante, e não uma forma de fazer um atendente 'se livrar' de seu interlocutor, muitas vezes inteligente e informado.

Conversar com palavras que fazem
sentido ao espírito desencarnado

Outra diferença entre atendimento e doutrinação é semelhante à diferença entre palestra e diálogo. Na palestra, o expositor elabora um tema e trata sobre ele, sem interação, na esperança de estar sendo entendido pelo público. No diálogo, há uma interação constante entre as partes e qualquer mal entendido pode ser esclarecido imediatamente, se houver compromisso e esforço.

Passar um monte de informações para um espírito que não consegue dar-lhes sentido é perda de tempo. Não deve ser justificado com o jargão: "Não importa os resultados, os espíritos são sempre beneficiados pelo atendimento".

Com certeza, não existe uma técnica de atendimento que assegure resultados, mas podemos sempre refletir sobre o que fazemos e fazer de forma melhor. Senão, não haveria sentido em escrever este livro e comunicar as experiências. Qualquer coisa valeria, bastariam as velhas 'boas intenções'.

Apesar de falarmos com espíritos, na acepção kardequiana, seres que passaram por diversas encarnações, sua forma de apresentação costuma dizer respeito ao seu estado atual, embora isso não seja regra.

Assassino por encomenda

Em uma de nossas comunicações na reunião do Célia Xavier, um espírito comunicou-se explicando que andava em um terreno semelhante a uma caatinga há muito tempo. Ele não tinha noção de que estava desencarnado. Ficou preso às imagens de sua última existência. Só se recordava de estar subindo o morro e do burro ter caído sobre ele.

A atendente, Mara, conversou com ele como se fosse uma pessoa que viveu sua vida no interior, entre roças e coronéis, que foram aparecendo na narrativa. Ela não simulou um discurso, não falou com um falso sotaque, mas escolheu temas que seriam facilmente reconhecidos pelo desencarnado.

Ele insistia em seu estado de confusão, preso ao episódio. Mas encontrando alguém que conversasse sobre seu mundo, começou a falar de outras coisas. Saiu do 'estado crítico'. Ele começou a falar de si, quando disse:

– Eu não sou muito bem visto não por causa do meu trabalho. Você não está com medo de mim?

Mara, congruente, replicou:

– Não. Devia estar?

E ele contou que fazia assassinatos por encomenda.

Uma pessoa que só ouvisse essa confissão acreditaria tratar-se de um espírito cruel e perseguidor. No entanto, na medida em que ele falava, víamos que ele considerava sua atividade como outra qualquer, como ser lavrador ou boiadeiro. Ele desenvolveu uma ética própria, na qual a responsabilidade das mortes era de quem encomendava o 'serviço'. Embora frio na realização de seu trabalho e seguramente sustentando com falácias, era uma pessoa simples, que fez opções erradas na vida.

A consciência da desencarnação veio no relato de uma memória. Ele estava na missa e viu Joaquinzinho, o que lhe causou muito espanto. Ficou achando que estava meio louco, procurando explicações para isso, e a confiança que se estabeleceu entre ele e Mara o fez dizer:

– Mas Joaquinzinho morreu!

Estava entre apavorado e escandalizado quando o viu pela primeira vez.

Esse tipo de situação é muito comum. O comunicante passa por diversas situações no mundo dos espíritos que só podem ser explicadas pela vida após a morte, mas o temor da morte é tão grande e irracional, que prefere se achar louco ou alucinado a aceitar seu estado de 'morto-vivo'.

Ele só foi capaz de ressignificar uma de suas próprias percepções porque se estabeleceu uma relação de confiança entre ele e Mara que lhe assegurou que ele viu mesmo o Joaquinzinho e que o Joaquinzinho continuava vivo após a morte.

Assim, passo a passo, ele vai aceitando o que teme. Vê que sobreviver à morte não é, afinal, tão ameaçador assim.

Uma de nossas médiuns explicou, em nossa reunião, que uma das coisas que a fez ficar no grupo foi a habilidade de conversar com os espíritos em seu mundo (empatia, lembram?). Ela participou de grupos onde o atendente usava o jargão espírita, com os termos mais técnicos, para 'explicar' ao espírito o que havia acontecido, e por mais que ela, médium, entendesse com facilidade o que o doutrinador dizia, as palavras geravam confusão e algum sofrimento a quem ouvia.

Imagina você conversar com uma pessoa que tem por universo vocabular o catolicismo, e se fala em perispírito. Recordei de meu pai fazendo uma palestra e perguntando se as pessoas novatas entendiam o que era perispírito. Alguém balançou a cabeça, como quando dizemos em Minas:

– Mais ou menos...

E ele explicou o significado para todos.

Conversando com crianças do mundo espiritual

Vez por outra se comunicam espíritos de pessoas que desencarnaram ainda na infância. Eles conversam não apenas com a linguagem infantil, mas como uma criança em seu mundo. A teoria espírita mostra que, após a desencarnação, os espíritos em geral demoram um tempo até serem capazes de passar pelo estado de perturbação e acessarem seus arquivos do passado. Habilidade para poucos, que demonstra evolução. A maioria se detém na última experiência e vai, aos poucos, ampliando tanto sua capacidade de perceber e entender o mundo espiritual, quanto de recordar e acessar o passado quando tem vontade.

Os espíritos em forma infantil, salvo os que se apresentam assim, com algum objetivo (lembram-se da criança lourinha com cachos que se apresentou a seu pai?) geralmente ainda decodificam o que está acontecendo com eles com mentalidade infantil. Perguntam sobre seus pais, sobre os irmãos, sobre os amigos, pela escola, e, dependendo de sua origem social, por sua comunidade. Amiúde desconhecem sua situação de desencarnados, embora possam tratar com naturalidade a presença dos avós. Após receberem a notícia, se se sentem seguros, podem não se perturbar como os adultos. Guardam predileção por seus jogos, por seus brinquedos e outros elementos do mundo infantil. Conversar com eles é como conversar com crianças encarnadas.

Não há sentido em fazê-los recordar do passado ou tentar que voltem a ser adultos. Apresentam-se a nós como desencarnaram, ainda não devem estar em condições de recuperar a forma e a mentalidade adultas. Yvonne Pereira refere-se a grupos de crianças no mundo dos espíritos como se fosse uma espécie de escola ou orfanato. Na verdade se trata de espíritos afins, em condições semelhantes, que se atraem, se percebem e entram em interação.

Para que servem, então as conversas com crianças? Dar-lhes segurança, fazê-los entender melhor onde estão e confiar nos espíritos que cuidam deles. Às vezes fazê-los perceber a presença de familiares que já desencarnaram, com naturalidade, ajudando-os a superar o medo. Quando eles nos trazem a questão da perda da família, conversar com eles sobre o assunto pode fazer com que aceitem melhor a situação em que se encontram. Falamos com eles da mesma forma que conversamos com as nossas crianças, indo até o ponto que nos permitem falar. Quando realmente apresentam esta condição, os espíritos em condição infantil reagem como as crianças: sem as elaboradas defesas que desenvolvem os adultos. Uma vez conquistada sua confiança, eles falam de assuntos que os adultos censurariam. Esta é uma característica que nos permite distinguir os espíritos em condição infantil dos que se fazem passar por crianças como disfarce.

Espírito de criança desencarnada

Uma criança desencarnada comunicou-se pela médium Riela em outra oportunidade. Sabemos com Kardec que, após a desencarnação, os espíritos passam por um momento de perturbação. Depois, aos poucos, vão se inteirando de sua condição no mundo espiritual.

Em nossas reuniões, percebemos que as crianças desencarnadas podem continuar algum tempo com a psique de criança, para, aos poucos, irem se assenhorando do seu acervo espiritual, lembranças de outras encarnações, acesso às capacidades de adulto que já tiveram anteriormente e que seguramente desenvolverão no mundo dos espíritos.

Algumas dessas crianças espirituais são levadas à reunião mediúnica e dialogam com os atendentes. Nessa situação, eles agem como quem está com uma criança capaz de compreender, aos poucos, sua situação espiritual.

A menina-espírito, que não se identificou, estava em uma casa, onde havia estado em coma e desencarnado. Ante a imensa ameaça de haver perdido tudo o que constituía sua última vida, a menina inventou uma crença mágica, na qual depositava todas as suas esperanças: ela acreditava que o corpo dormia, mas que ia acordar em algum momento. Ela entendia que a experiência da morte não era senão um sonho durante o sono.

Ânia perguntou à criança se ela estava em sua casa. Era uma primeira tentativa de fazê-la pensar sobre suas percepções para obter uma explicação mais próxima da realidade espiritual que agora vivia.

Esperta, a menina deu uma explicação 'mágica' para a pergunta:

– Eu saio de vez em quando da minha casa, mas para onde vou não é longe.

Ânia respondeu:

– Dessa vez você veio para longe!

A afirmação, coerente com a percepção da menina, fez com que ela parasse um momento para pensar. Pouco depois, ela respondeu, um pouco assustada:

– Então eu não vou mais voltar para o meu corpinho?

Ao que, complacente, Ânia explicou:

– Não. Você vai se preparar para poder andar mais.

Ânia não disse à menina que ela havia desencarnado, o que poderia perturbá-la, porque a morte é um tema tabu e potencialmente perturbador para uma criança. A menina, no entanto, conseguiu organizar melhor suas percepções do mundo espiritual e a explicação a ajudou a sair da posição estanque em que se encontrava.

O espírito infantil despediu-se de Ânia. Um diálogo rápido, mas produtivo. Explicou que ficou "um pouquinho triste" com a notícia, mas a aceitou.

Ânia acertou o tom do diálogo. Nem banalização, nem diálogo pueril, mas uma conversa esclarecedora, dentro dos elementos de compreensão que o espírito lhe forneceu.

Conversando com jovens

Os adolescentes, em sua busca por uma identidade própria, distante da que veio sendo construída em família, na infância, adoram participar de grupos. Nestes grupos, eles são desafiados a fazer coisas novas, que não faziam anteriormente, usar novos padrões de roupas, ouvir músicas que são partilhadas pelo grupo, mas não pelos pais, e até usar linguagens e expressões que são típicas do seu novo grupo de amigos e que não se encontram em nenhum dicionário. Passam-se as gerações e os grupos de adolescentes estão sempre desafiando padrões e criando novos tipos de expressões.

Sua relação com os adultos pode ser de respeito, de desconfiança, de desprezo... É sempre necessário obter sua confiança e respeitá-los muito para ganhar sua confiança. Isso não muda após a morte.

O JOVEM E O FILME

Mara atendia um jovem que não percebia haver desencarnado e que dava comunicação por Ana. Ele se recordava de estar voltando de um show e de ter se perdido.

Dizia que havia passado por muitos lugares antes de chegar ali (na sala da nossa reunião mediúnica). Afirmava que passara por lugares "barra pesada", por muitas "quebradas".

Mara tentou explorar as lembranças do momento da desencarnação, mas ele não conseguia entender o que havia acontecido. O jovem dizia que via uma luz (seria um farol de automóvel? Um clarão de um tiro?), mas não entendia, ou temia entender que se tratava do momento da desencarnação.

As reações às palavras da médium Ana eram típicas de um jovem:

– Então você está querendo me dizer que eu sou um fantasma? – falava o jovem enfatizando a palavra fantasma, com muito medo.

– Não é bem fantasma – replicou Mara.

– Então o que a gente é? Véi, eu vi um filme assim. Nele tinha gente que havia morrido e não sabia. No final eles estavam mortos! Você está falando que isso está acontecendo comigo? – disse, assustado. – O filme se chamava Os outros! É isso que está acontecendo comigo? Que doido!

– Sim, mas você não está morto. Seu corpo se foi, mas você continua vivo. É uma nova vida.

– Quem é você? – replicou, ainda temeroso.

– Eu participo de um grupo que conversa com pessoas como você, que precisam de algum tipo de ajuda.

– Minha mãe! Minha família! Minhas coisas! Eu estou procurando elas! Preciso voltar para elas! – falou, quase desesperado. – Eu tava querendo é voltar para casa!

– Agora você está em um novo momento – replicou Mara. – O carinho, a emoção, o amor de sua família continua, mas você começa uma nova vida. Olha as pessoas que estão aí. Umas estão atendendo, outras cuidando, há muito o que fazer.

– É muita coisa que está passando na minha cabeça – disse o jovem.

– Estão trazendo uma água para você. Você vai ter uma cama gostosa para dormir até se sentir melhor. Fique bem.

– Uma cama! Eu preciso mesmo disso!

E se despediu, em um estado melhor.

Na terceira parte da reunião, a médium Ana explicou que a gíria dele era muito mais carregada, mas que ela não conseguia transmitir todas as palavras exatas que ele transmitia, traduzindo algumas.

Licantropia e deformações

Como o perispírito é plástico e pode mudar de forma a partir dos pensamentos e sentimentos dos desencarnados, é possível que um espírito se apresente ao médium com forma animal. Até onde me lembro, foi André Luiz, através do lápis de Chico Xavier, o primeiro a narrar este fenômeno em seus livros.

O fenômeno, contudo, não é privilégio dos desencarnados. A psiquiatria tem relatos de pacientes psicóticos que têm o delírio de ter forma animal. Usava-se o termo licantropia para esta síndrome, não importa que tipo de animal a pessoa acreditava ser. Keck e outros (2009)[83] comunicaram doze casos de licantropia, com duração variável entre um dia e treze anos. Khalil e outros (2012) narram um caso no qual uma paciente de quarenta e sete anos com diagnóstico de transtorno depressivo maior tem o delírio de tornar-se uma serpente. David Kahn, na discussão do caso citado, fala em delírios de ser lobo, "leopardo, leão, elefante, crocodilo, tubarão, búfalo, águia, sapo, abelha, cão, esquilo da Mongólia, coelho, cavalo, tigre, gato, pássaro e espécies animais não especificadas", todos encontrados na literatura. Ele também cita os principais diagnósticos apresentados pelos pacientes: 'esquizofrenia, depressão psicótica, transtorno bipolar, uso de cannabis (maconha) e álcool, transtornos de personalidade e condições médicas gerais'. Kahn comenta um detalhe curioso:

> Muitos relatos de caso têm descrito a licantropia como um transtorno delirante agudo que frequentemente acontece em pacientes que creem que sofrem possessão demoníaca como uma punição por seus atos.[84]

---

[83] O leitor encontra o artigo pela internet em: https://www.cambridge.org/core/journals/psychological-medicine/article/div-classtitlelycanthropy-alive-and-well-in-the-twentieth-centurydiv/15985137FFD40A05613393B50B9F62E1.

[84] KAHLIL, R. B. et al. "Lycanthropy as culture-bound syndrome: a case report and review of literature", *Journal of psychiatric practice*, vol. 18, n. 1, jan. 2012, p. 52.

Na literatura espírita, André Luiz descreve o caso de um espírito que se sentia culpado por ter realizado abortos, que é influenciado por outro espírito desencarnado. O perturbador sugere que a mulher era uma loba e vai repetindo até que ela assume esta forma perispiritual.

O psiquiatra Jáider R. Paulo,[85] descrevendo sua experiência com atendimento de espíritos desencarnados, afirma que há duas possíveis causas da perda da forma humana: a culpa e a fixação da mente em um episódio acontecido no passado. Ele sugere técnicas de sugestão hipnótica para a mudança da forma do espírito.

Muitos espíritos se apresentaram com o que seriam deformações físicas, se encarnados, mas poucos tinham formas de animais. Um se apresentou em forma de serpente, nos primeiros anos de prática do nosso grupo. Em princípio, nem falava. O médium precisou avisar o atendente sobre a forma do espírito para que ele iniciasse uma espécie de monólogo.

Estando sob a forma animal e acreditando que não era capaz de falar ou pensar como uma pessoa, seria muito difícil atendê-lo. Então, o atendente cumprimentou-o e começou a dizer-lhe que era uma pessoa e que poderia ser capaz de se comunicar. Deu boas-vindas ao grupo, falou um pouco sobre o trabalho e perguntou-lhe quem era. Aos poucos, o comunicante começou a falar, com alguma dificuldade. Trocou palavras e em algum tempo, foi capaz de nos explicar sua história. Ele não se sentia humano e fazia trabalhos para outros espíritos obsessores, que o utilizavam para alterar o panorama mental de encarnados que se deixavam influenciar por ele. No final da comunicação, foi possível sugestioná-lo a voltar à forma humana. Com passes aplicados sobre o médium e prece, ele se sentiu mudar e emocionou-se bastante.

A licantropia e outras deformações perispirituais não são, contudo, uma questão de forma, mas de conteúdo mental.

O TRISTE CASO DA DEFORMAÇÃO

Um espírito comunicante apresentou-se como uma espécie de portador de necessidades, com a mão direita toda contorcida, através da médium Suzy. Dizia-se um sofredor e desejava que o atendimento pudesse aliviá-lo do fardo. Jacques questionou-lhe como ele havia ficado com aquela forma, mas ele evitava falar de si mesmo. Entendia-se como vítima. Após algum tempo de conversa, o atendente perguntou-lhe:

---

[85] PAULO, Jaider R. *Enigmas da desobsessão*. Belo Horizonte: Ame, 2016.

– O que você fará se sua mão ficar boa?
Ele se alterou. De pobre sofredor, tornou-se um algoz violento:
– Vou matá-los com minhas próprias mãos!
Durante alguns minutos, ele fez comentários raivosos e ameaças. Passou a falar sobre o que havia sofrido no passado e desejava vingança. A deformidade era a expressão perispiritual de seu ódio e dos desejos que acalentava em sua mente, não se sabe há quanto tempo.

Não me recordo bem do desfecho deste atendimento, mas nem sempre se consegue mudanças de intenção dos espíritos atendidos. Já houve casos de retorno do mesmo espírito mais de uma vez pelo mesmo médium. O atendimento se deu aos poucos.

Partejar a consciência da desencarnação

José Mário Sampaio não recebeu bem a proposta de Hermínio Miranda de induzir os espíritos desencarnados a recordar outras vidas, especialmente espíritos endurecidos ou 'presos' a um episódio marcante do passado. Ele temia que o atendimento conduzido sem tato, como uma técnica genérica, levasse os espíritos a um estado de perturbação.

Em psicologia, Freud criou a expressão "análise selvagem" ou "psicanálise selvagem" para se referir a analistas que saem dizendo ao seu paciente, de pronto, o que eles adivinham, a partir do relato deles. Mesmo que estejam interpretando corretamente, ao agirem desta forma, eles criam uma situação de ansiedade, em vez de realmente auxiliar seus pacientes. Os psicólogos costumam usar também o termo invasivo, de forma crítica, para se referir a técnicas psicológicas que não respeitam a capacidade de o cliente ou paciente perceber certas observações que parecem até óbvias ao analista.

Esse respeito ao momento da desencarnação, cada espírito o processa de forma singular. Sabemos, a partir das observações de Allan Kardec,[86] que há o desligamento do corpo, há um período de perturbação e que cada espírito passa a interpretar sua nova experiência de acordo com as crenças que apresentava durante a vida, seu apego ao corpo, à família e sua dependência das sensações físicas.

Por essa razão, um tema muito importante no atendimento aos espíritos é perceber se têm consciência da desencarnação, e esta consciência tem diversos graus. Há os que nem imaginam que estão desencarnados, há os que suspeitam em função da estranheza que relatam a partir das

[86] KARDEC, Allan. *O Céu e o Inferno*. 'O passamento'. 24 ed. Rio de Janeiro, FEB, 1977.

percepções em sua nova existência, mas temem muito aceitar a ideia, há os que sabem que desencarnaram, mas estão confusos com as novas percepções e há os que conhecem bem sua condição de desencarnado.

Saber da condição de desencarnado não necessariamente significa estar em boas condições no plano espiritual. Em nossa experiência e na literatura espírita, há espíritos malvados, frios, que conhecem sua situação e têm relativa liberdade de ação no mundo dos espíritos.

Uma das primeiras questões que tento apreender de um espírito comunicante é que grau de consciência ele tem do mundo dos espíritos. Um ponto central é a questão da consciência da desencarnação.

Como é um tema passível de gerar perturbação, geralmente abordamo-lo com cuidado. Isso envolve levar o espírito a explorar suas próprias percepções, especialmente as que deixam claro que ele não se encontra mais no mundo dos chamados vivos.

São diversas as percepções que podem ser exploradas: a mudança no seu cotidiano, a perda de contato com a família, a falta de percepção de pessoas queridas, a percepção de pessoas que eles sabem que já desencarnaram, pedir-lhes que descrevam o local onde se encontram, ver se são capazes de perceber que se comunicam através de um médium e, por último, se eles não tocarem no assunto, as memórias que têm do momento da desencarnação, que geralmente se iniciam um pouco antes.

O CAMPONÊS CONFUSO

Através da médium Ana, comunicou-se um espírito com consciência relativa de sua condição. Ele ainda não sabia que estava desencarnado, mas suspeitava. Já havia estado em outras reuniões mediúnicas e os atendentes lhe haviam dito que havia desencarnado, mas ele não acreditava, ou melhor, não conseguia entender bem o que acontecera.

Nossa atendente, Mara, começou, então, a conversar com ele e a explorar suas percepções. Ele era um camponês, ou como dizemos aqui em Minas Gerais, da roça. Não havia estudado em sua última vida, mas era inteligente e havia aprendido na escola da vida a explorar e entender seus novos interlocutores.

Mara levou algum tempo estabelecendo contato. Neste momento, é fundamental que o espírito perceba que seu interlocutor não é uma ameaça e que pode confiar nele, ainda que precariamente. O que normalmente fazemos é tentar apreender como é o mundo do comunicante ou, mais especialmente, como foi na última existência.

Quando sentiu que era bem recebido, ele mesmo começou a indagar o que havia acontecido. Havia uma espécie de lacuna entre suas últimas memórias, que eram anteriores ao momento da desencarnação, e sua situação atual. Causava-lhe estranheza que as pessoas não o cumprimentassem mais, que o tratassem como se ele não estivesse presente.

A atendente foi explorando com ele sua própria narrativa e experiência. Não demorou muito para ele perceber que estava desencarnado e que a atendente o estava conduzindo à conclusão óbvia. Sua perturbação, contudo, não era saber-se desencarnado, como a grande maioria dos espíritos que não tinha consciência do momento da desencarnação, mas o que seria da sua vida daí para frente. Ele disse ao atendente:

– Você é mais jeitosa que os outros que conversaram comigo, mas o que vai ser da minha vida daqui para frente? Eu estou morto? Não tenho mais família nem trabalho? O que vou fazer?

A conversa então mudou um pouco. Ele via pessoas de branco, possivelmente alguns dos espíritos socorristas do grupo que usavam uma imagem ligada à saúde (técnicos de enfermagem) para que fosse mais fácil ao comunicante entender e aceitar seu auxílio.

– Agora você precisa se recuperar – disse-lhe Mara.

– Há um hospital aqui e você pode ficar alguns dias lá até entender melhor o que vai fazer de sua vida.

– Há hospital depois da morte? – respondeu, um pouco surpreso.

Não faria muito sentido um hospital para pessoas sem corpo, se levado ao pé da letra, mas a imagem é útil para que os espíritos sintam-se cuidados e estabeleçam contato com outros que lhes são desconhecidos, possibilitando serem auxiliados.

– Há sim – respondeu a atendente. – E há muitas coisas que se parecem com quando você estava vivo, mas ainda é muito cedo para você entender sua nova vida. Você vê um homem de branco?

– Sim, vejo! – respondeu, um pouco reticente. Mara havia ganhado sua confiança e, agora, tentava fazer com que ele estabelecesse uma relação de confiança com o espírito que se dispunha a auxiliá-lo.

O camponês insistiu um pouco ainda sobre o que seria da sua vida. Isso o perturbava. A médium explicou que era o ponto central de seu incômodo e da aceitação da morte, que ele já suspeitava na parte de relatos da reunião. Ele acabou aceitando sua nova condição de morto com uma nova vida à frente e despediu-se após o convite do 'enfermeiro' desencarnado.

Um pouco de informação... sem pressão

Em algumas situações, a informação e o diálogo podem ser muito proveitosos no atendimento. Como já mencionamos anteriormente, na série *Histórias que os espíritos contaram*, Hermínio Miranda apresenta diversos atendimentos seus, frase a frase.

Hermínio usa de uma técnica um pouco diferente da que apresentamos neste livro porque discute, caridosa e respeitosamente, algumas ideias com seus interlocutores.

O materialista

Um espírito que se comunicou por Alex ficou muito confuso com a questão da morte. Ele acreditava firmemente que a vida se ia com a cessassão de funcionamento do corpo. E como houvera percebido o fim de seu corpo físico, insistia que não existia. Parece hilário, mas era mais ameaçador a ele abrir mão de suas crenças do que de suas percepções pessoais. Conversar até que aceitasse que continuava pensando, que era possível dialogar com outros espíritos e que estava em contato conosco através de um médium foi um processo que demandou tato e paciência.

Os materialistas têm outros problemas. Um dos espíritos que se comunicou conosco ficou perplexo com a sobrevivência à morte do corpo e concluiu:

– Se a alma sobrevive ao corpo, então pode existir Deus!

Ouvir com atenção até entender como o espírito comunicante percebe e interpreta sua experiência, o mundo à sua volta, suas recordações e, talvez, seu futuro, continua sendo mais importante que sair falando e ensinando.

O Grego

Em um de seus atendimentos,[87] por exemplo, Hermínio está dialogando com um espírito que se aproximou de outros semelhantes, que formaram uma "comunidade cultural grega". Nesse caso, as primeiras páginas são um debate respeitoso sobre razão e emoção. Cabe notar que o espírito não é hostil nem ignorante das realidades espirituais de forma geral, tampouco está preso em um conflito emocional. Apenas optou por um projeto de vida fechado nas questões intelectuais, possivelmente abstratas. Com o pouco que fala de si, os debates sobre

---
[87] MIRANDA, Hermínio. "Quem ama chega primeiro". In: *O exilado e outras histórias que os espíritos contaram*. 2 ed. São Bernardo do Campo: Correio Fraterno, s.d. p.28.

ângulos, faz lembrar os pitagóricos gregos. Hermínio argumenta a importância do amor e tenta convencê-lo a mudar.

Nota-se que o projeto de vida escolhido pelo espírito apresenta uma precária segurança, que bloqueia seu desenvolvimento interior. Ele mesmo afirma isso:

> – Agora compreendemos por que tínhamos tanto receio do senhor. Acho que intimamente devíamos saber que o senhor ia provocar tudo isso. E não queríamos enfrentar. Por isso, queríamos passar ao largo, não queríamos...[88]

Desencarnado no trabalho

Um senhor comunicou-se por Jeziel e foi atendido por Ânia. Ele começou pedindo:

– Senhora, pode me ajudar, fazendo o favor? Estou precisando de auxílio. Eu passei mal e acordei aqui. Minha mulher está me esperando e eu quero ir para casa comer um pedaço de queijo e tomar um copo de vinho.

– O que aconteceu? – perguntou Ânia.

– Alguém me carregou para outro lugar diferente de onde eu estava e não estou conseguindo achar minha casa. Pode me ajudar? Eu estou perdido.

– Você estava trabalhando?

Com essa pergunta, Ânia tenta reconduzir o espírito comunicante ao momento da morte, de forma indireta, uma vez que ela já desconfia de que ele não tem consciência nem de ter desencarnado nem de estar se comunicando através de um médium. Pode ser até que ele já desconfie, mas usa as "defesas do ego",[89] porque a aceitação da morte do corpo pode ser percebida como muito ameaçadora.

– Estava sim. Juntei minhas coisas, a enxada, o embornal, a garrafa de café, e tudo o mais que eu uso para trabalhar na terra. Quando me levantei, senti uma pressão no peito, dor, aí eu caí desmaiado e não levantei mais.

– Você falou que teve problemas de coração... – falou Ânia, possivelmente tentando fazer com que ele percebesse que seu coração havia

---

[88] Idem.
[89] Defesa é um conceito criado por Freud para referir-se a "operações cuja finalidade é reduzir, suprimir qualquer modificação suscetível de pôr em perigo a integridade e a constância do indivíduo biopsicológico" (Laplanche e Pontalis).

parado e que ele havia desencarnado. O velho lavrador, contudo, desconversou:

– É mesmo. Eu havia ido ao médico e ele falou que eu tinha um problema mesmo. Falou que eu tinha que diminuir com o queijo; um pedacinho só por dia, e o café. Eu podia tomar só um copo, um copinho de vinho. Ele passou remédio para mim, mas eu não lembro o nome. Sabe, eu estou preocupado com a minha velha! Ela deve estar preocupada porque ela me regula muito. Às vezes tem uma dor que a gente sente!

Ânia tentou acalmá-lo. Referiu-se ao local onde estava e como era diferente. Tentava trazê-lo de volta ao confronto de suas percepções espirituais, das quais ele fugia.

– Não estou entendendo mesmo isso não.
– Você está em um local diferente – afirmou ela.
– É. Eu não conheço esse local mesmo não.
– Você falou da dor. Temos que fazer um tratamento!

Mais uma vez, Ânia tenta fazer com que o senhor se voltasse para o próprio caso. Mas ele desconversa, hábil e contraditoriamente.

– Não estou mais com nada. Eu estou bom. O que eu preciso é voltar para casa, encontrar com minha velha, comer meu queijo...
– Mas você não falou do coração? Não disse que sentiu dor? Você não passou mal? – insistiu Ânia.
– Passei, mas agora estou bom!

Ânia tenta de outra forma, faz referências a um hospital, imagem que normalmente é visualizada pelos espíritos que são atendidos no mundo dos espíritos. Mas nosso amigo vai questioná-la mais uma vez.

– Você precisa fazer um tratamento. Às vezes precisa ir a um hospital!
– Eu não fui a um hospital! – afirmou.
– Esse hospital é um pouco diferente! – arriscou Ânia. Todavia, ela não sabia ainda qual era a percepção do espírito e ele a desautorizou.
– Onde é que já se viu hospital ao ar livre?
– Você está vendo gente diferente? – perguntou Ânia.
– Estou. Tudo com cara de abobado!
– Como assim? – perguntou.
– Abobado! Que dorme em um lugar e acorda no outro. Eu já descansei. Estou preocupado mesmo é com a minha velha. Ela deve estar muito aflita. "Cadê" ela que eu não estou vendo?

Tentando acalmá-lo, Ânia lhe disse que já haviam mandado avisá-la. Isso só aumentou a desconfiança do lavrador idoso, que passou a limpo tudo o que já havia sido dito a ele.

– Eu estou achando isso muito esquisito. Hospital ao ar livre, minha mulher foi avisada, mas não está aqui comigo. O sujeito passa mal e acorda em um hospital... Olha, eu já fui num hospital. Estava na labuta e tive um corte feio, no pé. Meus conhecidos me levaram para lá com dificuldade. Daí a pouco chegou minha velha e me xingou todo porque eu não usava bota, só chinelo. Você entende? Eu passei a usar bota só para agradar. Mas eu não estou vendo a minha velha aqui. Entende, no dia a dia é só a labuta e nós dois. Tinha os filhos, mas agora eles têm a vida deles. Mudaram.

Ânia retoma o fio da conversa, buscando voltar a atenção do espírito para a desencarnação, que ele nega repetidas vezes.

– Você acha que precisa de mais alguma coisa? Você passou por um problema grave. Coração! Quem sabe não precisa de um tratamento melhor, mais definitivo. As pessoas costumam dizer, quando visitam os velórios, que 'fulano estava tão bem'!

– Mas eu estou bem!

– Será que está bem mesmo?

– É... aqui é um bocado diferente. O local, as pessoas...

Nosso lavrador começa a aceitar que suas percepções não são fáceis de explicar.

– Você está percebendo que as coisas estão diferentes – reafirmou Ânia. – A voz, por exemplo, não parece a sua.

– Pode ser o mal que eu senti!

– Olhe a sua mão! – tentou mais uma vez a atendente. – Ela se parece com a sua? Você era alto e forte? (O médium Jeziel é alto e forte).

– Eu era meio miúdo.

– Você está diferente em termos de físico, não acha?

– Eu não vejo meu corpo. Estou como se estivesse em cima de um par de pernas de pau.

Ânia, percebendo todos os usos de defesas, optou por contar-lhe a verdade, ainda com cuidado, mas afirmativamente.

– Você vê. Está diferente, seu corpo não se parece com o seu. Você passou mal, sentiu dores e não mais voltou para seu corpo.

– Uai! – falou o "morto"!

– Depois disso a gente morre – disse ela.

– Morrer, não morre não! Ó eu aqui, ó! – insistiu nosso velhinho trabalhador. – Se eu tivesse morrido, era para eu estar, não digo no céu, porque o céu não é para a minha espécie. Inferno também não. Eu ficava no meio-termo... Você entende, no purgatório. Mas eu não estou vendo alma penada. Só estou vendo gente! Lugar estranho, gente esquisita!

– Você não morreu – explicou Ânia, paciente. – Só o seu corpo. Quando o coração parou de bater, na roça não falam que uma pessoa morreu 'igual a um passarinho'? Foi o que aconteceu com você, seu coração parou de bater. E você não está mais no corpo. Ficou um tempo desacordado e agora que voltou a acordar, está preocupado com sua esposa.

– Então não estou entendendo esse negócio de morrer. Céu não é. Inferno também não, porque as pessoas que estou vendo aqui são gente boa. Esquisitas, mas boa gente.

– Aqui não é céu nem inferno. É um local em que a gente fica! – explicou novamente Ânia.

– Você está falando que eu morri? – começou a aceitar o que já suspeitava o lavrador. – Meu Deus! Então minha velha chorou e eu não estava do lado dela?

– Aconteceu sim, mas quando seu pai e sua mãe morreram foi a mesma coisa. – explicou Ânia. – Você também chorou e eles não estavam lá para consolá-lo. É a linha natural da vida e da morte!

– Sua ideia de morte é meio diferente – afirmou, meio desconsolado. – Eu ia nos pastores. Eles ensinavam a gente sobre o céu e o inferno, sabe? Eu vi na Bíblia ilustrada lá de casa. Tinha anjos, nuvens!

– Aquilo são ideias, amigo. Daqui para a frente há muito o que aprender – falou Ânia.

Ânia conseguiu dar movimento à mente do espírito, preso à sua vida anterior, possivelmente temeroso de explorar e entender a realidade espiritual que, então, vivia.

COMPREENDER A SITUAÇÃO ESPIRITUAL

As experiências já descritas na literatura espírita sobre a situação de espíritos no plano espiritual auxiliam a compreensão do que nos relatam os espíritos.

"VICIADO EM ADRENALINA"

Um jovem de 28 anos comunicou-se através de Alex. Estava consciente de ter desencarnado e já falando de sua última vivência. Ele admitia que era "viciado em adrenalina" e que tinha colocado como desafio pular de um rochedo em um lago ou riacho. Era um ambiente montanhoso e ele foi sozinho, de motocicleta, para o local. Almejava sentir a emoção do salto e se gabar depois do feito.

Algo deu errado e ele bateu a cabeça. Ainda sentia a situação da queda e o som da água nos ouvidos após o mergulho, como se bolhas se formassem junto ao rosto. Após desencarnar, ele via o próprio corpo sem socorro. Via a moto e vivia uma vergonha imensa e um sentimento de que havia desperdiçado a vida.

Sentia a necessidade de contar o que havia acontecido e de falar de seu arrependimento. Talvez tivesse contado a história mais de uma vez se o atendente não tivesse iniciado um diálogo à base de perguntas.

Explorando de um lado e explicando de outro, Jacques, o atendente, percebeu que ele não tinha conhecimento claro de sua situação no mundo dos espíritos. Apenas sabia que havia desencarnado.

– Você percebe o que está acontecendo?

– Eu não sei ao certo onde estou, nem como vim parar aqui. Sei que estou falando por alguém.

– Quem trouxe você?

– Eu sei que fui trazido por alguém, mas não sei quem me trouxe.

– Você sabe que está desligado do seu corpo?

– Sei, mas ainda sinto dor. Minha cabeça dói. Se eu estou desligado, por que minha cabeça dói? Eu vejo e ouço monstros.

– Monstros?

– Sim, como os da mitologia. Não sei o que são. Eles ficam rindo de mim e me chamando de idiota, de imbecil, de estúpido. São estranhos. São monstros, não são?

A descrição, embora diferente de tudo o que já lemos, não deixa dúvidas. Trata-se de um suicida, ligado ainda ao momento da morte violenta, hostilizado por espíritos em condição de sofrimento, talvez suicidas também, que o acusam do ato, mas não são percebidos como tal. É uma espécie de círculo vicioso, em que as recordações, o sofrimento e os outros espíritos percebidos fazem reviver o ato, o arrependimento e o sofrimento físico e psicológico (moral, para Kardec).

– Eu vi meu corpo boiando e depois junto da areia e das pedras. Precisava que alguém me socorresse, mas não tinha ninguém. Eu podia morrer!

Aproveitar do vínculo com a mente do médium para ampliar a capacidade do sofredor de perceber novas coisas foi a estratégia escolhida por Jacques.

– O que você consegue perceber?
– Ninguém. Só os monstros.
– Afinal, quem trouxe você? Você consegue fazer um esforço?
Para a surpresa do atendente, ele respondeu de pronto:
– Meu pai!
E começou a contar que havia "perdido" o pai há cerca de dois ou três anos. Ficou chocado e ainda mais envergonhado de ver o pai. Sabia que havia desperdiçado uma existência e que seu pai não aprovaria, da mesma forma que ele próprio não aprovava sua aventura.
– Você amava seu pai?
– Sim! – respondeu. – Mas estou envergonhado!
– Seu pai o está recriminando ou está feliz?
– Ele está feliz!
– Ele ama você, não é mesmo? Então, por que você não o abraça?
– Com licença, eu preciso abraçar meu pai.
Ele se despediu do grupo. Jacques ainda teve tempo para convidá-lo para voltar e contar o que aconteceria, se pudesse.
Na terceira parte, Alex ainda deu detalhes que havia percebido, mas que o espírito não havia falado.
O pai acompanhou a desencarnação do filho. Depois da queda, quando viu o corpo já sem vida, tentou intuir pessoas nas redondezas a irem para recolhê-lo. Depois, não se sabe precisar o tempo, foi ele quem havia trazido o filho à reunião, mas não havia sido percebido pelo jovem, que se encontrava em um estado misto de confusão e perturbação do pós-morte.
Neste caso, o conhecimento dos relatos do suicídio após a morte auxiliou o atendimento. Ouvir, acolher o que é falado, aceitar incondicionalmente o que o espírito relata, tentar ampliar sua capacidade de percepção do mundo espiritual e reconectá-lo com uma pessoa tão marcante quanto a experiência que prendia seus processos cognitivos foi o caminho para conseguir um avanço psicológico no mundo espiritual.
Uma situação que nos ilustra bem a necessidade de "entrar no mundo" do comunicante aconteceu com Alex. O processo de percepção do espírito comunicante foi curioso. Ele começou a sentir uma angústia de morrer, ele próprio, o médium, e começou a se preocupar com a esposa e os filhos. O que aconteceria com eles? Começou a pensar em

seu trabalho e em situações práticas que seriam afetadas pela desencarnação.

Aos poucos, ele se deu conta de que não era um sentimento pessoal.

OBTER A CONFIANÇA DO COMUNICANTE

Boa parte dos espíritos atendidos não conhece o grupo, a prática mediúnica ou as pessoas que lá estão. Qualquer mudança de atitude só é possível se houver o estabelecimento de laços de confiança, e eles começam com o atendente.

Parecer gentil, bonzinho ou paciente não é suficiente para estabelecer uma relação de confiança. Ficar mostrando conhecimento ou desejar mostrar superioridade intelectual, muito menos. Podemos confiar em pessoas que nos compreendam (empatia), que falem a verdade (congruência) e que não nos fiquem recriminando (aceitação incondicional).

MORADOR DE RUA

Após uma leitura sobre benfeitores espirituais, comunicou-se por Ana um jovem de vinte e poucos anos, desencarnado, que havia vivido boa parte de sua última reencarnação nas ruas. Estava consciente da desencarnação e ouvira o estudo que foi feito antes da reunião.

– Vocês vivem em outro mundo. No meu mundo não existe esta coisa de benfeitor.

Ele se referia à triste realidade das ruas.

– Na minha vida não tive ninguém que me amasse – afirmava veementemente.

Ele foi criado em um orfanato. Órfão de pai e mãe. Quando atingiu a idade adulta, foi para as ruas. Lá, aprendeu a sobreviver da forma que fosse possível. Pequenos furtos e tráfico de drogas, para sua própria manutenção, eram sua atividade cotidiana.

Durante mais de dez minutos, o jovem contou sua história e foi ouvido por Claude. Repetia a tese da injustiça do mundo em que vivera e achava que o que falávamos sobre benfeitores espirituais não se aplicava a ele ou à marginalidade. Claude ouviu pacientemente, deixou que ele falasse tudo o que julgava importante, que mostrasse sua indignação e depois começou a falar de reencarnação.

– Você acha injusto porque só se lembra do que aconteceu na sua última vida, mas ainda não se lembra do que aconteceu em outras reencarnações?

— Reencarnação, o que é isso?
— Você viveu outras vidas.
— Eu tive outras vidas? Então, eu posso ter passado por uma espécie de castigo ou punição pelo que fiz?

A ideia de reencarnação não fazia parte do repertório da última vida desse espírito, mas ele era inteligente, como havia dito antes:

— Eu posso não ter estudado, mas ninguém me faz de bobo, não. Eu sou esperto, não ache que pode me enganar! Não sou burro.

Claude evitou um discurso professoral.

— Sim, meu amigo. Você teve outras vidas, mas não adianta eu ficar lhe explicando isso agora. O importante no momento é que você pode ficar por aqui e se refazer, descansar.

— Mas o que você quer em troca? No meu mundo, todos querem alguma coisa em troca.

— Não quero nada, não precisamos de nada.

Acreditando no atendente, o espírito confessou:

— Eu nunca vi isso antes. Eu vou ficar aqui, mas só porque você me parece sincero.

Ana, a médium, tivera outras intuições que não pôde dizer no momento. Embora não tivesse pais vivos na última reencarnação, o espírito teve uma pessoa que, no orfanato, mesmo com todas as limitações da condição, oferecera-lhe atenção e carinho, ocupando temporariamente esta função. O atendente não teve como perceber e a médium não tinha como falar, mas havia, mesmo na última encarnação, uma experiência desse espírito de confiança, que Claude conseguiu inspirar nos poucos minutos em que conversaram, alterando a consciência e disposição de um ex-morador de rua.

Uma posição que se deve evitar para a construção de uma relação de confiança é a da 'professora de jardim de infância'. É uma relação entre adulto e criança, na qual se deseja que a criança adquira confiança. Então, a professora incentiva tudo o que ela faz, às vezes dando a entender que um desempenho trivial é excepcional. Isso pode ter algum valor para uma criança, mas é percebido por um espírito como uma tentativa de manipulação ou de infantilização. Eles geralmente desconfiam de quem age assim, com suspeição, como o faríamos se alguém nos fizesse um elogio que soasse falso. O que esta pessoa está querendo? Esta seria nossa pergunta. Não seria diferente com os espíritos.

O contato com a experiência pessoal do espírito

O aconselhamento só é válido quando a pessoa deseja ouvir conselhos. Quando fazemos sugestões para pessoas desinteressadas em nossa opinião, na maioria das vezes, não somos ouvidos e, às vezes, nos consideram importunos.

O mesmo se dá com pessoas desencarnadas, especialmente aquelas que são 'trazidas' para a reunião mediúnica. Geralmente são espíritos inferiores, muitas vezes malfeitores, fixados em uma ideia de vingança, ódio ou ressentimento. Para alguns, é uma surpresa terem sido levados contra sua vontade a algum lugar. Outros se consideram prisioneiros e alguns chegam a se considerar acorrentados.

Nesses casos em que não há qualquer demanda de explicação, não costuma haver confusão mental e o conhecimento costuma ser superior ao nosso. Não se deve ter a pretensão de explicar. Uma das coisas que se deve fazer é colocar o espírito em contato com sua própria experiência para que ele próprio possa repensar seu projeto de vida.

Rui, o obsessor

Iniciamos os estudos do livro *Nos bastidores da obsessão* em nosso grupo de sábado. Como o título bem diz, é um livro que tem por narrativa central o atendimento de um caso de obsessão ocorrido nos anos 1930, por trabalhadores da União Espírita Baiana, tendo por destaque Manoel Philomeno de Miranda (que narra os acontecimentos à mediunidade de Divaldo P. Franco) e José Petitinga.

No dia da primeira leitura, ainda no exórdio, hábil e sinteticamente apresentado por Mila, um obsessor comunicou-se na segunda parte, através da médium Ana, e foi atendido por Claude. Vamos chamá-lo de Rui.

Com um tom autoritário e orgulhoso, quase imperial, ele demandava de nós:

– Eu quero saber o que vim fazer aqui, porque não sou deste lugar!

Na terceira parte, soubemos pela médium que ele não tinha qualquer percepção do ambiente espiritual da reunião. Só percebia os participantes, as cadeiras e a porta de saída. Ele via a sala como qualquer um de nós e não tinha contato com os espíritos que nos supervisionavam, embora soubesse de sua existência e presença.

Claude não sabia, naturalmente. Ele podia imaginar que alguém trouxe esse espírito. Pelo tom de voz, já se podia depreender que estava acostumado ao mando e que não se tratava de um espírito superior, mas possivelmente de um obsessor, o que o desenrolar do diálogo confirmou.

— Você prefere ficar lá? — perguntou o atendente.
— Sim. Lá era melhor.
— Mas você estava se sentindo bem lá? — indagou.
— Muito bem! Estava bem e satisfeito, até que fui trazido aqui, não sei por quem.

Esse tipo de descrição é muito comum entre os espíritos atendidos na reunião. Alguns ainda se acham no ambiente mental em que se encontram no mundo dos espíritos. Outros, mais conscientes, percebem a mudança de ambiente e alguns têm clareza de tudo o que se passa, exceto a ação de espíritos que lhes são superiores.

— Você não estava cansado? — arriscou Claude.

Alguns espíritos que praticam atos de violência costumam ser levados à reunião, já incomodados com suas ações e com o relacionamento que estabelecem com outros espíritos. Ao perguntar, Claude desejava saber se não se tratava de um espírito em conflito interno, que poderíamos chamar de limítrofe, no sentido de estar prestes a mudar seu projeto de vida.

— Não, Rui — replicou altivo. — Eu estava muito bem. Tinha muito prazer no que fazia! Como vim parar aqui?
— Nós convidamos você e você veio — arriscou novamente Claude.

Claude arriscou um palpite, uma vez que o espírito já se havia queixado de ter sido trazido contra sua vontade. Ele reagiu com sarcasmo. Riu gostosamente, dando a entender que tinha consciência parcial do que havia acontecido e que em hipótese alguma ele aceitaria este tipo de convite. Por isso, havia sido trazido contra a vontade por alguém.

Claude percebeu seu engano, mas não se deixou perturbar pela encenação de Rui e voltou à carga:

— Você está cansado?
— Não — replicou. — Não estou nada cansado. Na hora que vocês abrirem aquela porta, eu vou sair por ela. Ninguém me segura aqui.
— Mas você não está preso — assegurou o atendente.
— Claro que estou! Fui trazido contra a minha vontade e tem uma porta fechando a sala!

Nessa resposta, o espírito falava como quem diz:

— Você sabe muito bem que as coisas não são como você as está descrevendo. Minha liberdade foi violada e estou contra a minha vontade!
— Você pode abrir a porta e sair — replicou Claude.
— Você não vai me enganar. Eu conheço vocês! Ali tem uma armadilha. Você quer que eu vá abrir a porta e, quando tocar na maçaneta, a armadilha virá. Sei como vocês trabalham, viu?

Há um quê de paranoico na resposta de Rui. Ele se vê como inimigo dos espíritos que o trouxeram, e talvez esteja obsessivamente ligado às suas intenções. Então, qualquer tentativa de demovê-lo do que deseja fazer é visto como algo ameaçador, capaz de prejudicá-lo. Se o espírito foi trazido contra a sua vontade, o foi por alguém com autoridade moral sobre ele, que lhe deseja o bem. Mas o bem é visto de outra forma por ele e o abandono de suas ações, que ainda não conhecemos, é algo imensamente ameaçador. Rui sabe que o atendente tem consciência limitada de sua história. Então, mais uma vez o provocou:

— O que você imagina que eu faço?

Ao mesmo tempo em que lhe mostrava 'o seu lugar' na conversa, ele projetava uma imagem de poder e superioridade, visando intimidar Claude. O atendente, no entanto, respondeu, de forma coerente com seus valores, que o obsessor igualmente conhecia:

— Coisa boa não é.

Rui ficou na 'defensiva'. No fundo, ele sabia que Claude tinha razão, mas já havia construído um discurso no qual justificava tudo o que fazia, para si mesmo. E o repetiu para o atendente:

— Alguém tem que fazer justiça. Eu sou desses. No universo — teorizava —, quem faz o mal tem que ser punido. Eu me encarrego de fazê-lo!

O discurso dele repete o mito dos anjos caídos ou dos deuses encarregados de cuidar dos mortos, como Hades, na mitologia grega. Ele se coloca na posição de um vingador que, na visão clássica, seja pagã, seja cristã, é um ser encarregado de punir o que pratica o mal, de fazer sofrer quem mereça tal tratamento. Assim ele justifica sua opção de vida após a morte, mas Claude sabe que se trata apenas de um discurso, que esse lugar não existe senão na mente de quem o deseja. Em vez de debater esse tipo de ideia com o comunicante, mais uma vez ele muda o 'rumo da conversa':

— Você viu nossa palestra?
— A conversa fiada? Conversinha fiadinha? Claro que ouvi.

O comunicante começou a ficar agressivo, mas não era o que ele desejava. Sentia-se poderoso e talvez acreditasse que a ironia fosse um sinal de fraqueza. Rui acreditava que sairia facilmente da situação em que se encontrava apenas intimidando. Então mudou, por sua vez, o 'rumo da conversa':

— Eu não estou aqui para ficar sendo deselegante. Por que vocês ficam com tanta vontade de conversar?

Claude tomou-lhe a palavra:

— Estamos aqui para conversar com você. Porque é conversando que a gente se entende.

— Você acha mesmo?

Rui começou a falar de suas atividades no campo da obsessão:

— Na verdade, eu não faço nada. Não preciso fazer. As pessoas já têm o seu âmago podre. Parece tudo bem, mas quando a gente vai ver, lá no fundo, elas estão podres. A única coisa que preciso saber é como tirar a 'tampa'. Fico por perto, observando. De vez em quando, nós sugerimos algo e a podridão das pessoas se externa. Isso acontece porque as pessoas são falsas e querem ser amadas, queridas. Então, elas encenam para as outras aquilo que elas não são.

A explicação é lógica e clara, mas exagerada. Todos nós temos graus diferentes de intimidade com os outros. E em situações como o exercício profissional, precisamos tratar bem as pessoas, mesmo que elas não despertem nossa simpatia. Isso não significa que todas as pessoas sejam essencialmente "podres" ou "más", como sugere o perseguidor. Ao acreditar nisso, Rui justifica o que faz e não se sente em contradição com sua "visão de mundo". É como o soldado que justifica seus atos violentos dizendo que o oponente é o "inimigo", o "alvo", que lhe cabe cumprir ordens ou outras frases que despersonalizam o ato em si. Para Rui, todos os perseguidos são essencialmente maus. Então, não seria errado ser uma espécie de "agente da justiça divina". Isso é um discurso e está descolado da realidade. Suas origens estão na história de Rui. Só ele pode fazer as conexões para compreender o que aconteceu. Claude, no entanto, prefere fazer mais uma tentativa, rompendo com o discurso do atendido:

— Você já foi amado?
— Claro que fui! – respondeu Rui.
— E foi bom?
— Claro que foi! Muito bom!
— E os seus amados, onde andam?
— Não é da sua conta! – respondeu o obsessor, irritado.
— Você tem filhos?

— A gente cria filhos para o mundo! — esquivou-se da pergunta.
— Estou falando de filhos, pai, mãe... Qualquer pessoa amada!
— Por que você está me fazendo lembrar isso? — cortou o obsessor. — Estávamos conversando sobre outra coisa. Sobre pessoas que não se mostram verdadeiras.
— Eu já estou conversando com um amigo. — disse Claude.
— Agora não é momento para isso! — insistiu Rui.

Claude explicou ao obsessor que, do lado de fora, onde ele temia ir, talvez estivesse alguém que lhe quisesse bem. E falou, com boas intenções:

— Se você é forte, pode fazer o que quiser! Inclusive entrar em contato com eles.
— Você está me desafiando? — falou, indignado, Rui.
— Claro que não! — respondeu o atendente. Quem te trouxe?
— Eu também queria saber — retrucou o espírito.

Surpreso, o espírito falou:
— Alguém abriu a porta.
— É alguém que gosta de você! — disse Claude.

O espírito se emocionou. Após tanta frieza, que ele cultivou para poder atingir seus fins, sentiu-se tocado pela mulher que revia, após muito tempo.

— Eu posso ir embora, agora? — perguntou.
— Pode! — respondeu Claude. E pode voltar quando quiser.
— É bom ser amado, mas às vezes o amor traz dor! — queixou-se Rui. O ódio é o que me alimenta.
— Mas o amor é bom! — falou o atendente.
— O amor faz sofrer! O que vocês fizeram comigo? Eu estava no meu canto, sossegado! — lamentou.
— É que estava na hora de rever as pessoas que amam você.
— Mas as recordações trazem dor!
— A dor vai passar.
— Eu não quero mais sofrer! — disse Rui, remoído de dor.
— Quem é que está aí? — perguntou Claude
— Minha mulher!
— Abrace-a! — sugeriu o atendente.
— Não posso! Maldito!

A comunicação se interrompeu. Claude aplicou um passe na médium Ana.

Na terceira parte, Ana explicou que, durante a comunicação, ela não tinha noção da história do espírito, que foi se desenrolando e só se mostrou no final. É uma história antiga, bem antiga. Rui amava a esposa, mas alguém lhe fez uma intriga, dizendo-lhe que ela o traía. Ele foi à casa para punir a mulher e encontrou o falso amante matando-a. Seu ódio foi imenso e ele jurou punir o assassino da esposa e o intrigante.

Após a desencarnação, nunca mais havia tido contato com a mulher. Sua história havia sido de perseguição aos dois que desejava punir. Não se importava de usar e ser usado por outros para atingir seus fins.

Após a conversa com Claude, ao perceber a mulher, teve medo de sair e perdê-la. Claude conseguiu sua confiança, por ser "transparente", diz a médium. É o que Rogers chama de congruência mais algum conhecimento do mundo dos espíritos, que Rui reconheceu como correto, e sem intenção de prejudicá-lo.

Outra médium na sala, desde o início da comunicação, percebeu o pai e nos explicou que ela acreditava que foi o pai dele quem o trouxe à reunião, pergunta que havia ficado sem resposta.

O atendimento não 'redimiu' Rui, mas apesar da perturbação, o colocou em contato com sua história e suas emoções, ou seja, significou um movimento, uma possibilidade de mudança do projeto de vida de um espírito que havia decidido tornar-se um obsessor frio e vingativo e nada mais.

Recusa ao diálogo

Nem sempre o atendimento é bem sucedido. Uma das formas que os espíritos usam para evitar o diálogo é a recusa simples e direta. É sempre desejável que o atendente tenha tato para contornar a recusa, como o fez Mara com o obsessor Marcus há alguns itens. Há casos, porém, em que o posicionamento do espírito comunicante é contundente.

Como a psicofonia é um laço entre médium e espírito comunicante, triangulado com o atendente, talvez alguns desses casos possam ser fruto de uma falta de confiança entre médium e atendente, o que faz com que o comunicante possa 'se aproveitar' dos sentimentos de insegurança do mensageiro. Todavia, deixamos um caso em que o comunicante não deixou qualquer espaço para o atendente e que mereceu uma explicação dos dirigentes espirituais do nosso grupo.

O ameaçador

Esse episódio aconteceu conosco recentemente. Um espírito se comunicou através da médium Hanna e se recusou a dialogar.

– Vim aqui apenas para lhes dar um aviso! – afirmava, assertivo.

Ameaçou os dirigentes da casa espírita, de quem se considerava inimigo, dizendo que iria atuar em suas famílias, em suas casas. Que essa seria a estratégia e que ele vinha apenas avisar, não conversar.

Ânia, a atendente, bem que tentou. Buscou o diálogo de todas as formas, tentou "passar o fio de costura na ponta da agulha", mas o espírito foi irredutível. Não mostrava qualquer apreensão com o diálogo, apenas recusa.

A médium Hannah ficou confusa. Por que um espírito inferior seria levado em uma reunião mediúnica apenas para ameaçar? Qual a utilidade dessa comunicação?

Não demorou que um dos espíritos que nos auxilia na reunião se comunicasse através dela mesma, explicando:

– São três os motivos da comunicação. Inicialmente, porque ela é possível, ou seja, o médium consegue transmitir o que pensa e sente o espírito comunicante. Em segundo lugar, porque nos auxilia nos trabalhos que continuaremos fazendo no mundo espiritual após a comunicação. E em terceiro, porque é verdade. Permitimos que um aviso fosse dado para que os dirigentes da casa pudessem vigiar mais e observar o que acontece em suas casas.

Vê-se, com essa comunicação, que conhecemos ainda bem pouco sobre o que acontece no mundo espiritual e que a ação de espíritos superiores, na escala de Allan Kardec, é complexa e ainda pouco percebida por nós.

Considerei também esse caso bem importante para que o leitor possa perceber que, mesmo havendo uma técnica de atendimento de origem psicológica, os espíritos são pessoas dotadas de liberdade e é possível a eles recusarem ser atendidos. No fundo, o atendimento é um movimento interior que envolve o comunicante, o atendente e os demais membros, encarnados e desencarnados, da reunião. Podemos fazer parte, mas não temos o poder de transformar o outro "a golpes mentais", como diria André Luiz.

EM SÍNTESE

O atendimento aos espíritos desencarnados exige pelo menos o conhecimento do mundo dos espíritos e de suas diferentes condições quando em erraticidade. Apesar de termos abordado um pouco desse tema no presente livro, especialmente na obra de Allan Kardec, a literatura espírita tem muito mais o que dizer e merece ser estudada por quem se interesse pela prática mediúnica.

Como estão desencarnados, os estados emocionais intensos podem 'prender' a mente dos espíritos em episódios traumáticos, alterar sua forma espiritual, influenciar em sua identidade e fazer parte na decisão de prejudicar alguém (encarnado ou não) ou de desligar-se de pessoas significativas e desejáveis.

Escutar o que os espíritos têm a dizer é prioritário a explicar, tentar instruir ou educar. Escutar não é apenas ouvir o que o espírito diz, mas tentar compreender e fazer compreender. O processo de mudança das pessoas é interior e tem grande participação das emoções, recordações e vontade. As recordações ameaçadoras podem ser distorcidas ou esquecidas, como bem o dizem as psicologias de base psicanalítica ou analítica. Explicar pode ser um caminho que apenas faz sofrer, mas não faz compreender e mudar.

Muitas vezes, as palavras que vão sendo ditas pelos espíritos, através dos médiuns, mostram detalhes importantes que não são imediatamente percebidos pelos espíritos durante sua narrativa. Um familiar que até o momento não era objeto da conversa, um ato que o espírito realizou e não deu a devida atenção, uma citação de algo fora da história de ódio, dor ou tristeza, podem ser 'chaves' para um novo entendimento de sua situação emocional. Alguns psicólogos gostam de usar o verbo pontuar para exprimir um comentário que o atendente faz, muitas vezes rápido ou até monossilábico, que possibilita ao que fala dar um novo sentido à sua história.

O atendimento exige que o atendente mantenha o foco na experiência do espírito e que seja capaz de escutar com congruência, compreensão empática e aceitação positiva incondicional. Não se trata de "quem tem a verdade" ou "quem está com a razão", que costumam ser 'jogos de poder' entre pessoas. Trata-se de ouvir a todos com caridade, com desejo de ser útil e de auxiliar a quem quer que seja a retomada de seu caminho para uma situação melhor que a atual.

Em algumas situações, a sugestão pode ser usada como forma de ampliar a capacidade de autoconhecimento do espírito em atendimento. Ela é a base, por exemplo, da técnica de recordação de vidas passadas que Hermínio Miranda utilizou em seus "diálogos com as sombras" ou que Claude utilizou com Rui.

Por espíritos inferiores, podemos dizer que grande parte deles se encontra em sofrimento mental e que os obsessores que se apresentam frios e insensíveis mantêm este estado à custa da renúncia à vida emocional, sendo, por este motivo, um estado de equilíbrio precário, como uma torre de dominós pronta a se desmontar ante o contato com sua experiência interior passada. Rever o que fazem causa grande temor, que pode ser ocultado por detrás de uma aparência de hostilidade.

A desobsessão iniciou-se ainda na época de Allan Kardec, envolvendo espíritos perturbadores, casos de subjugação e casos em que a obsessão se misturava com os transtornos mentais. A primeira atitude do mestre francês foi evocar os obsessores, perguntar-lhes o que e por que agiam assim e, na maioria dos casos, explicar-lhes a realidade do mundo espiritual, muitas vezes sob orientação de espíritos superiores. Ainda na época de Kardec, em 1864, o sr. d'Ombre foi orientado a estabelecer laços de confiança com um espírito obsessor em vez de tentar intimidá-lo, doutriná-lo ou esclarecê-lo. Contou com a ajuda de um espírito que se identificou como Pequena Cárita e foi muito bem sucedido em seu trabalho.

Autores após Kardec, como André Luiz e Manoel Philomeno de Miranda, desenvolveram a questão da ação dos espíritos desencarnados em parceria com as reuniões mediúnicas, mostrando que os processos são muito mais complexos do que o que se desenrola durante as comunicações.

Os trabalhos de desobsessão, como explicou a Pequena Cárita, visam o atendimento do espírito em perturbação, considerado obsessor, e ao mesmo tempo a melhora do sofrimento do obsediado encarnado. Talvez pudéssemos adicionar que outros espíritos encarnados e desencarnados envolvidos nos processos também são beneficiados indiretamente. Porém, no momento do atendimento espiritual, o atendente deve se preocupar com o bem-estar do espírito com quem está conversando. As pessoas sabidamente vítimas de obsessão devem ser acompanhadas também fora das reuniões, participando de reflexões voltadas às suas necessidades, em situações de atendimento fraterno, usufruindo da terapia fluídica (passes) e das atividades voluntárias nos centros espíritas, quando possível.

Há mais de três décadas, temos realizado esse tipo de atividade, de atendimento ou "pronto atendimento" dos espíritos na sede da Associação Espírita Célia Xavier, em Belo Horizonte. Uma das médiuns citadas neste livro, hoje desencarnada, nos contou que o trabalho da mediunidade lhe foi imensamente gratificante. Não lhe importava que espírito se comunicasse, se em sofrimento ou em boas condições espirituais: as sessões sempre se encerravam trazendo aquela sensação de dever cumprido, de satisfação por ter feito o que fosse necessário. Esse é o mesmo sentimento que gostaria de compartilhar com os leitores ao terminar qualquer trabalho de atendimento espiritual. O pouco que se pode fazer por alguém que nem conhecemos faz brotar essa mesma sensação íntima.

Ao concluir este trabalho, preciso recordar dos colegas de mediunidade que já se foram e dos que continuam conosco, mesmo após a "grande viagem". Saúdo, portanto, José Mário, Telma Núbia, Ada Eda Magalhães, Rubens Magalhães, Evaristo, Marcelo, Eli Chagas, Caetana Chagas, Virgílio Almeida, Ysnard Ennes e todos os que estiveram conosco, que se foram, mas que resolveram continuar com a tarefa no mundo espiritual.

REFERÊNCIAS

ALMEIDA, Laurinda Ramalho de. *Consideração positiva incondicional no sistema teórico de Carl Rogers. Temas psicol.*, Ribeirão Preto, v. 17, n. 1, p. 177-190, 2009. Disponível em <http://pepsic.bvsalud.org/scielo.php?script=sci_arttext&pid=S1413-389X2009000100015&lng=pt&nrm=iso>. Acesso em: 19 fev. 2017.

BESANT, Annie. *A sabedoria antiga*. Brasília, editora teosófica, 2004.

DALGALORRONDO. *Religião, psicopatologia e saúde mental*. Artmed, 2008.

DSM-IV-TR. *Manual diagnóstico e estatístico de transtornos mentais*. Porto Alegre, Artmed, 4ed. rev., 2002.

FIGUEIREDO, Paulo Henrique. *Mesmer, a ciência negada e os textos escondidos*. Bragança Paulista, Lachâtre, 2005.

FOX, John. *O livro dos mártires*. São Paulo, Mundo Cristão, 2003. (Publicação original da obra em latim, 1559).

HARRIS, Ruth. Possession on the Borders: The "Mal de Morzine" in Nineteenth-Century France. *The Journal of Modern History*, Chicago-USA, n. 69, p. 451-478, september 1997.

KARDEC, Allan. *O livro dos espíritos*. 1ª. edição comemorativa do sesquicentenário. Rio de Janeiro, FEB, 2006. [Tradução de Evandro Noleto Bezerra a partir da 2ª., 4ª., 5ª., 6ª., 10ª. e 12ª. edições francesas].

_____. *O livro dos médiuns*. 71 ed. Rio de Janeiro, FEB, 2003, p. 234. [Tradução de Guillon Ribeiro].

_____. *O que é o espiritismo*. 22 ed. Rio de Janeiro, FEB, 1980.

_____. *O céu e o inferno*. 24 ed. Rio de Janeiro, FEB, 1977.

_____. "Manifestações diversas; curas; chuvas de bombons". *Revista Espírita*. Maio de 1865.

_____. "Os espíritos na Espanha: cura de uma obsedada em Barcelona". *Revista Espírita*. Junho de 1865.

_____. *A obsessão*. 2 ed. Matão, O Clarim, s.d.

_____. *A obsessão*. 7 ed. Matão, O Clarim, 2011.

_____. "O espírito de Castelnaudary." In: *O Céu e o Inferno*. 24ª. Ed. (popular) Rio de Janeiro, FEB, 1977.

_____. "Da mediunidade curadora". *Revista Espírita*, setembro de 1865.

_____. "História de um danado". *Revista Espírita*, São Paulo, Edicel, p. 52-63, s.d. [Tradução de Júlio Abreu Filho do original de fevereiro de 1860, ano III no. 2].

_____. "O espiritismo é uma religião?", *Revista Espírita*, São Paulo, Edicel, p. 351-360, s.d. [Tradução de Júlio Abreu Filho do original de dezembro de 1868, ano XI no. 12].

KECK, P., Pope, H., Hudson, J., McElroy, S., & Kulick, A. (1988). "Lycanthropy: alive and well in the twentieth century", *Psychological Medicine*, v. 18, n. 1, p. 113-120. doi:10.1017/S003329170000194X.

KAHLIL, R. B. *et al*. "Lycanthropy as culture-bound syndrome: a case report and review of literature", *Journal of psychiatric practice*, vol. 18, n. 1, jan. 2012.

LAPLANCHE, Jean. *Vocabulário de psicanálise*. São Paulo, Martins Fontes, 1992.

LEADBEATER, C. W. *Compêndio de teosofia*. São Paulo, Pensamento, 1992.

LONGO, Beatriz & Blanco, Marcela. *Epilepsia*. Disponível em <http://www.neurofisiologia.unifesp.br/epilepsia.htm. Acesso em 2 de janeiro de 2013.

MICHAELUS. *Magnetismo espiritual*. 4 ed. Rio de Janeiro, FEB, 1983.

MIRANDA, Hermínio C. *Diálogo com as sombras*. Rio de Janeiro, FEB, 1979.

_____. *O exilado e outras histórias que os espíritos contaram*. (2 ed) São Bernardo do Campo – SP, Correio Fraterno, s.d.

_____. *A dama da noite*. São Bernardo do Campo-SP, Correio Fraterno, 1986.

_____. *Histórias que os espíritos contaram*. Salvador-BA, LEAE, 1980.

_____. ANJOS, Luciano dos. *Eu sou Camille Desmoulins*. Niterói, Lachâtre, 1993.

ORÍGENS. *Tratado sobre os princípios*. São Paulo, Paulus, 2012.

PAULO, Jáider Rodrigues de. *Enigmas da desobsessão*: abordagem técnica de espíritos em reunião mediúnica refratários ao acolhimento fraterno. Belo Horizonte, AME, 2016.

PEREIRA, Yvonne A. *Memórias de um suicida*. Rio de Janeiro, FEB, 1986.

ROGERS, Carl. *Um jeito de ser*. São Paulo, EPU, 1983a.

_____. *Em busca de vida*. São Paulo, Summus, 1983b.

SAID, César Braga. *Raul Teixeira, um homem no mundo*: 40 anos de oratória espírita. Niterói-RJ, Fráter, 2008.

SAMPAIO, Jáder. "Algumas informações históricas sobre a prática de passes". In: Sampaio, j. (org) *Coletânea de estudos espíritas*. Belo Horizonte, AECX, 1997.

STOLL, Sandra J. *Entre dois mundos: o espiritismo da França e no Brasil*. 1999. 255 f. Tese (Doutorado em Antropologia) – Faculdade de Filosofia, Letras e Ciências Humanas, Universidade de São Paulo, São Paulo, 1999.

XAVIER, Francisco Cândido, André Luiz (espírito). *Missionários da Luz*. 13 ed. Rio de Janeiro, FEB, 1980.

_____. *Mecanismos da mediunidade*. 5 ed. Rio de Janeiro, FEB, 1977.

_____. *Libertação*. 8 ed. Rio de Janeiro, FEB, 1980.

_____. *Entre a terra e o céu*. 8 ed. Rio de Janeiro, FEB, 1982.

_____. *Nosso Lar*. 23 ed. Rio de Janeiro, FEB, 1981.

ANEXO – PEQUENAS BIOGRAFIAS DE ESPÍRITAS E ESPÍRITOS QUE PARTICIPARAM DESTE LIVRO

Optei por não identificar os trabalhadores encarnados do livro, substituindo seus nomes por pseudônimos, mas citei muitas pessoas que hoje se encontram desencarnadas ou bem idosas. Quem foram essas pessoas? Hoje, quando o livro é publicado, talvez até participantes da Associação Espírita Célia Xavier e do Grupo Espírita Emmanuel não as conheçam. É uma lacuna muito comum do nosso meio espírita: a de não preservar a memória.

Não tenho a pretensão de fazer um trabalho histórico, apenas de recolher algumas informações sobre as pessoas e expressar minha visão delas. Haverá quem diga que minha visão é muito simpática, e é verdade. Não pretendemos construir heróis, mas desperta muita simpatia e gratidão em minha alma o esforço dessas pessoas para manter funcionando, de forma voluntária e desinteressada financeiramente, as organizações espíritas e o estudo e prática do espiritismo em Belo Horizonte e Minas Gerais.

ADA EDA (1930-2006) E
RUBENS MAGALHÃES (1925-1994)

Era uma terça-feira à noite do final dos anos 1970 ou início dos anos 1980. Estávamos em reunião pública quando chegaram algumas pessoas no Célia Xavier para conversar com o Ysnard. Recordo-me do Rubens Magalhães, da Ada Eda, sua esposa, e do João Campolina, genro de Rubens e ex-aluno de Ysnard. Eles estavam buscando uma sociedade espírita para frequentar em Belo Horizonte.

Rubens e Ada já eram trabalhadores espíritas de longa data e já haviam morado em outras cidades. Rubens era um dos sócios da Divinal, uma empresa de comércio de vidro muito conhecida na capital mineira e paulista. Eles se tornaram coordenadores da reunião pública de terça-feira, junto com Ronaldo, o que fez nascer entre nós uma amizade que durou até a desencarnação dos dois e que se estendeu para filhos e netos.

Rubens chegou a membro do Conselho Diretor da Associação Espírita Célia Xavier em 1982 no lugar de Agnaldo Godoy, que havia desencarnado, e a diretor-secretário nos anos 1989 a 1995. João Campolina também. João era engenheiro e foi responsável técnico pela construção do Lar Espírita Esperança, o que lhe rendeu um voto de louvor do conselho diretor quando se afastou, em 1996. Ele foi assessor de planejamento em 1982 e diretor-secretário da casa no período de 1983 a 1988.

Ada Eda foi dirigente de um grupo de assistidos, ainda na sede da associação. Dirigiu reuniões públicas e foi coordenadora de nosso grupo mediúnico aos sábados, até bem próximo da desencarnação. Médium psicofônica, era de uma grande espontaneidade nas comunicações, sem perder o controle, o que facilitava muito os atendimentos espirituais. Trabalhei com ela por mais de duas décadas.

Ada era uma pessoa adorável, expansiva e comunicativa. Todos se recordam das expressões em italiano que ela entremeava em sua fala corrente e da novíssima interjeição "Cristóvão Colombo", que usava quando queria expressar espanto e alegria. Seu principal trabalho era voltado às pessoas. Mais de uma vez percebeu que algum dos seus amigos espíritas passava por dificuldades. Ela, então, os convidava para almoçar ou tomar café em sua casa, com o objetivo de ouvi-los e auxiliá-los. Recordo-me de ela me convidar a visitar um confrade espírita cuja idade e saúde o impediam de participar dos centros espíritas e que foi ficando em casa, esquecido. Ela ia com a intenção de aplicar passes, sempre acompanhada de mais uma pessoa, mas permitia que ele falasse de suas memórias e recordações, que discutisse ideias espíritas mais uma vez.

O ENTUSIASMO COM OS INTELECTUAIS ESPÍRITAS

Apesar das pouca educação formal, Ada Eda era uma estudiosa do espiritismo. Ela não só estudava e lia os autores, como assistia com entusiasmo os expositores e escritores pouco lidos em Belo Horizonte. Com ela, aprendi a admirar Hermínio Miranda, Herculano Pires,

Deolindo Amorim, Wallace Leal V. Rodrigues, Júlio de Abreu Filho, Jorge Andréa dos Santos e muitos outros. Nós estávamos sempre trocando títulos de livros espíritas, que líamos aos pares. Uma das incursões curiosas que fizemos juntos foi a leitura dos romances estrangeiros de temática espiritualista traduzidos por Wallace e publicados pela Editora O Clarim, alguns citados pelo próprio codificador.

Eda era leitora sistemática dos livros de Hermínio Miranda, que acompanhava livro a livro, página a página, desde os tempos da coluna "Lendo e comentando", da revista *Reformador*. Aprendeu com ele a gostar de George Washington Carver. Estudamos juntos na reunião, livros sobre mediunidade, como *Diálogo com as sombras* e *Diversidade dos carismas*.

Ada sempre presenteava os amigos com livros espíritas. Em uma das visitas que fez a São Paulo, visando apoiar o trabalho de Júlio Abreu Filho, trouxe pelo menos seis coleções completas da tradução encadernada para o português da *Revista espírita* enquanto foi dirigida por Allan Kardec. Ela deu coleções para as filhas, se não me falha a memória, e escolheu três jovens para receber, cada um, uma coleção. Tive a felicidade de ser um dos presenteados e tenho estudado o pensamento de Allan Kardec ao longo da vida.

Não havia tempo ruim para assistir palestras e seminários sobre o espiritismo, especialmente se fossem também autores. Ada fez uma amizade imensa com Raul Teixeira, que admirava por ser jovem e competente. Ela era dada a gentilezas, como fazer um pulôver para ele com linha inglesa e dar-lhe de presente. Dava-me notícias das reuniões na casa de Herculano Pires e certa vez presenteou Heloísa, filha dele, tamanha a alegria de estar pessoalmente com ela. Seus atos eram espontâneos, talvez um pouco impulsivos, mas sempre generosos e cheios de alegria. Ela queria incentivar a todos como pudesse.

Conversava amiúde com sua irmã Dilma, de São Paulo, e estava sempre em dia com os novos livros, que lia diariamente. Sempre levava notícias deles para nós na reunião mediúnica. Às vezes, fazia pequenas leituras fora da pauta, mas muito ilustrativas.

A neta de Ada e Rubens, que hoje é uma de nossas dirigentes da reunião mediúnica dos sábados, costuma dizer que herdou duas coisas inestimáveis da avó: os livros e os amigos.

RUBENS MAGALHÃES

Rubens tinha uma personalidade complementar à de Eda. Mais circunspecto, sem ser sisudo, era organizado e disciplinado em tudo o que fazia. Ele dirigia uma reunião aos sábados, vizinha à nossa, e que após sua desencarnação foi incorporada por nós. Foi muito curioso o 'choque de culturas' das duas reuniões que se uniram, em função da diferença das coordenações. Ele foi homenageado pela diretoria da Associação no dia 05 de fevereiro de 1995.

Rubens desencarnou vítima de um problema cardíaco, que não foi diagnosticado apesar dos exames preventivos que fazia. Ada ficou muito triste com a perda inesperada do companheiro. Mas mesmo com o luto estendido, manteve suas atividades na reunião de sábado, com a compreensão e o apoio de todos os membros.

A DESENCARNAÇÃO DE ADA EDA

Ada Eda descobriu ter sido contaminada por hepatite C, quando recebera transfusões de sangue, em função de um acidente automobilístico que exigiu muitas cirurgias em sua perna para reconstituição. A doença instalou-se silenciosa e ficou oculta durante décadas até ser diagnosticada, tendo sido causadora das complicações que levaram à sua desencarnação.

CÉLIA XAVIER (1916-1943)

Célia Xavier

Célia é belo-horizontina, nascida em 1916 na rua Tupinambás, filha de José Pedro Xavier e dona Orlanda Reis Xavier. Quando ela tinha quatro anos, sua família se mudou para Ubá, onde José Pedro trabalhou como joalheiro, dono de uma "joalheria de seis portas" (Relojoaria Ideal). Célia e suas irmãs foram internas do Colégio Regina Coeli em Rio Pomba, considerada a melhor escola da região.

Em uma das férias, enquanto tocava piano, Célia sentiu-se mal e depois apresentou uma paralisia do lado esquerdo, possivelmente causada por um acidente vascular cerebral.

A família voltou para Belo Horizonte e passou a residir no bairro Santa Tereza. As sequelas foram diminuindo e ela foi atendida no Hospital

Militar, por intervenção do sr. Neves. A família se mudou para o bairro Calafate. O sr. Xavier trabalhava como joalheiro, gravador, cravador e relojoeiro. Ele abriu a Relojoaria Brasil, em Belo Horizonte, e ensinou seu ofício a muitos outros profissionais da capital mineira.

As mulheres dividiam o serviço da casa e Célia, já bem melhor, escolheu lavar e passar a roupa. Segundo a irmã, era uma jovem 'alegre, trabalhadora e muito religiosa'.

Quando moravam na rua Itapecerica, na Lagoinha (antes de se mudarem para o Calafate), as mulheres da família trabalharam como cortadeiras e costureiras em uma loja de roupas infantis, inclusive Célia. Após a mudança, Célia continuou, sob encomenda, costurando roupas de criança.

Após alguns anos de tranquilidade, Célia se queixou de dores no lado direito do abdômen, que foram diagnosticadas como um "problema de fígado" e tratadas, na época, com "banhos de luz". Ela piorou paulatinamente. Tratava-se de um câncer no aparelho digestivo, mas a medicina não dispunha dos recursos diagnósticos que tem hoje.

Na noite da desencarnação, ela chamou a mãe e disse: "Mamãe, a senhora foi a melhor mãe do mundo". Ela indicou à mãe uma lata onde guardava o dinheiro das costuras, que economizara por muito tempo, e pediu que ela pagasse uma empregada antiga que a família tinha e que desse o resto de esmola aos pobres, velhos e aleijados. Pediu à irmã que desse três vestidos para as sobrinhas. Ariadne, sua afilhada, guarda até hoje esse vestido. Ela enviou rosas para as freiras amigas.

Célia recebeu muitas pessoas amigas, sempre carinhosamente. Disse a uma prima que a tia Taninha (o nome era Sebastiana) estava presente (ela já havia desencarnado) e que pedia que ela fizesse as pazes com o pai (ainda encarnado).

Ela não frequentava reuniões mediúnicas, mas viu tantas pessoas no leito de morte que desabafou com sua família: "Meu Deus! Deveria ter desenvolvido a mediunidade".

O monsenhor Horta visitou-a no leito de morte, chamado por um tio, e dispôs-se ouvir-lhe a confissão. Ele pediu que as pessoas saíssem para que ela confessasse, ao que ela recusou, porque não tinha pecado algum para confessar. A irmã e a sobrinha-afilhada confirmam que o sacerdote saiu dizendo: "Meu Deus, eu vim confortar essa moça e saí confortado por ela".

Célia chamou pelo sr. Antônio Loreto Flores, presidente de um centro espírita, ao qual desejava ver. Flores era conhecido por sua mediunidade na capital mineira. Ariadne informou que ele ia ao cinema, no que foi interpelado por Bezerra de Menezes (espírito), que lhe disse: "Célia precisa de você". Ele chegou para vê-la e cerca de meia hora depois, às 22h35, Célia desencarnou, no dia 01 de agosto de 1943.

Posteriormente, alguns espíritas amigos do casal Xavier os incentivaram a construir um centro espírita em homenagem à memória da filha. Sua primeira mensagem após a decisão da construção da casa espírita foi de humildade e de disposição para contribuir dentro de suas limitações.

A história de Célia ganhou notoriedade na capital mineira e em algum tempo começaram a surgir velas, flores e outros símbolos religiosos colocados por concidadãos em seu túmulo, no cemitério do Bonfim. A família julgou por bem fazer a exumação dos restos mortais, guardando-os em uma gaveta numerada no cemitério, para evitar a santificação de Célia pela população.

A casa foi erguida por seu pai, que se cercou de familiares dedicados e trabalhadores espíritas. Sempre me assusto quando vejo, nos poucos documentos que nos ficaram do passado da Associação, os nomes de personalidades importantes no movimento espírita, oradores famosos que começaram ainda jovens em nossa casa, lideranças regionais e escritores que ganharam notoriedade nacional. Uma iniciativa modesta com resultados tão inimagináveis.

Hoje, a casa de Célia conta com quatro unidades construídas em três cidades da região metropolitana de Belo Horizonte. Os frequentadores semanais se contam aos milhares. Perdeu-se um pouco da intimidade fraternal dos primeiros tempos, mas o apoio do espírito da jovem é muito percebido, nas horas alegres e difíceis, nos diferentes grupos mediúnicos da casa.

ELI PENIDO CHAGAS (1937-2002) E CAETANA CHAGAS (1936-1996)

Sr. Eli sempre nos tratou como se fôssemos parte da família. Certo dia, no Célia, ele contou que levava o resultado de uma campanha de gêneros para o Lar Espírita Esperança quando foi parado por um fiscal. O fiscal desejava as notas fiscais das mercadorias. Fiquei imaginando o sr. Eli com um utilitário cheio de gêneros discretos, unitários, sem aparência de terem sido comprados no atacado, diante de um fiscal intransigente.

Ele explicou calmamente que se tratava do resultado da campanha de Natal e que era para a caridade. O fiscal não cedeu. Ameaçou com uma multa. Seu Eli tinha anos de experiência no comércio, sabia que se tratava de abuso. Imaginem se tivéssemos que pedir a nota de supermercado de todos os gêneros que fossem doados em uma campanha do quilo, por exemplo! Ele, então começou a tirar as doações do automóvel e a colocar na frente do fiscal.

– O que é isto? – perguntou.

– A instituição de caridade a que pertenço não vai pagar multa sobre doações. Se você deseja reter a mercadoria por falta de nota, ela vai ficar toda aqui, na sua frente.

O fiscal cedeu e mandou que ele fosse embora. Acho que o amontoado de pacotes de arroz, açúcar, feijão, sendo colocados um a um, na sua frente, foi bem convincente.

O sr. Eli mudou-se aos 20 anos para Belo Horizonte. José Penido Chagas, seu pai, era espírita, em Oliveira. Dona Caetana, ainda solteira, em Caratinga, ganhou um exemplar de *O livro dos espíritos*, que eles passaram a ler depois de casados. Eles eram católicos ativos e frequentavam a igreja local com assiduidade e engajamento, até que surgiram diversos fenômenos de efeitos físicos em sua residência, o que os levou a procurar explicações na doutrina espírita. Inicialmente eles frequentaram as reuniões na residência do sr. Virgílio Pedro de Almeida, indicados por dona Gilca, e aportaram na Associação Espírita Célia Xavier (AECX) em 1974.

A primeira atividade que abraçou foi a da 'pesagem', como é conhecida a confecção das cestas de alimentos que distribuímos para as famílias assistidas. Este posto, o sr. Eli manteve até a desencarnação, agregando a ele as responsabilidades de coordenador do Departamento Assistencial do Lar Espírita Esperança. Dona Caetana assumiu por anos a supervisão voluntária no Lar Espírita, função que, no futuro, seria substituída por um funcionário contratado, pago pela prefeitura de Belo Horizonte. Tudo o que acontecia no dia da semana em que ela era a titular ficava sob sua responsabilidade.

Comprometidos com as causas espíritas, estenderam seus serviços a outras casas, como o Centro Espírita Divino Amigo, onde tiveram contato com as atividades de confecção de enxovalzinho para famílias carentes "grávidas". O casal se identificou tanto com esta atividade que transformou as instalações do seu próprio lar em uma 'oficina' a serviço de Jesus, congregando trabalhadores espíritas para realizarem esta nobre tarefa, que permanece até os dias de hoje, perpetuada pelos filhos.

O casal auxiliou igualmente na construção de um centro espírita em Santa Luzia, a Casa de Caridade Nosso Lar, que se lançou à tarefa da assistência mantendo inicialmente um bazar de roupas usadas; depois, uma creche e, posteriormente, um asilo. Os filhos auxiliaram na formação da primeira mocidade espírita desta casa, frequentando-a durante o período necessário para a sua consolidação, ao mesmo tempo em que mantinham seus compromissos com a mocidade da nossa casa espírita.

Eli também auxiliou na consolidação da Fundação Nosso Lar, no bairro Salgado Filho, uma creche para crianças órfãs, tendo realizado eventos e participado do seu conselho diretor. Foi membro do conselho diretor da casa e sempre apoiou as iniciativas de trabalho antes, durante e após a desencarnação de dona Caetana, fruto de um câncer contra o qual lutou enquanto o corpo permitiu. Ele desencarnou vítima de violência, na rua das Flores, onde residia.

Boa parte dos filhos e netos do casal estão conosco na reunião mediúnica, há muitos anos, como se fossem nossa parentela espiritual. A presença dos dois é eventualmente percebida entre os colaboradores espirituais da reunião, às vezes em orientações e demonstrações de afeto para os familiares.

EVARISTO ALÍPIO SILVA (1958-1982)

Evaristo, Elaine e Elio eram três irmãos que frequentavam conosco a mocidade da AECX no final dos anos 1970 e início dos anos 1980. Filhos de família espírita, residiam no bairro do Calafate. O pai deles, Alípio Silva Júnior, da União Espírita Mineira, havia desencarnado, mas deixou marcas. Evaristo me disse certa vez que um colega de trabalho elogiara a capacidade do sr. Alípio, mas anuiu:

– Pena que você é espírita. Se não tivesse tantos compromissos com a doutrina, poderia se dedicar mais ao trabalho e ficar rico.

Educação formal

Evaristo nasceu em 07 de fevereiro de 1958. Estudou o primário, que na época era o equivalente aos quatro primeiros anos do Ensino Fundamental, na Escola Estadual Bernardo Monteiro; e o ginásio, que é o equivalente aos cinco últimos anos, no Colégio Chopim, no bairro do Prado.

Fez o ensino técnico na então chamada Escola Técnica Federal de Minas Gerais, hoje Centro Federal de Educação Tecnológica de Minas Gerais (Cefet, MG), formando-se no curso técnico de mecânica. Estagiou como técnico industrial na Companhia Vale do Rio Doce, em Itabira. Depois, na Usiminas Mecânica (Usimec), onde foi efetivado.

Posteriormente, cursou engenharia mecânica industrial na então Universidade Católica de Minas Gerais, hoje Pontifícia Universidade Católica de Minas Gerais.

Formação espírita

Evaristo participou da evangelização infantil na União Espírita Mineira, casa onde seu pai era expositor e participava da direção. Posteriormente, transferiu-se para o então Centro Espírita Célia Xavier, não apenas para a mocidade da casa, mas também para estudo em várias reuniões. Já àquela época, a casa oferecia reuniões públicas diárias, conforme o dia, de manhã, à tarde e à noite. Alguns jovens, como Evaristo, não participavam apenas da mocidade, o que facilitava sua integração com as mais diversas lideranças e espaços da casa.

Nosso companheiro iniciou a educação mediúnica na reunião aos sábados, à tarde, dirigida por Ysnard Machado Ennes. Só viemos a saber disso agora, em 2018, graças à colaboração dos familiares de Evaristo. Isto explica a afinidade entre Evaristo e Ysnard e a percepção da presença dos dois espíritos em nossa reunião.

Citrolândia

Uma das tarefas que alguns colegas da reunião de sábado faziam era uma visita à Colônia Santa Isabel. Era um centro de isolamento e tratamento dos portadores do Mal de Hansen, ou lepra, como era conhecido. O local era chamado de leprosário e o isolamento, como forma de tratamento, era fruto da ignorância sobre a doença, considerada muito contagiosa, o que depois se mostrou estar errado.

O isolamento trazia estigma e, mesmo tratado e curado de sua doença, dificilmente um "leproso" se reintegraria à sociedade, especialmente se apresentasse os sinais físicos da lepra. Dentro da instituição, alguns pacientes faziam o 'desserviço' de desestimular seus colegas do uso dos medicamentos, em função dos efeitos colaterais dolorosos. A estratégia médica criava um número substantivo de excluídos sociais, o que costumava se estender às famílias dos hansenianos. Relata a TV Super que, na década de 1950, a instituição chegou a ter 7.000 internos![90] Nessa mesma entrevista, um ex-interno relata a separação entre pais e filhos, em pavilhões diferentes. As visitas eram mensais.

Uma vez de alta médica, sem aceitação na sociedade, os hansenianos fixavam moradia precária nos arredores da 'colônia'. O trabalho feito pelos membros da reunião de sábado era dar assistência a uma espécie de comunidade precária, praticamente rural, àquela época.

Evaristo encontrou lá reuniões, feitas em casas, com a presença de adultos e crianças. Ele resolveu, então, separar as crianças e preparar-lhes um estudo. Foi o início de uma evangelização infantil no local. Uma vez integrada à área de evangelização infantil da AECX, obteve-se um grupo inicial de evangelizadores: Ana Márcia, Maura, Rosângela e Sandra. Lenir (mãe) e Maura iniciaram uma reunião de evangelização de pais e mães.

No início da década de 1980, a AECX, em apoio a esse grupo, começou a empreender a construção de uma unidade, que se tornou conhecida como Casa de Etelvina, nome escolhido em função de um espírito humilde que foi atendido lá. Ysnard e os demais companheiros defendiam a necessidade de uma estrutura para possibilitar a evangelização infantil, a assistência a crianças carentes, grupo de mocidade e estudos doutrinários.

Ainda hoje, o grupo conta com o apoio incansável dos familiares de Evaristo. Lenir, sua mãe, trabalhou anos com o bazar e o curso de gestantes. Elaine é coordenadora da evangelização. Ambas participam <u>eventualmente</u> da reunião de quinta-feira à tarde, o que possibilitou a

---

[90] Disponível em <https://www.youtube.com/watch?v=ZfPQeBZ6K2Q>. Acesso em: 30 de maio de 2018.

integração de pessoas da região na casa. Visitando a Casa de Etelvina em um sábado de manhã, encontrei um grupo muito familiar, trabalhador, afetuoso, não apenas entre trabalhadores, mas com vínculos de afeto com os membros da comunidade local. Foi uma manhã memorável! Sentia-me como se estivesse em casa de parentes no interior do estado.

A enfermidade

Em um exame de rotina, identificou-se que Evaristo tinha uma doença: leucemia. Os tratamentos realizados no Hospital Felício Rocho não lograram sucesso e aos poucos Evaristo foi se debilitando. Cogitou-se um transplante de medula, segundo dona Lenir.

Durante o tratamento, em meio a dores, escolheu um sábado em que estava um pouco melhor para ir ter com os colegas da mocidade.

A desencarnação precoce, em 19 de agosto de 1982, tocou muito sua família e seus amigos. Pouco depois, ele passou a ser percebido no ambiente espiritual da 'Casa de Célia', sempre com a discrição que lhe era característica.

Nas reuniões de sábado, ele é ocasionalmente percebido mediunicamente e lembrado pelos membros, tendo dado algumas orientações.

Homenagem póstuma

Após sua desencarnação, com a conclusão da construção da Casa de Etelvina, o auditório ganhou uma placa com seu nome: Evaristo Alípio Silva.

JOSÉ MÁRIO SAMPAIO (1939–1987)

José Mário Sampaio – Foto de formatura em 1965

José Mário Sampaio não nasceu em berço espírita, diga-se antes, muito pelo contrário. Nasceu no interior de Minas Gerais, distrito de Corinto, em 1939, e com quatro anos perdeu a mãe. Ao que sei, foi educado por seus tios Juvenal e Ana Sampaio na cidade de Curvelo, onde obteve suas primeiras letras. Foi criado católico romano, "graças a Deus". Adquiriu vícios comuns aos jovens de sua época e tinha "alegria de viver".

O pai, Geraldo Sampaio, desencarnou quando José Mário tinha cerca de dezoito anos. Ele herdou-lhe a fazenda, tornando-se pequeno produtor de gado de corte.

Foi para Belo Horizonte estudar, tendo obtido seu diploma equivalente ao Ensino Médio no Colégio Arnaldo. Na capital mineira, conheceu minha mãe, namoraram e casaram. Ele escolheu o curso de odontologia para os exames vestibulares, embora aspirasse a medicina, e formou-se dentista em 1965, ano em que nasci. O casamento deteriorou-se com o passar dos anos e foi seguido de um desquite amigável na década de 1970. Ele teve uma segunda companheira, então viúva, com duas filhas pequenas, com quem viveu até a desencarnação. Tiveram um filho com uma doença rara: síndrome de Cornelia De Langes.

O Colégio Arnaldo era uma "escola de padres". Papai recordava-se de sustentar em sua juventude debates com os sacerdotes, que tinham por centro a lógica dos dogmas e crenças da religião católica. Foi punido algumas vezes por questionar, o que era entendido como alguma forma de desacato por seus professores, o que foi o tornando cético.

Ele se tornou espírita "por procuração", como costuma acontecer a muitos de nossos companheiros de doutrina. Um amigo pediu a José Mário que fosse com ele a um centro espírita, fazendo-lhe companhia. Esse amigo tinha algum problema que talvez pudesse ser resolvido pelos adeptos da doutrina de Kardec. Papai acompanhou-o, começou a frequentar as reuniões do grupo e a considerar lógicas as explicações que o espiritismo trazia aos problemas humanos. Passado algum tempo, o amigo se foi do meio espírita e ele ficou.

Suas primeiras reuniões foram em um grupo que funcionava à rua Lopes Trovão e que, se não me falha a memória, deu origem ao Grupo Emmanuel. Ele foi bem aceito pelos amigos desse grupo. O jovem descompromissado foi se tornando um trabalhador dedicado, estudioso do espiritismo.

A imagem que tenho de José Mário é ao mesmo tempo de uma pessoa alegre e brincalhona, mas imensamente rigorosa consigo mesma. Era pontual, correto com os compromissos, assíduo e valorizava a palavra dada. Era hábil negociador e tinha aprendido com a vida a ser um bom avaliador das pessoas e de suas intenções. Junto aos amigos espíritas, era afável no trato. Nas palestras (ele não gostava do conceito de tribuna), era claro, didático, e procurava fundamentar suas preleções. Não era um orador, no sentido de falar com entonação de voz e alterações afetivas. Jamais colocava o público para chorar ou se emocionar. Seu estilo era didático, claro, explicativo, sem ser professoral. Fazia pequenos gracejos para que a exposição não ficasse sisuda, mas não deixava as pessoas às gargalhadas. Usava o quadro negro, fazia leitura de pequenos textos, contava histórias da experiência que foi acumulando com o passar dos anos, especialmente nos trabalhos mediúnicos.

Em matéria de espiritismo, estudava Kardec e as obras de Chico Xavier, ao lado do estudo da Bíblia e dos Evangelhos, que era a marca distintiva dos membros do Grupo Emmanuel. Conhecia Denis, Bozzano, Delanne e as obras de Yvonne Pereira. Não me recordo de vê-lo lendo romances que não os de Emmanuel. Tinha em casa apenas algumas dezenas de livros espíritas, alguns dos quais todos marcados e cheios de anotações, e uma coleção de Kardec encadernada em vermelho, publicada pela Lake.

Estabeleceu-se como dentista, a princípio em sua própria casa, onde construiu um consultório e sala de espera, e depois montou consultório no centro de Belo Horizonte.

Até a desencarnação, trabalhou assiduamente no Grupo Emmanuel e na União Espírita Mineira e, de forma assistemática, em diversas instituições espíritas da capital e do interior.

Viagens de Divulgação do Espiritismo

Desde quando me entendo por gente, José Mário viajava a serviço do espiritismo. São muitas as cidades do interior do estado mineiro onde esteve; algumas nos estados ao redor.

Ao que me lembro, ele custeava suas próprias despesas. Uma vez ele recusou um convite para participar de um encontro sobre passes, em Goiânia, por não ter condições de arcar com as despesas da viagem. Esta foi, talvez, uma das poucas viagens cujas despesas com passagens aéreas foram custeadas pelo organizador.

Ele tratava de mediunidade, passes, evangelho e temas doutrinários em seus estudos. Não fazia conferências, mas era capaz de falar por duas horas seguidas sem que as pessoas mostrassem cansaço ou tédio. A palavra fluía fácil e os exemplos eram muito próximos da realidade do público.

Era seguro em suas afirmações e evitava os conflitos e confrontos desnecessários com o público. Não rendia questões polêmicas, tão ao gosto de alguns companheiros de doutrina.

Nas viagens se via muita coisa. De um lado, esforços sublimes, pessoas de dedicação e decisão, instituições com pouquíssimos recursos e muita ação regional. Do outro, viam-se as bizarrices como "cadeiras de segurar espíritos" (tratava-se de uma cadeira com cintos de couro para a contenção do médium) e as práticas sincréticas e supersticiosas, como o uso de pão e vinho nas sessões espíritas. Ele sempre pugnou por uma prática espírita fundamentada, racional e sem misticismo.

Não se envolvia em polêmicas extensas, das que as réplicas vão sucedendo-se infindáveis. Dava sua opinião e respeitava o interlocutor, ainda que discordasse dele.

Um dos problemas com que tinha que lidar era a queixa sistemática de uma maior presença da União Espírita Mineira no interior. Muitas vezes, ele era enviado em nome do órgão federativo mineiro. Desde a década de 1940, criou-se o Conselho Federativo do Estado de Minas Gerais (Cofemg), que é um órgão representativo, responsável por traçar diretrizes para a ação do movimento espírita mineiro. Este órgão tem prestado muitos serviços para a causa espírita. Mas como qualquer órgão deste porte, costuma ser questionado por lideranças e trabalhadores locais. Apesar das reuniões sistemáticas e cada vez mais representativas, falta ao órgão um orçamento capaz de possibilitar ações coletivas mais substanciais. Na ausência de recursos, todo tipo de deliberação tem que contar com a adesão voluntária e a generosidade dos empreendedores, que nem sempre se apresentam ou disponibilizam tempo suficiente para a consolidação das ideias. Cabe uma parcela significativa à União Espírita Mineira para o custeio dos encontros e projetos, e a União não recebe contribuição financeira dos centros espíritas que se afiliam, mantendo-se com base em um quadro de sócios, na venda de livros e em algum patrimônio que foi recebendo nestes quase cem anos de funcionamento.

Como expositor enviado pela União, José Mário costumava ser questionado em público sobre uma participação mais efetiva da federativa na cidade que o recebia. Eu fui testemunha disto por diversas vezes. Algumas vezes, os confrades cobravam de forma respeitosa, em particular. Outras não.

Papai era um mineiro aos moldes da tradição. Ele costumava responder:

_ Não sou diretor da União, não sou membro do conselho, nem sócio sou. Sou apenas um tarefeiro que vem com boa vontade atender ao seu convite. Não há como responder em nome da União Espírita Mineira – e encerrava o assunto.

O Vício do cigarro

José Mário fumava cigarros de alto teor de nicotina desde a adolescência. Os conhecimentos que obteve no curso de odontologia foram suficientes para que abandonasse o consumo de gordura de coco, comum no interior, mas não o cigarro.

Muitos anos depois, tornou-se espírita, lia e ouvia as orientações dos espíritos, mas não abandonou seu vício de pronto. Foram anos de esclarecimento pessoal até que ele se decidisse a abandonar o cigarro.

Pensando nos dias de hoje, é digna de reflexão a tolerância que os confrades e os espíritos tiveram com esse seu vício até que ele viesse a se libertar. Em muitas casas, os participantes que fumam são vistos como tendo uma espécie de fraqueza moral ou de vontade e às vezes criticados aberta ou veladamente. Ele respeitava as sociedades espíritas, não fumava em suas dependências, mas não ocultava dos confrades que era fumante. Admitia que tinha esta fraqueza e assim o foi durante anos.

Com o tempo, resolveu estudar sobre o que já intuía, sobre os efeitos nocivos do cigarro no organismo. Comprou livros e fez anotações. Começou a fazer palestras sobre o tema e as concluía dizendo ao público: "Infelizmente, ainda sou escravo deste vício". Recordo-me da impressão que isto causava em muitas pessoas. Aqueles que eram dependentes do cigarro se tocavam bastante com a honestidade do seu depoimento. Alguns me confessaram em particular que vieram a abandonar o uso, influenciados pelas palestras que ele fez.

Após os primeiros estudos, passou a fumar cigarro com filtro e baixa concentração de nicotina. Ele não fumava nem fazia uso de carne nos dias de reunião mediúnica.

Era-lhe vedada a participação nas reuniões mediúnicas de tratamento, em decorrência do vício. Ele aceitava bem a restrição e nunca questionou a decisão da casa. Um dos espíritos que dirigia os trabalhos de tratamento sugeriu ao grupo que permitisse a sua participação, contanto que não fizesse uso do cigarro no dia da reunião. Ele passou a frequentá-la e obedecia o limite imposto "pela espiritualidade", como ele dizia.

Em uma de suas viagens para a divulgação do espiritismo, encontrou-se com um médium conhecido em Goiânia, que lhe confidenciou que havia fumado durante anos e que só conseguiu parar quando teve a visão de espíritos perturbados pelo vício "sugando" em suas narinas um fluido impregnado das sensações do cigarro.

Após 25 anos de uso, finalmente abandonou o vício. Neste ponto, sua personalidade o ajudou bastante. A mesma determinação que o fazia pontual, assíduo e dedicado aos compromissos assumidos foi empenhada para abandonar o cigarro. Ele comunicou à família que iria parar. E parou. Durante alguns meses, ele ainda portava três maços de cigarro: um no consultório, outro no carro e um terceiro em casa. Eles ficaram intactos. Quando perguntávamos o porquê, ele explicava:

– Não posso parar de fumar por falta de oportunidade. Se eu jogar fora os cigarros, as pessoas me oferecerão. Tenho que parar de fumar por convicção.

Nunca mais ele fumou. Papai contava que a primeira semana foi muito difícil. Depois, não fazia mais falta. Passado algum tempo, a fumaça do cigarro o incomodava, da mesma forma que para com os não fumantes.

Ele se absteve do cigarro cerca de oito anos antes de desencarnar, aos 49 anos, em 7 de setembro de 1988, ao contrário do que informaram algumas mensagens a ele atribuídas.

Hoje, eu fico pensando qual teria sido a trajetória de nossa família se o movimento espírita tivesse sido intolerante com ele. Talvez ele tivesse abandonado o vício mais cedo, talvez tivesse abandonado o movimento espírita e, hoje, eu não estaria escrevendo esta pequena biografia.

Um Caso de Obsessão

Papai era proprietário de uma fazenda no município de Corinto, onde costumávamos passar alguns dias no período das férias escolares. Não me recordo de datas, mas perto do final dos anos 70 ele foi procurado por moradores da região e saiu, preocupado, para uma das casas vizinhas, sem nos dizer aonde ia e por qual razão.

Corinto é uma pequena cidade que fica no norte de Minas Gerais. A fazenda ficava a muitos quilômetros de estrada de terra da cidade. Quando eu era pequeno, era comum que meu pai viajasse com enxada, estepes e câmaras de ar sobressalentes na sua Rural Willys porque as estradas eram de terra batida e, com as chuvas, alguém podia ficar horas atolado na região.

Não havia posto de saúde próximo, nem escola. Dificilmente se conseguiria algum médico especialista na cidade de Corinto. E para as pessoas da região, o conhecimento médico de papai devia ser suficiente para que fossem pedir ajuda em um caso que, certamente, não dizia respeito à sua profissão.

Ele voltou no final da tarde, e à noitinha me contou o que se passou. Levaram-no a uma casa porque um rapaz das redondezas havia perdido totalmente o controle de si mesmo. Ele começou a quebrar os objetos dentro de casa e se tornou agressivo com a família. Quatro homens, acostumados ao duro trabalho na roça, o seguravam no chão e a fúria não cedia. O suor escorria embora o dia não estivesse tão quente.

Se fosse nos dias de hoje, penso eu com a minha psicologia, seria um caso de atenção psiquiátrica. Em paralelo, caso seja do assentimento expresso da família, leva-se o nome do paciente para uma reunião mediúnica e, quando ele estiver melhor, recebe-se o paciente na casa espírita para esclarecimento, passe e atendimento fraterno, sem abandonar os cuidados médico-psicológicos. Na cena dos acontecimentos, entretanto, não havia psiquiatra, nem centro espírita, nem nada. Apenas um dentista, que era espírita, e uma família ao mesmo tempo sofrida e desorientada.

Meu pai pediu que os homens soltassem o rapaz. Eles hesitaram: – O doutor tem certeza?

Já estavam segurando o rapaz há algumas horas e ele continuava se debatendo.

– Solte o homem. – disse ele com segurança.

O rapaz partiu para cima dele. Papai conta que estendeu a mão e colocou sobre sua cabeça, orando mentalmente. O ânimo se arrefeceu e o furioso ficou de joelhos. Iniciou-se o diálogo. Não me recordo com detalhes o conteúdo do que se falou (não fui testemunha ocular do acontecido), mas tratava-se de uma subjugação e papai conversou durante vários minutos com o espírito ou espíritos que perturbavam o rapaz. Recordo-me vagamente que eles explicavam a ele as razões que os levavam a ser algozes daquele homem jovem. Papai era hábil doutrinador, apesar de ter pouco menos que quarenta anos. À época, já computava muito tempo de diálogo franco com os espíritos.

Após a conversa, veio o choro, após o choro, vieram os passes. Ele deixou o rapaz dormindo, conversou com a família e voltou à sede da fazenda. Ele deixou algumas recomendações, que a minha memória já não registra claramente.

Passado o incidente, de volta a Belo Horizonte, encontro com meu pai depois da reunião mediúnica semanal que ele frequentava no Grupo Emmanuel. O episódio não havia terminado. Uma das médiuns entrou em transe e dava passividade a uma preta velha, que, segundo papai, era ligada à nossa família. O espírito familiar iniciou um diálogo bem próprio de um orientador. Seguramente, se tratava de um espírito com inteligência e tirocínio, e que tinha suas razões para apresentar-se sob a forma que escolheu.

– 'Misunfio' é jovem. – disse inicialmente, e emendou após uma pequena pausa:

– Tão jovem quanto ignorante!

Papai reagiu com alguma surpresa, mas esperou silencioso o desfecho.

– Nunca mais faça o que você fez, 'misunfio". Se nós não estivéssemos lá, aquele homem teria 'quebrado' 'vosmecê' inteirinho! Fomos nós que 'seguramo' aqueles 'espríto'!

Não sei se papai havia comentado os eventos da fazenda com os participantes da reunião, o fato é que o comentário franco e direto do espírito familiar não foi esquecido, e durante anos ele ensinava esta e outras de suas experiências com a mediunidade, na sala 24 da União Espírita Mineira, convidando todos os candidatos à prática mediúnica e à virtude da prudência.

A Enfermidade e a Espiritualidade

Durante os muitos anos de participação em reuniões mediúnicas e de contato com médiuns reconhecidos em Minas Gerais, José Mário Sampaio recebeu inúmeros avisos, sugestões e recados dos espíritos.

Ele sempre foi muito discreto com relação às comunicações mediúnicas e ao conteúdo das reuniões mediúnicas. Levava a sério o sigilo ético do conteúdo das reuniões, que André Luiz advoga no livro *Desobsessão*. Algumas vezes, contudo, ele ilustrava suas palestras com alguns casos e, muito raramente, comentava-os em família.

A relação de papai com os espíritos sempre foi marcada pela franqueza no diálogo. Ele não ficava 'cheio de dedos' ou intimidado ante um espírito, qualquer que fosse a sua aparência ou possível classificação na escala espírita de Kardec. Ele falava com os espíritos quase da mesma forma com que conversamos uns com os outros, sem esquecer--se do respeito e da educação que pauta o diálogo entre pessoas civilizadas. Ele também não acatava orientações espirituais como se viessem de alguma divindade, como o fazem alguns companheiros de doutrina. Suspeitava da fala mansa e sem conteúdo de alguns espíritos, que podiam se fazer passar por espíritos superiores e, não raro, acertava.

Durante cerca de um ano, se não me falha a memória, participei de uma reunião mediúnica dirigida por ele, no Grupo Emmanuel, na qual pude observar diversas vezes a sua conduta.

Certa vez, um espírito que se apresentou como uma enfermeira espiritual examinou sua saúde e lhe disse que estava preocupada com o seu coração e com o sistema circulatório. Ele respondeu de imediato:

– Tenho diabetes e fumei durante muitos anos, mas não tenho problema nenhum no coração!

O espírito não se fez de rogado e emendou:

– Ainda assim, continuo preocupado com o seu coração.

Mesmo sendo profissional da área de saúde, não lhe ocorreu, entretanto, que sua doença e seu antigo vício pudessem ser fatores de risco para o coração. Os espíritos avisaram-lhe com antecedência. Mas, ao que sei, ele não procurou um cardiologista para fazer exames.

Passados alguns meses, sobreveio o primeiro enfarte. Estava no consultório, trabalhando, e o peito acusou uma dor que ele imediatamente reconheceu como própria de um problema do coração. Mantendo a calma, saiu do consultório e pediu ajuda ao seu vizinho de sala, um bioquímico, que prontamente o levou para um hospital cardiológico.

Socorrido, diagnosticado e tratado, de volta a casa, ele não esquecia de que houvera sido avisado com antecedência e que deveria ser mais prudente com o coração daí para frente. E com os recados do mundo dos espíritos.

A Desencarnação

Após o primeiro episódio cardíaco, José Mário reduziu a carga horária de trabalho, fez caminhadas e controlou melhor a alimentação, mas como acontece com os pacientes crônicos assintomáticos, foi relaxando com o exercício físico e a alimentação.

O tempo passou e recebi um telefonema inesperado em casa. Ele e sua segunda companheira passavam alguns dias em Itabirito (MG), então residência da filha de Lidinha.

O coração falhou. Ele foi levado às pressas para o hospital local, que não contava com recursos especializados nem médico cardiologista. O estado era grave e a equipe médica não indicou a remoção para outro centro médico com mais recursos.

Conversei com um primo, cardiologista, e ele recomendou o serviço de ambulância do Hospital Biocor, com recursos médicos, montado para cardiopatas, com o que se conseguiu a anuência dos clínicos de Itabirito.

Viajei para a cidade na ambulância e o encontrei aparentemente tranquilo. Ele desejou levantar para caminhar até a ambulância, no que foi impedido pelo médico.

– Você não tem ideia da gravidade do seu caso.

Enquanto viajávamos, sua cabeça estava na reunião de segunda-feira (ciclo de estudos sobre mediunidade). Ele me pediu que o substituísse e que desse continuidade ao trabalho.

Não me recordo do tema da noite. Sei que, quando faltavam cinco ou dez minutos para o término, Luizão bateu à porta. Eu pedi a ele com firmeza, mas polidez, que não interrompesse a palestra. Seu nervosismo o denunciava. Quando fizemos a prece final, já esperava a notícia de sua desencarnação.

– O Hospital ligou, a situação de seu pai é muito grave! Querem sua presença imediata. – disse Luizão, reticente.

– Pode falar, Luiz. Ele desencarnou, não é mesmo?

De olhos baixos, como se não desejasse ser o portador da notícia, mas sem ter mais como ocultar a verdade, ele anuiu, contrafeito.

Recordo-me do susto, um choro leve e as preces que os participantes do ciclo fizeram após a reunião. Agradeço a eles o carinho com que trataram a meu pai e a família.

Da rua Guarani, parti para uma sala fria com uma maca sem colchão e um corpo sem vida. Depois, vieram as medidas burocráticas, a aquisição do túmulo e os funerais. Após os funerais, mais uma notícia difícil: a desencarnação de Telma Núbia. Dois velórios na mesma sala, no mesmo cemitério, no mesmo dia, de almas que se conheciam e se estimavam.

Durante a vida, papai sempre falava sobre a morte e nos preparou para aceitá-la. As almas supersticiosas talvez ainda acreditem que ele a atraiu com suas palavras. Leda vaidade dos homens. As palavras não têm este poder, embora possam refletir os mistérios que se encontram ocultos nos porões da consciência.

NOTÍCIAS DO ALÉM

Para os espíritas não há morte do ego, mas desencarnação. A vida prossegue, secam-se as lágrimas de saudade e vez por outra chega alguma notícia ou recado do mundo dos espíritos.

Nem todas as produções mediúnicas são confiáveis. Há muitas pessoas que se acreditam médiuns intuitivos, cuja produção é de tal forma influenciada por sua personalidade, que se houver um espírito tentando se comunicar, ele deve suspirar desalentado com o resultado escrito ou falado.

Contudo, há comunicações que trazem traços, informações, expressões, que carregam consigo a tão almejada identidade espiritual. Na minha experiência, estas comunicações chegam a mim quando menos espero. Jamais enfrentei filas de médiuns notáveis em busca de notícias, como descreveu em minúcias o autor Marcel Souto Maior no livro *Por trás do véu de Ísis*.

A primeira comunicação de que me recordo foi quase uma surpresa. Havia assistido, como de costume, a uma conferência de Raul Teixeira, médium fluminense, que uma ou duas vezes por ano visitava a Associação Espírita Célia Xavier trazendo conhecimento e entusiasmo aos trabalhadores.

Terminada a palestra, fui cumprimentá-lo, agradecer a visita e desejar-lhe uma boa viagem. Possivelmente, a companheira Marlene Assis, que o hospeda em suas viagens à capital mineira, já havia informado a ele da desencarnação de papai, mas nem ela, nem ele o conheceram enquanto estava encarnado. O que sabiam era que José Mário Sampaio havia sido expositor espírita em Minas Gerais. Talvez soubessem que frequentou a União Espírita Mineira.

A fila correu rapidamente e o cumprimentei, entre reservado e contente ao vê-lo. Não estava pensando em papai, nem esperava tratar do assunto.

Lúcido, olhando franca e diretamente, como de costume, ele me disse, após os cumprimentos:

– Tenho notícias de seu pai. Ele ainda se encontra em recuperação, no plano espiritual, após a desencarnação. Ele se colocou à disposição dos espíritos para auxiliar no que lhe fosse possível, mas ele ainda não está em condições.

Agradeci e silenciei-me. Não fiz qualquer pergunta, talvez pela surpresa com as notícias. Parece pouca coisa, mas teve um significado especial para mim.

Eram bem típicas dele a inquietude e a disposição para o trabalho. Mesmo durante a doença, era difícil que ficasse quieto. Na véspera da desencarnação, quando o transladávamos do hospital geral em que estava para outro, especializado em cardiologia, ele me pediu que fosse substituí-lo na reunião de estudos sobre mediunidade, e já se levantava da cama para deitar-se na maca da ambulância quando o médico lhe advertiu:

— Fique deitado. Você não tem noção da gravidade do seu estado.

Voltei confortado para casa. Outras comunicações espontâneas ainda estavam por vir.

Mais Notícias do Além

Maio de 2003. Quinze anos se passaram da desencarnação de José Mário Sampaio.

O Conselho Regional de Psicologia de MG havia me convidado para participar de uma mesa redonda no seminário sobre intervenção do psicólogo na saúde do trabalhador.

A comissão organizadora passou por alguns apuros. Eles planejaram um evento para cerca de 300 pessoas. Mas os colegas se interessaram e já havia 600 inscrições nas vésperas. O maior auditório do hotel foi conseguido às pressas, e os profissionais que deixaram para a última hora tiveram que voltar para casa.

Alguns colegas espíritas estavam no público. No entanto, via de regra, os participantes não me conheciam ou conheciam apenas minhas credenciais acadêmicas. Talvez alguém tenha lido alguma de minhas publicações em psicologia do trabalho, alguns haviam sido meus alunos na graduação ou pós-graduação, mas geralmente não trato de assuntos espíritas em sala de aula.

Após ter chegado e conversado brevemente com o outro membro da mesa, acertei a forma de projeção da apresentação com um funcionário do hotel e assentei-me. Por alguns momentos, durante a confecção do material e agora antes da atividade, recordei-me fortemente de meu pai. Quando ele desencarnou, eu ainda estava nos primeiros períodos do curso de psicologia após ter abandonado a graduação em engenharia elétrica da Universidade Federal de Minas Gerais.

Papai não interferiu na escolha dos cursos. Quando desejei fazer engenharia, ele não achava que aquele seria meu futuro. Uma vez, na intimidade, chegou a dizer que escolhesse o curso que eu quisesse, sem me preocupar com a remuneração do mercado de trabalho, porque eu sempre poderia me tornar professor na minha área de interesse. Fiquei pensando como é que ele havia acertado a minha incomum trajetória profissional. Quem sabe ele não havia me influenciado muito mais do que eu penso.

Ainda na espera de ser chamado para compor a mesa, por alguns minutos, pensei na satisfação que ele teria em ver o filho formado, apresentando o resultado de seus trabalhos para a sua comunidade profissional.

Foram apenas alguns instantes, e logo já estava à mesa, com um debate cordial, mas acirrado, que sucedeu às apresentações. O público encaminhava perguntas escritas em papel, que respondíamos na limitação do tempo reservado pela organização.

Terminada a mesa, fui conversar com alguns conhecidos presentes. Em meio à conversa, o mensageiro do hotel me trouxe, discreto, um papel dobrado.

– A pessoa que escreveu não quer ser identificada. – comentou.

Se não quer ser identificada, pensei, depois eu vejo do que se trata. Guardei no bolso e esqueci-me do papel até chegar em casa. Trocando de roupa, vi o bilhete e desdobrei-o, curioso.

> Jáder, é um prazer conhecê-lo. Não me dirijo a você para fazer um questionamento, e sim lhe enviando um grande abraço de um espírito totalmente iluminado que está ao seu lado, trazendo não só o abraço, mas também se dizendo muito orgulhoso de seu trabalho. Ele se sente muito feliz em saber do quanto você tem caminhado.
>
> Não sei se você acredita ou não em tudo isso. Mediunidade, espiritismo, sei lá o que é isso. Porém, cumpro meu dever com amor em te transmitir tal recado.
>
> O nome dele é José Mário, foi médico e hoje, no plano espiritual, se dedica muito ao trabalho em busca de evoluir cada vez mais!
>
> Um abraço também meu. (preciso me manter no anonimato)

Fiquei surpreso, realmente. Seria uma brincadeira? Passados quatro anos, continuo sem conhecer o autor do bilhete. Que tipo de brincadeira é esta em que ninguém se diverte?

Seria farsa? Em um público seleto, tratando de um assunto técnico, e no anonimato, que interesse teria um psicólogo ou um funcionário de hotel em mantê-la?

Os céticos diriam tratar-se de telepatia, mas que telepatia é esta em que o sensitivo capta o que não pensei, a profissão de papai, que por sinal está errada (papai era dentista), o que curiosamente remete a uma conversa que tínhamos em casa: o que faria um dentista após a desencarnação? Papai falava em tom de brincadeira, inicialmente, mas depois concluía, sério:

– O conhecimento médico que temos deve ser útil no plano espiritual.

No mais, o orgulho de pai e a satisfação com o progresso faziam parte do que pensava. O tema da dedicação ao trabalho, que aparece na mensagem, dá sequência aos seus anseios, segundo a mediunidade de Raul Teixeira e o conhecimento que eu tinha de sua personalidade enquanto encarnado. Este também não pode ter sido objeto de telepatia, a menos que os telepatas vasculhem os neurônios em busca de memórias do sistema pré-consciente, o que vai tornando a hipótese cada vez mais metafísica.

JOSÉ RAUL TEIXEIRA (1949–)

José Raul Teixeira

Raul Teixeira teve uma influência muito grande nas atividades da Associação Espírita Célia Xavier. Muito jovem, ele iniciou um intercâmbio doutrinário que tinha por agenda o mês de janeiro, e muitas vezes outras datas ao longo do ano. Raul fazia palestras, seminários e orientações pessoais à direção e aos membros da casa.

Recordo-me de um encontro de mocidades entre os jovens da recém-criada Sociedade Espírita Fraternidade e do Célia Xavier, nas comemorações do Natal, que mobilizavam os mais diferentes segmentos da AECX. Conhecemos muitos trabalhadores nesse evento. Luiz Carlos Teixeira da Veiga e Élida não me saem da memória. Vou citá-los em nome dos demais.

A CARREIRA PROFISSIONAL

Raul licenciou-se em Física pela Universidade Federal Fluminense (UFF), fez mestrado e doutorado em educação, sendo este último título obtido na Universidade Estadual Paulista.

Desde que o conheço, viveu de seu trabalho como professor, e era apresentado como tal nas palestras. Das vezes que o visitei em Niterói, posso dizer que sempre viveu segundo suas possibilidades financeiras.

Até antes da aposentadoria, Raul articulava seus deveres como professor com o estudo, prática e divulgação da doutrina espírita.

A MEDIUNIDADE NA INFÂNCIA E A MOCIDADE ESPÍRITA

Desde a infância, Raul percebia os espíritos passando pela casa, atravessando as paredes, descendo pelos telhados, que a mãe dizia serem 'amigos da luz' que lhes iam visitar. A mãe era católica e não chegou a conhecer o espiritismo.

Como muitos espíritas contemporâneos, Raul foi convidado na juventude a ir conhecer as reuniões de juventude do Grupo Espírita Leôncio de Albuquerque, em Niterói, não sem resistência, porque ele participava da Cruzada Eucarística e auxiliava nas cerimônias litúrgicas da igreja do seu bairro. Ele tornou-se espírita aos 16 anos de idade, impressionado com a naturalidade dos encontros e das reuniões de que participou.

Raul iniciou seu desenvolvimento mediúnico em 1967, aos dezoito anos. Nesse período, comunicava-se um espírito chamado Luiz, que não se apresentou como orientador do futuro médium, mas como responsável pelo desenvolvimento de sua faculdade. Raul diz que foram mais de trezentas mensagens ditadas por ele, muito variadas em tamanho e tempo de psicografia. Sua faculdade era 'ora semiconsciente, ora inconsciente' e surgiu depois a faculdade da psicofonia, que seria útil nas palestras e exposições que faria.

O médium fluminense conheceu o espírito Camilo em março de 1974. Ele se mostrava vestido como franciscano, e chamou atenção o seu olhar profundo. Raul o descreve como 'pacientíssimo e lúcido, culto e lógico, coerente e paternal'. Ele disse que o envolvimento deles data de Roma e, depois, do século XII, quando Raul não teria cumprido os compromissos assumidos com o movimento nascente dirigido por Francisco de Assis. Ele se apresenta também em roupas seculares, como um senhor europeu de cerca de 50 anos, do início do século XX.

Em Minas Gerais

Conheci Raul no final dos anos 70, quando já contribuía com a Associação Espírita Célia Xavier. Agenda cheia, ele era hospedado por Marlene Assis, que se tornou seu pouso obrigatório quando em nossas terras.

Marlene também fazia a agenda dele, e geralmente incentivava os jovens a viajarem pelas cidades em que ele ia, assistindo a seus trabalhos e interagindo com os espíritas e as casas do interior.

Algumas cidades estabeleceram vínculo continuado com o orador nessa época, como a pequena Pains e as diversas cidades do oeste mineiro como Divinópolis, Itaúna e muitas outras, que sempre tiveram a lucidez de proporcionar um intercâmbio regional das atividades espíritas. Raul foi responsável pela Confraternização Espírita do Oeste de Minas Gerais (CEOMG).

Outra região que ele atendia, fora da agenda de Marlene, era a Zona da Mantiqueira, tendo Juiz de Fora como referência, mas também outras cidades articuladas, como Muriaé, Ubá e muitas outras. Recordo-me de Raul no norte de Minas Gerais, que tinha Montes Claros, a princesa do norte, como cidade de referência e que atendia a muitas outras cidades, como Curvelo, Corinto, Pirapora, Janaúba, entre outras.

À noite, Raul fazia palestras abertas ao público. Durante o dia, muitas vezes de manhã e de tarde, fazia exposições dialogadas, seminários, estudos aprofundados, preferencialmente com os jovens, mas sem restrições à presença de quem quer que fosse.

Tenho na memória o estudo das Cartas de Paulo realizado no espaço de reuniões do Hospital Espírita André Luiz e as palestras sempre adornadas com pesquisa literária espírita e de situações difíceis ou de pessoas que se dedicaram à humanidade, mesmo que em crenças diferentes.

Raul explicava conceitos difíceis de forma clara e lógica.

Pessoas de má fé costumam dizer que os oradores espíritas se servem de seu trabalhos para viajar de graça. Eles seguramente falam do conforto de seus lares. Raul às vezes dormia por apenas quatro horas e saía em viagem de automóvel de madrugada, antes de acordarmos, para chegar a tempo no próximo compromisso. Nós, que assistíamos, muitas vezes ficávamos cansados com as palestras de duas horas ou mais, à noite, que eram sempre seguidas de uma fila de pessoas interessadas em saudá-lo, abraçá-lo, fazer perguntas, muitas vezes pessoais.

A ele eram levadas pessoas com problemas conjugais, de obsessão, com conflitos familiares e em diversas situações que evitaríamos no dia a dia, para ouvir sua orientação, suas sugestões à luz do espiritismo.

Seu trabalho voluntário de divulgação do espiritismo muitas vezes não lhe dava tempo para o descanso. Os confrades iam para a casa que o acolhera e ficavam conversando até altas horas. Raul sempre pedia um tempo para responder à correspondência dos que lhe escreviam e também sempre respondeu às cartas que lhe escrevi ao longo da adolescência. Com brevidade, mas com atenção e carinho.

Era um incentivador dos trabalhos nos centros espíritas e um crítico do misticismo e das práticas e discursos irracionais. Allan Kardec sempre foi visto por ele como a pedra basilar do pensamento espírita e Jesus, como a referência ética. Ele sempre divulgou as obras psicografadas por Francisco Cândido Xavier e Divaldo Pereira Franco. Isso nunca o impediu de ler e resgatar autores já esquecidos pelo movimento, como Carlos Imbassahy (pai), Deolindo Amorim, Léon Denis, Camille Flammarion e os clássicos.

Raul sempre foi rigoroso com suas citações orais e com o conteúdo que divulgava. Era muito difícil ele citar um pensamento sem endereçar corretamente o autor, como se pode ver nas palestras que gravaram e que se encontram no Youtube nos dias de hoje.

Nos seminários, Raul era um expositor provocativo, que perguntava ao público para, a seguir, desenvolver sua argumentação. Não foram poucas vezes que suas perguntas objetivas eram recebidas com silêncio, seja pelo desconhecimento do público, seja pela insegurança do que se sabia. Esse compromisso do expositor com o conhecimento espírita nem sempre era bem visto pelos que o assistiam. O médium fluminense sempre divulgava a ética, a correção das ações e criticava os discursos de relativismo ético, geralmente usados para justificar atos ilícitos ou imorais.

Sociedade Espírita Fraternidade (SEF) e o Remanso Fraterno

A SEF foi fundada em 1980 para o estudo e prática do espiritismo. Ato de fraternidade, realmente. Com os anos, foram se agrupando espíritos afins a Raul e aos demais fundadores da sociedade e assumindo graduais e crescentes responsabilidades.

O visitante atento nota essa marca da SEF, esta confiança recíproca de seus dirigentes e trabalhadores e a consequência de suas decisões e ações.

Oito anos depois, fundaram o Remanso Fraterno, um departamento da SEF e uma nova unidade, com o objetivo de oferecer 'escolaridade e serviços odontológicos, psicológicos e profissionalizantes' para crianças.

LIVROS E A FRÁTER

A Editora Fráter foi criada com duplo objetivo: divulgar os livros escritos ou psicografados por Raul e enviar recursos para a obra social que seria empreendida pela Sociedade Espírita Fraternidade.

Os primeiros livros, editados em 1990, foram *Diretrizes de segurança* (transcrição adaptada de um simpósio sobre mediunidade) e *Cântico da juventude*, do espírito Ivan de Albuquerque (mensagens de um desencarnado jovem para espíritas jovens). Depois vieram mais livros, além de alguns espíritos que ingressaram na 'equipe espiritual' que trabalha com o médium. Camilo, Thereza de Brito, Francisco de Paula Vítor, Hans Swigg, Rosângela Costa Lima, Joanes, Sebastião Lasneau (espírita do movimento à época de Leopoldo Machado), Benedita Maria (sua mãe, desencarnada aos 44 anos)

REMANSO FRATERNO

Os trabalhos assistenciais da Sociedade Espírita Fraternidade foram influenciados pelo pensamento de ação social do prof. Mário Barbosa, possivelmente pela Mansão do Caminho e, talvez, em menor escala, pelas atividades do Lar Espírita Esperança, em MG, e de outras atividades conhecidas por Raul, em sua experiência, então, nacional. Começaram na Favela do Gás. Depois, foi adquirido um terreno na região de Várzea das Moças. A construção dos prédios foi realizada entre 1993 e 1996. São três unidades, uma de administração, outra de saúde e a última de educação.

Foi criado em 1998 o Núcleo Educacional Professora Clélia Rocha, que funciona com filosofia semelhante ao Lar Espírita Esperança, da Associação Espírita Célia Xavier. Seu objetivo era manter pré-escola para crianças em idade pré-escolar, em horário integral, permitindo aos pais o acesso ao trabalho remunerado.

Com as políticas novas dispostas pelo Sistema Único de Assistência Social, o Remanso Fraterno tornou-se entidade de assistência social de proteção social básica.

Acidente Vascular Cerebral

Raul foi, aos poucos, sendo convidado para fazer palestras e dar orientações em centros espíritas e pequenos núcleos situados fora do Brasil. Alguns, centenários, outros, recém-nascidos, muitas vezes pela iniciativa de brasileiros espíritas radicados no exterior.

O escritor Cezar Braga Said retratou o que Yvonne Pereira identificou como 'mediunidade de orientação' de Raul Teixeira. Nada mais é que ter a coragem de apontar erros e acertos, coerências e incoerências nas diversas atividades mantidas pelos espíritas, sem a pretensão de ser 'dono da verdade', mas com a intenção de compartilhar sua experiência e estudos.

Alguns dos nossos companheiros do Célia Xavier optaram por viver no exterior durante o período de estagflação e desemprego alto que vivemos no Brasil e acabaram sendo surpreendidos pela presença constante de Raul. Isso se deu com alguns dos filhos de Ada Eda e Rubens.

Em uma viagem para os Estados Unidos, Raul sofreu um acidente vascular cerebral que 'sequelou' sua fala e alguns movimentos do lado direito do corpo, incluindo a mão que psicografava. Socorrido a tempo, ainda na aeronave, tem vivido em busca da reabilitação possível, mas continua presente, com suas limitações, nas iniciativas da casa espírita que ajudou a fundar e nos centros espíritas que apoiava.

TELMA NÚBIA TAVARES (1959-1987)

Telma Núbia Tavares nasceu na cidade de Entre Rios de Minas (MG), no dia 27 de março de 1959.

Teve uma infância difícil, sofreu uma paralisia nas pernas e usou aparelhos ortopédicos, como era prescrito pela medicina da época. Passados os anos, sofreu o desgaste da cabeça do fêmur, que se conecta com a bacia. Por isso, teve que se submeter uma cirurgia complexa em uma época na qual já sofria grandes dores em função do contato direto entre os ossos. Depois, operou em Belo Horizonte, no Hospital Felício Rocho.

Telma conheceu Geraldo Lemos Neto, conhecido por nós como Geraldinho, de quem foi noiva. Eles se conheceram na mocidade O Precursor, da União Espírita Mineira (UEM), em fevereiro de 1981.

O Direito

Era advogada, formada em direito pela Pontifícia Universidade Católica de Minas Gerais, tendo sido a oradora da turma. Recebeu medalha de ouro pelo seu exemplar desempenho acadêmico durante o curso.

Não estou certo, mas recordo-me dela comentando sobre a docência nas Faculdades Milton Campos, uma das referências em direito na capital mineira da época. Foi advogada na Mannesmann e uma das pioneiras do então chamado Juizado de Conciliação e Arbitramento da Comarca de Belo Horizonte, sendo designada para as funções de conciliadora e árbitra, pela portaria 429 do Tribunal de Justiça de Minas Gerais, em 1987. Encontrei o nome da Telma como professora de um curso de engenharia econômica da Fundação Dom Cabral, possivelmente na área de direito.

Como autora da área de direito, publicou na *Revista legislação do trabalho* (LTr) o texto "As medidas de proteção contra a dispensa arbitrária" v. 51. N. 10, out. 1987, que é usado até hoje em disciplinas da USP.

O Grupo Emmanuel

Telma frequentava o Grupo Espírita Emmanuel, no bairro Padre Eustáquio da capital mineira. Honório Abreu, que foi uma das grandes lideranças do Grupo Emmanuel, a considerava como 'filha espiritual', tamanha a afinidade entre eles, mesmo sendo de gerações diferentes. Recordei-me dele com Telma e as irmãs Bedeschi à frente de um evento no interior de Minas Gerais. Meu grupo acompanhava Raul Teixeira, expositor de Niterói (RJ), que faria uma conferência no evento que eles organizaram. Foi um momento curioso ver as amigas do Emmanuel junto com os amigos do Célia Xavier. Raul foi muito gentil com Honório e foi acolhido com igual fraternidade. Raul convidou Honório para fazerem algo juntos, se me recordo bem. Creio que a vida os levou em rumos diferentes, embora certamente fossem se encontrar no futuro, nas reuniões do Conselho Federativo Nacional.

Como foi descrito neste livro, Telma coordenava a reunião mediúnica das sextas-feiras quando fui aceito para participação. Ela era uma trabalhadora dedicada ao que assumia, além de muito organizada. Sempre fazia reuniões preparatórias com quem fosse trabalhar com ela em um projeto ou evento qualquer. Os novos membros de reunião mediúnica eram acolhidos individualmente e ela explicava pacientemente o funcionamento do grupo, os tipos de mediunidade e o que era esperado do novo membro. O cuidado era tamanho com a direção do grupo mediúnico, que ela providenciava semanalmente a impressão em papel de uma mensagem a ser lida por todos, que era distribuída para que pudéssemos acompanhar a leitura.

Partejando livros

Uma das coisas que Telma fazia bem era identificar autores. Ela fazia uma atividade difícil, que era a organização/edição de livros com material regional. Lembro-me dela olhando meus manuscritos e dizendo: – Você precisa escrever, transformar em texto estes trabalhos que tem feito.

Tempos depois, ela me disse:

– Sabe o material que você datilografou, feito por Osvaldo Abreu e seu pai? Vamos publicar na série 'Evangelho e Espiritismo', da UEM. Vamos aproveitar até a organização que você fez na datilografia.

A UEM sempre publicava os livros sem indicar os autores, como forma de evitar o personalismo, mas, por outro lado, dificultando a recuperação da memória espírita. Por essa razão, tenho o livro na biblioteca, mas não há citação do trabalho dela como organizadora.

Outro livro importante em que ela trabalhou foi no hoje intitulado *Diretrizes de segurança*, publicado pela Editora Fráter. Ele se originou de um simpósio sobre mediunidade, organizado pela Aliança Municipal Espírita de Belo Horizonte (AME-BH), órgão federativo local. Lembro-me de Telma me mostrando uma apostila escrita pelo Grupo Emmanuel, formada de perguntas e respostas sobre mediunidade. Eram dezenas de itens e tinham certamente a mão de Honório Abreu. Não sei se outros participaram desse trabalho.

A organização do simpósio, em nossas terras, foi inovador. A AME-BH convidou Divaldo Franco e Raul Teixeira para expor e combinou com eles que dariam respostas curtas e concisas às questões. Eles atenderam ao pedido da organização e davam respostas entre três e cinco minutos para cada questão, visando a atender um conteúdo mais vasto. Depois do evento, iniciou-se a transcrição das fitas e a transformação do texto em linguagem escrita, com a revisão dos dois autores. A AME-BH publicou em 1986 um livro sobre mediunidade com esse conteúdo.

Anos depois, a AME-BH cedeu os direitos autorais do livro para a Editora Frater, ligada aos trabalhos de Raul Teixeira e da Sociedade Espírita Fraternidade, que fez um agradecimento na página 7 e publicou, na sua primeira edição, 104 perguntas. Esse trabalho foi muito consultado e estudado em Minas Gerais e no Brasil inteiro. Ele influenciou a organização e a prática das reuniões mediúnicas. Encontrei uma carta de Divaldo Franco[91] com memórias desse evento e a informação de que o livro havia sido publicado em espanhol e inglês, tendo, portanto, atingido as casas espíritas do movimento internacional. Creio que nenhum de nós tinha noção da projeção que o simpósio viria a ter no futuro.

Geraldinho me informou, também, que o livro *Luz imperecível*, publicado em 1991 (após a desencarnação da Telma), também teve a participação dela na organização. Foi organizado a partir dos anos 80. Telma trabalhou como organizadora, revisora e co-autora. Imagino que deve ter incentivado e auxiliado a Honório Abreu, seu autor, a escrever o que ele e outros companheiros do Grupo Emmanuel tanto expunham, com uma metodologia de análise de versículos soltos do Evangelho ou de significados simbólicos das narrativas como episódios ou de parábolas. Honório era um expositor incansável, que ia a centenas de centros espíritas, se necessário fosse, mas não era escritor, habilidade que seu irmão, Lúcio, tinha mais desenvolvida. Ele havia publicado, também na série 'Evangelho e espiritismo', o livreto *O Evangelho, como, por que e para que estudá-lo à luz da doutrina espírita*, que tem parte de seu conteúdo também publicado na introdução da terceira edição do *Luz imperecível*.

Peço desculpas se não consigo identificar outros organizadores desses projetos citados. Tenho certeza que outros espíritas dedicados estariam nas equipes, contribuindo pessoalmente, mas fugiria ao objetivo desse trabalho uma descrição minuciosa da elaboração dos livros. Estou convicto que concordarão comigo no resgate da memória do trabalho da Telma.

Participação em órgãos federativos

Geraldo Lemos lembrou-se do início da participação de Telma na organização de eventos e palestras de divulgação do espiritismo. Ela trabalhou com Carlos Malab, Jussara Malab, Marcelo Gardini e o próprio Geraldo pela AME-BH e pelo Conselho Regional Espírita da Zona Metalúrgica.

---

[91] FRANCO, Divaldo; SAID, Cezar Braga. "Depoimentos sobre o professor-doutor José *Raul Teixeira*". In: *Raul Teixeira, um homem no mundo*: 40 anos de oratória espírita. Niterói-RJ, Fráter, 2008.

Essa dedicação explica sua participação como coordenadora, junto com Malab, da Primeira Confraternização de Mocidades Espíritas de Belo Horizonte. Tratou-se de um evento influenciado pela Confraternização das Mocidades Espíritas do Estado do Rio de Janeiro (Comeerj) e que, com o tempo, se consolidou e se transformou em diversos encontros durante o carnaval, na capital mineira, influenciando também o surgimento de eventos com o mesmo formato em cidades do interior e de outros estados.

Telma (1ª. à esquerda, acima) em foto da COMEBH com outros confraternistas

Recordo-me de um evento que ela organizou para a cidade mineira de Nova Lima, no qual eu seria expositor. Um domingo durante o dia, se não me falha a memória. Os participantes começaram a chegar e levaram um número grande de crianças. Nem se passaram vinte minutos, e as crianças começaram a falar e a dificultar o trabalho de exposição. Percebendo o imprevisto, Telma reuniu as crianças em uma sala e começou a fazer atividades com elas para que o evento pudesse ser bem sucedido. Terminado o evento, quando voltávamos a Belo Horizonte, ela me confessou:

– É mais difícil cuidar das crianças que fazer a exposição!

Telma colocou à disposição da União Espírita Mineira o que hoje chamaríamos de *pro bono*, ou seja, voluntariamente, suas habilidades como advogada. Ela comentou comigo um processo de casa espírita que havia se esvaziado, com o passar dos anos, e que por estatuto, deveria ter seu imóvel transferido à UEM. O zelador entendia que tinha direito ao imóvel, e o processo havia ido aos tribunais. Creio que Telma conseguiu um acordo final e o direcionamento do imóvel à instituição federativa.

Outra recordação grata de Geraldinho foi a participação de Telma como coordenadora da Feira do Livro Espírita da União Espírita Mineira, segundo minhas contas, em 1982 ou 1983. Ela foi designada pela então presidente Maria Philomeno Aluotto Berutto (conhecida como dona Neném).

Amizade e consideração

Foi uma amiga muito querida, muito próxima e preocupada com seus companheiros de atividades. Na desencarnação de papai, ela não apenas esteve presente, como nos auxiliou com o velório e o enterro.

Em conversa com alguns dos dirigentes do Grupo Emmanuel, perguntou-se quem seria o próximo a desencarnar, ao que Honório Abreu afirmou que deveria ser ele, em função da idade mais avançada. Telma protestou:

– Nada disso. Idade não tem nada a ver. O próximo pode muito bem ser eu mesma!

Telma despediu-se de mim no início da tarde, explicando que iria ao trabalho, mas voltaria para o enterro de papai. Como não pôde voltar, entendi que ficou presa em seus afazeres, mas agradeci a Deus a amizade dela, que tanto me auxiliou em um momento tão difícil.

À noite, recebi um telefonema avisando de um acidente com seu carro, em uma das avenidas principais da capital mineira. Desviando-se de um pedestre, o carro se chocou com um poste e ela desencarnou com um traumatismo craniano. Recordo-me ainda hoje da sua despedida, no mesmo velório do cemitério Parque da Colina, onde fora velado papai no dia anterior. Jamais imaginara que a despedida seria por tanto tempo...

Notícias de Chico Xavier

Geraldinho era muito próximo de Chico Xavier e tiveram a oportunidade de conversar sobre Telma.

Uma das memórias antigas do confrade, que foi noivo dela, foi de um diálogo em que ela lhe dizia que não deviam se casar, porque ela ia desencarnar jovem e ele ficaria viúvo. Ao que me lembro, Telma não era médium, ou pelo menos nunca me deu qualquer informação mediúnica, o que nos faz pensar se não se tratava de uma intuição, oriunda já do seu planejamento encarnatório.

Geraldinho perguntou ao médium mineiro sobre a ex-noiva, ao que ele lhe explicou que ela havia participado, no passado, de um cerco de uma cidade europeia. Ela deu a ordem de sítio e do massacre da cidade. Durante o cerco, os habitantes foram obrigados a renderem-se ou a se jogar no penhasco, o que foi feito por muitos deles.

O evento é antigo e as pessoas envolvidas já não mais sentiam ódio dela. Haviam se desligado. Ela, no entanto, solicitou e planejou uma encarnação curta com desencarnação violenta. Chico via uma conexão entre o sentimento de culpa do que foi feito à época e o episódio. De alguma forma, nós estávamos ligados ao evento. Chico dizia que a época aproximada dos acontecimentos é de 600 anos antes da última encarnação de Telma, ou seja, século XIV.

Enquanto Geraldinho me contava sua impressão, lembrei-me de um espírito que se comunicou em nossa reunião, ainda com os trajes de cavaleiro medieval, revivendo a época e sentindo ódio pelo que ele considerava ser uma traição, da qual nós havíamos sido participantes. Foi uma conversa emocionante, que tocou profundamente a médium e o atendente, além do espírito. Outros espíritos com perfil religioso medieval também participaram em nossa reunião, no período em que atendemos muitos dos ligados ao passado do grupo.

Não nos cabe fazer conexões com tão poucos elementos, mas não deixa de ser curiosa essa conexão com 'simetrias históricas', como definira Hermínio Miranda.

Presença espiritual

Passados os anos, recebi um pedido pela internet de uma companheira espírita. Ela me explicou que Leão Zálio, Tiana e Telma Núbia os auxiliavam em seus trabalhos espirituais, recentemente. Um dia, alguém perguntou se não seria possível obter uma foto, e ela me escreveu, sem me conhecer, pedindo que a auxiliasse. Consegui as fotos e ela me agradeceu, dizendo que Telma é muito querida pelos membros de sua reunião. Perdi o contato com a leitora de *O espiritismo comentado*, mas ela nos presenteou com a informação sobre a conexão continuada de Telma com os grupos espíritas, e, de certa forma, da herança de seus trabalhos continuados, na forma da memória de médiuns e trabalhadores espíritas.

Telma foi percebida em nosso grupo, apesar de nenhum dos outros membros tê-la conhecido pessoalmente.

VIRGÍLIO PEDRO DE ALMEIDA
(1902–1974)

Seu Virgílio pode ser considerado como o maior articulador do movimento espírita mineiro nos anos 40 a 70. Uma de suas muitas realizações foi o apoio à construção do Hospital Espírita André Luiz.

Contava-nos Ysnard Machado Ennes que as obras se iniciaram, fruto de doações de campanha e apoios, mas que os recursos não eram suficientes e corriam o risco de se esgotarem e interromper a construção.

Seu Virgílio, então propôs a criação de um grupo de contribuintes mensalistas para dar continuidade à obra. Distribuiu carnês para os diretores do HEAL (eram dezenas). Todos sabemos que as pessoas costumam aceitar participar, motivadas pela causa e pela importância da obra, mas que após alguns meses costumam se 'esquecer' das intenções iniciais e das datas de depósito.

A família de seu Virgílio residia em uma casa na Rua Topázio, no Prado, em Belo Horizonte. Ele hipotecou a casa e repassou o dinheiro para dar continuidade à construção do hospital. O dinheiro dos contribuintes era usado para pagar as mensalidades da hipoteca. Vez por outra se via seu Virgílio chegar junto a algum inadimplente e dizer a ele:

– Olha, este mês não conseguimos ainda o suficiente para pagar a hipoteca. Vou perder a casa...

Ele não perdeu a casa para o banco, e o hospital funciona até os dias de hoje.

José Mário Sampaio conheceu seu Virgílio. Ele contou que uma vez uma campanha feita pelo Grupo Emmanuel foi um fiasco. Não conseguiam o número de cobertores que precisavam. Ligaram para seu Virgílio, pedindo ajuda. Ele respondeu, bem humorado:

– Vocês não têm jeito mesmo. Vou ver o que posso fazer.

Passados alguns minutos, ele retornou a ligação:

– Procurem fulano, do Centro tal. Ele tem 'n' cobertores. Beltrano, da creche tal, vai doar mais 'x' cobertores... E assim foi. Seu Virgílio solucionou o problema da campanha em pouco tempo.

Em outra oportunidade, fui fazer uma palestra no Centro Espírita Lázaro, na cidade mineira de Formiga. A mocidade comemorava cinquenta anos de fundação. Acolhido com carinho pelos confrades de muitos anos de conhecimento, ouvi da Vera, que sabia que eu era do Célia Xavier:

– Nossa mocidade foi fundada pelo seu Virgílio. Ele veio aqui a trabalho, pelo Banco do Brasil. Veio à nossa casa e assentou-se ao fundo. Daí a alguns meses, sugeriu que se fundasse uma mocidade no Lázaro.

Em Belo Horizonte, quem for ao Lar Espírita Esperança, no Salgado Filho, continue até a primeira rua que cruza com a rua Samuel Hahnemann, entre o quarteirão do Lar e o da Fundação Nosso Lar. Esta rua se chama Virgílio Almeida. Mais uma caminhada de duzentos metros, rumo ao Hospital André Luiz e encontramos o ambulatório Virgílio Pedro de Almeida. De volta ao Lar Espírita Esperança, antes de ir ver as crianças ou fazer sua tarefa, se olhar o nome dos prédios, verá: Virgílio Almeida. Pergunte pelo bazar. O nome? Virgílio Almeida.

O nome de seu Virgílio se espalhou pela capital mineira. A Creche da Sociedade Espírita Maria Nunes se chama Creche Virgílio Pedro de Almeida. No bairro Santa Rosa, há o Centro Espírita Virgílio Pedro de Almeida. No bairro Liberdade também há o Centro Espírita Virgílio Pedro de Almeida. (Seria o mesmo?). Há uma Associação Espírita Virgílio Pedro de Almeida, no bairro Novo das Indústrias. Há um Grupo Espírita Virgílio Pedro de Almeida no bairro Jaraguá.

Encontrei no site do Hospital Paulo de Tarso, no bairro São Francisco, o nome dos fundadores: Amarílio Domingos da Costa e Virgílio Pedro de Almeida.

No site da Fundação Espírita Irmão Glacus, encontramos o 'currículo espírita' de seu Virgílio. Não admira que seja tão homenageado:
* Presidente da Aliança Municipal Espírita de Belo Horizonte;
* Presidente do Centro Espírita Célia Xavier;
* Presidente do Grupo Espírita Obreiros Mediúnicos;
* Presidente do Grupo Ergue-te e Caminha;
* Presidente do Centro Espírita Divino Amigo;
* Presidente do Conselho Regional Espírita da Zona Metalúrgica;
* Diretor Administrativo do Hospital André Luiz;
* Diretor Tesoureiro do Colégio Precursor;
* Diretor da Fundação Espírita Nosso Lar;
* Diretor do Ancianato Paulo de Tarso;
* Diretor do Recanto da Saudade (idosas);
* Diretor do Ginásio Comercial Caminho Profissional;
* Diretor do Clube Esperanto;
* Diretor da Pupileira Eunice Weaver.

Virgílio nasceu na cidade de Capela (SE) em 1902. Ainda jovem trabalhou na farmácia de seu tio em Japaratuba (SE), que o incentivou a estudar contabilidade em Aracaju. Lá, fundou e dirigiu o Grêmio Estudantil da Academia de Comércio. Àquela época, praticou remo.

Começou a trabalhar no Banco do Brasil em 1922, como contínuo, sendo promovido depois a escriturário.

Virgílio casou-se com Maria Zulnária Carvalho em 1930 e teve quatro filhos. Descobriu, então que estava com tuberculose pulmonar e foi transferido para Belo Horizonte, como era comum à época, quando se tratou. Foi transferido depois para Três Corações e a seguir para Curvelo, Carangola,

Carlos Chagas e Formiga (todas estas cidades são do interior de Minas Gerais). Aposentou-se em 1955, na função de inspetor de agências, quando passou a se dedicar integralmente ao movimento espírita.

O articulista de *O Espírita Mineiro* publicou as seguintes palavras sobre ele:

> Figura de vanguarda nos esforços unificacionistas, preocupava-se com as casas adesas que não participavam ativamente das reuniões ou iniciativas da Aliança Municipal Espírita (AME) ou do Conselho Regional Espírita (CRE). Para os que se opunham ao movimento unificador, adotava a postura de evitar conflitos e polêmicas, mantendo atitude de respeito a todos, deixando evidente que não se pode violentar nenhuma consciência. Buscava, no entanto, em todas as oportunidades, esclarecer o verdadeiro sentido da unificação do movimento espírita, num trabalho perseverante e fraterno. Os frutos foram as inúmeras adesões conseguidas.

Virgílio desenvolveu um câncer no pâncreas, mas não cessou suas atividades. Próximo da desencarnação, foi encontrado na casa espírita por Marlene Assis, que questionou:

– Seu Virgílio, você não devia estar descansando, em casa?

Ao que ele respondeu:

– Minha doença não é nas pernas!

Seu velório ficou repleto de pessoas. Muitas instituições agradeciam-lhe o concurso, muitas pessoas agradeciam-lhe a ajuda, muitos espíritas o admiravam. A quantidade era tamanha que um transeunte perguntou:

– Quem morreu? Um político famoso?

– Não – responderam-lhe. – Foi Virgílio Almeida, o espírita.

YSNARD MACHADO ENNES
(1941-2000)

Ainda me recordo da voz grossa e dos estudos extensos, que chegavam a ir até 21h na Mocidade da Associação Espírita Célia Xavier (o horário de término era 20h). Ysnard tinha grande confiança na ação da Mocidade em diversas atividades da casa, o que conseguiu com sucesso. Mesmo dirigindo a AECX, com inúmeras obrigações profissionais, ele se comprometeu a falar para a Mocidade a cada dois meses, pelo menos.

O dr. Ysnard, como era conhecido em nossa casa, era engenheiro sanitarista, professor titular da Universidade Federal de Minas Gerais (UFMG), da PUCMINAS e da FUMEC, pesquisador do CNPq, com inúmeros trabalhos e prêmios em sua trajetória profissional e, mesmo, após sua desencarnação, como o prêmio sanitarista do Brasil, dado pelo Governo do Estado de São Paulo e pela Associação Brasileira de Engenharia Sanitária (Abes).

Casou-se com Dulce Carneiro Machado Ennes, que se tornou companheira também nas lides espíritas, estando sempre presente no Célia Xavier, ao longo dos anos.

A influência de Ysnard como diretor ou conselheiro marcou um período de grande mudança administrativa e expansão das atividades. Ainda em 1977, Ysnard defendeu a mudança do nome 'Centro Espírita Célia Xavier', para 'Associação Espírita Célia Xavier'. Se me recordo bem, ele tinha em vista o processo de obtenção de certificados de utilidade pública federal e as isenções que ele poderia trazer consigo.

No correr dos anos, propôs e aprovou o sistema de três diretores: administrativo, financeiro e secretário, o que distribuiu mais racionalmente as obrigações de um diretor presidente de uma casa espírita, implantou um sistema de gestão mais consultivo e aprovou um limite máximo de tempo para a gestão, que impedia os diretores vitalícios e obrigava a pensar-se em sucessão. Ele deu sequência à gestão de Marlene Assis, ainda com o espírito empreendedor que ambos herdaram de seu Virgílio. O Lar Espírita Esperança e a Casa de Etelvina foram construídos durante as suas gestões como diretor da casa, após as quais se tornou conselheiro até a desencarnação.

Ysnard marcou muito a concepção de assistência social realizada pelo Célia Xavier. Talvez tenha sido uma das primeiras pessoas e elaborar uma política de atuação da casa, tendo em vista a ação dos órgãos de governo. Ele recomendava que se pensasse uma atuação social onde faltava a ação do estado, mas estavam presentes as necessidades sociais. Ele sempre incentivou a colaboração voluntária nas áreas de formação profissional das pessoas, colocando bibliotecários na gestão da biblioteca da casa, assistentes sociais nas atividades sociais, médicos nas ações de saúde, entre outros.

Muitas pessoas assumiram postos de trabalho voluntário na AECX a partir do convite pessoal dele, que envolveu a mocidade espírita da década de 80 nas palestras públicas, no entendimento das decisões da direção da casa e até mesmo para assumir cargos de confiança e responsabilidade. Diversos integrantes da Mocidade ocuparam cargos no conselho ou na direção da casa como consequência dos anos de trabalho conjunto com o dr. Ysnard.

Ainda jovem, desenvolveu uma doença que o levou a desencarnar antes de completar os sessenta anos. Contudo, continuou a participar das atividades da casa e a aconselhar, mesmo durante sua enfermidade. Após sua desencarnação, muitos órgãos de estado e de sua classe profissional lhe prestaram homenagens públicas em decorrência de sua atuação profissional dinâmica e frutuosa.

O GRUPO EMMANUEL E OS CICLOS DE ESTUDO SOBRE MEDIUNIDADE

Considero importante recordar as explicações dos trabalhadores do Grupo Espírita Emmanuel sobre os "ciclos de estudo" do espiritismo, por que começaram, qual sua conexão com a mediunidade e seu desenvolvimento até serem adotados pela União Espírita Mineira em seu funcionamento cotidiano.

Honório Abreu

O Grupo Emmanuel contava com trabalhadores dedicados, abertos ao estudo e à troca de ideias. Os três irmãos Abreu (Lúcio, Honório e Oswaldo), Manoel Alves, Damasceno Sobral, Leão, Tiana e muitos outros trabalhadores importantes do movimento espírita mineiro encontravam-se para os trabalhos costumeiros.

Leão Zálio e Tiana

Casos intrincados envolvendo médiuns e problemas relacionados à mediunidade e à obsessão afluíam para o grupo.

– No começo, levávamos a pessoa que apresentava problemas mediúnicos para a reunião mediúnica. Aos poucos, começamos a observar que ela se tornava um problema na reunião mediúnica. – ele explicava aos participantes de sua reunião às segundas-feiras, na sala 24 da União Espírita Mineira.

Pessoas que desconheciam o espiritismo e apresentavam problemas com a mediunidade tornavam-se perturbadores potenciais nas reuniões. Sem qualquer conhecimento sobre suas faculdades, alguns médiuns, subjugados à influência obsessiva, desejosos de atenção pessoal ou apenas incapazes de controlar a sua faculdade, continuavam sob a influência mediúnica dos espíritos muito tempo após o horário estipulado para a interrupção das atividades mediúnicas da reunião. Os dirigentes chegavam a encerrar a reunião e ter que fazer um atendimento particular, o que mobiliza também as personalidades em busca de atenção alheia. Geralmente estas pessoas se apresentavam ao grupo vendo, ouvindo, falando e, principalmente, reclamando alguma ação urgente, dado o desconforto que a mediunidade ostensiva pode causar à pessoa e sua família quando estas não têm qualquer conhecimento espírita.

Ao lado dos médiuns, apresentavam-se também os portadores de psicopatologias graves, desejosos de serem vistos como pessoas especiais ou de serem aceitos por algum grupo social, dado o seu comportamento às vezes bizarro e constrangedor para a família, às vezes antissocial. Nem sempre uma entrevista rápida é suficiente para identificar estas pessoas, que se atraem pelas reuniões mediúnicas, desejosas de ter uma explicação mágica para suas alucinações e delírios, principalmente quando não estão em surto psicótico.

Um terceiro grupo de pessoas que procuravam os trabalhos mediúnicos eram os curiosos. Em alguns lugares, havia reuniões mediúnicas públicas, e algumas pessoas pululavam de grupo em grupo, interessadas em verem os médiuns em ação, da mesma forma que os aficionados em teatro ou cinema buscam seus atores favoritos ou o gênero de sua escolha. Eles se interessavam pelo espetáculo mediúnico, mas não estavam dispostos a submeterem-se à disciplina do trabalho. Uma vez na assistência, queriam apenas ver e comentar as reações de médiuns, doutrinadores e espíritos comunicantes.

Ao discutirem sobre estes problemas, os membros do Grupo Emmanuel foram experimentando, com o passar do tempo, ações diferenciadas para o trato com o neófito. Uma das ações, que acabou sendo adotada como política da União Espírita Mineira para com os seus frequentadores, foi a criação de ciclos de estudo para iniciantes, muito antes de se falar em Estudo Sistematizado da Doutrina Espírita (Esde). Já havia em São Paulo os cursos de médiuns. No entanto, José Mário e seus colegas de Grupo Emmanuel eram avessos ao termo. – A palavra 'curso' induz as pessoas pensarem que se formarão e se diplomarão médiuns, o que não é verdadeiro. – diziam. – Empreguemos o termo 'ciclo de estudos', que comunica bem a temporalidade da ação e não passa às pessoas a ideia de que, após concluído, não é mais necessário estudar.

E assim foi feito. Três 'ciclos de estudo' que se iniciavam e se concluíam continuadamente. Um sobre doutrina espírita, outro sobre Evangelho e um terceiro sobre mediunidade.

Manoel Alves e Filhas

O de doutrina, durante anos a fio foi da responsabilidade de Honório Abreu, ex-presidente da União Espírita Mineira. Calcado em quinze princípios básicos que a equipe do Grupo Emmanuel identificou, tratados aproximadamente um por semana, ele se completava com cerca de três meses.

O ciclo de estudos sobre o Evangelho foi da responsabilidade de Manoel Alves por anos a fio. O Grupo Emmanuel dedicava-se a estudar o texto evangélico e bíblico versículo a versículo, influenciado pela mediunidade de Chico Xavier e por alguns dos trabalhos de Emmanuel. Era uma espécie de ruptura com uma prática de estudos evangélicos calcada apenas na leitura e comentário de *O Evangelho segundo o espiritismo*, de Kardec. Por esta razão, em terras mineiras, este tipo de análise ficou conhecida, no meio espírita, pelo nome de 'miudinho'.

O ciclo de estudos sobre mediunidade ficou, até a desencarnação de papai, em 1988, sob a responsabilidade de José Mário e foi desenvolvido, pelo que sei, em parceria com Oswaldo Abreu. Durava cerca de oito meses e era composto de palestras que tratavam de assuntos teóricos e práticos da mediunidade. Do conceito de mediunidade, aos diferentes tipos de médiuns, da sintonia aos mecanismos da mediunidade, da oração ao dia a dia das reuniões mediúnicas, diversos assuntos faziam parte desta preparação inicial dos médiuns.

Se alguém se apresentava com uma possível sensibilidade ou uma acentuada faculdade de perceber os espíritos, era orientado a passar por estes cursos antes de se integrar aos grupos de prática mediúnica.
– Mais que aprender a dar comunicação, é importante que o médium aprenda a controlá-la. – dizia José Mário.

Mais de uma vez, após uma prece ou no meio de uma palestra, algum médium 'incontinente' emendava uma comunicação no meio do público e a voz segura e firme de José Mário orientava: – Irmão, aqui não é a hora nem o lugar de dar comunicação. Alguns assistentes, assustados, colocavam-se prestos para a aplicação de passes, o que ele não permitia naquele momento tenso. Geralmente, o médium, sem graça ou em estado de leve perturbação emocional, interrompia seus impulsos e se controlava.

Quando se iniciaram os ciclos, a frequência era baixíssima, a ponto de desanimar. Damasceno Sobral, ao ouvir as lamúrias, dizia, profético, empregando aquele tom de voz de quem andou conversando com os espíritos, mas não quer dizer: – Vai chegar o dia em que as salas não comportarão os interessados. E aconteceu. A sala 24 da União Espírita Mineira comportava cerca de quarenta pessoas assentadas. Próximo da desencarnação, papai iniciava seus trabalhos às 19h30. Às 19h, os mais motivados começavam a chegar para disputar lugares nas cadeiras. Depois, para conseguir um lugar assentado. Impreterivelmente, às 19h15, Mário Sampaio já estava nas portas da União Espírita Mineira. Às 19h30, fazia-se a prece inicial dos trabalhos. Às 19h35 não era incomum amontoarem-se, de pé, as pessoas pelo corredor superior da instituição.

Muitas vezes, a diretoria (e aqui cabe lembrar Martins Peralva) lhe ofereceu fazer os estudos no salão, que comportaria mais de cem pessoas. Ele recusava, com educação, preferindo a intimidade dialógica da sala pequena (era a maior das salas de estudo do antigo prédio da UEM).

Algumas pessoas assistiam ao ciclo diversas vezes. Quando eu lhes perguntava por que faziam isso, algumas diziam 'ter a oportunidade de aprender mais'. Outras não escondiam a admiração pela palavra clara e didática do expositor. Outras tantas tinham o interesse em levar a prática para seus centros espíritas de origem e queriam aprender bem. Várias outras diziam que haviam perdido algum dos temas e não queriam ficar sem ver tudo.

Damasceno Sobral

Os esquemas de estudos foram anotados em cadernos, que depois viraram fichas e, com a máquina de datilografar, pequenos bloquinhos com frases sintéticas.

Não demorou muito para que se fizessem apostilhas (papai preferia esta palavra à mais usada 'apostilas') sobre mediunidade, que eram uma espécie de 'organizadores prévios' do tema; pequenos textos contendo informações colhidas em diversas obras da literatura espírita, com grande influência do pensamento de Kardec e dos espíritos que escreviam por meio de Chico Xavier, mas com incursões pelos clássicos do espiritismo, Bozzano e muitos outros autores. Os participantes faziam listas, tiravam cópias fotocópias com seus próprios recursos e alguns as levavam e faziam anotações.

Da apostilha veio um livreto, em 1983, que ele organizou conjuntamente com Oswaldo Abreu, publicado anonimamente, sob União Espírita Mineira e intitulado *Mediunidade*, que é o sexto livro da coleção 'Evangelho e Espiritismo' e que foi distribuído gratuitamente aos interessados durante anos.

Alguns centros espíritas convidavam-no para levar o ciclo de estudos em suas casas, o de mediunidade ou o de passes (sobre o qual nada disse neste texto), e não foram poucas as casas onde ele esteve: o Grupo da Fraternidade Irmã Scheilla, o Glacus e muitos outros.

Passados quase 23 anos da sua desencarnação, não é incomum eu chegar pela primeira vez em algum centro espírita da capital ou do interior e algum dos dirigentes ou frequentador me perguntar em particular: – Sampaio, você é parente de José Mário? E ante a minha resposta afirmativa, ele responder. – Eu aprendi muito sobre mediunidade com ele na União Espírita Mineira, na sala 24.

Agradecimentos

Ariadne Xavier
Dirce Magalhães Saliba
Elaine Silva
Elio Silva
Geraldo Lemos Neto
Ilza Xavier
Jussara Malab
Lenir Silva
Raquel Magalhães e Cláudio Manoel dos Anjos
Rubens Magalhães Filho

Esta edição foi impressa pela Assahi Gráfica e Editora Ltda., São Bernardo do Campo, SP, em setembro de 2019, sendo tiradas mil cópias, todas em formato fechado de 155x225 mm e com mancha de 120x185 mm. Os papéis utilizados foram o Chambril Book 75 g/m² para o miolo e o Ningbo Star C2S 300 g/m² para a capa. O texto principal foi composto em Berkeley 11,7/14 e a numeração dos títulos, em Bodoni 20/24. A programação visual de capa foi elaborada por Fernando Campos.